法治中国研究

张文显　著

Studies on Rule of Law China

法律出版社
LAW PRESS · CHINA
北京

图书在版编目（CIP）数据

法治中国研究 / 张文显著. -- 北京 : 法律出版社，2025. -- ISBN 978-7-5197-9496-5

Ⅰ. D920.0

中国国家版本馆 CIP 数据核字第 20249GD405 号

法治中国研究
FAZHI ZHONGGUO YANJIU

张文显 著

责任编辑 陈 慧
装帧设计 汪奇峰

出版发行 法律出版社
编辑统筹 法律教育出版分社
责任校对 李慧艳
责任印制 刘晓伟
经　　销 新华书店

开本 710 毫米 × 1000 毫米 1/16
印张 23 **字数** 286 千
版本 2025 年 7 月第 1 版
印次 2025 年 7 月第 1 次印刷
印刷 北京盛通印刷股份有限公司

地址：北京市丰台区莲花池西里 7 号(100073)
网址：www.lawpress.com.cn
投稿邮箱：info@lawpress.com.cn
举报盗版邮箱：jbwq@lawpress.com.cn

销售电话：010-83938349
客服电话：010-83938350
咨询电话：010-63939796

书号：ISBN 978-7-5197-9496-5
定价：68.00 元

凡购买本社图书，如有印装错误，我社负责退换。电话：010-83938349

作者简介

张文显

吉林大学哲学社会科学资深教授。1951年农历8月28日出生于河南省南阳市镇平县。1970年参加工作，曾在工矿企业和党政机关工作；1974年就读吉林大学法律系政法专业，1977年毕业留校任教，1979年后先后攻读法学理论专业和马克思主义哲学专业，获得法学硕士和哲学博士学位。1983-1985年、1989-1990年先后访学于美国哥伦比亚大学法学院、美国华盛顿大学法学院。现兼任中央马克思主义理论研究和建设工程咨询委员会委员，国家教材委员会委员，国家“双一流”建设专家委员会委员，国务院学位委员会学科发展战略咨询委员会委员，教育部社会科学委员会委员、法学学部召集人，高校哲学社会科学自主知识体系建设战略咨询委员会委员，教育部习近平法治思想研究重大专项总召集人、教育部建构中国自主法学知识体系重大专项总召集人，中国法学会法学教育研究会会长、法学期刊研究会会长，中国人权研究会专家委员会首席专家等。曾任吉林大学法学院院长、吉林大学副校长、党委书记（副部长级），吉林省高级人民法院院长，二级大法官，国务院学位委员会委员、法学评议组召集人，中国法学会党组成员、副会长、学术委员会主任，教育部高等学校法学学科教学指导委员会主任委员，浙江大学光华法学院名誉院长、国家制度研究院院长、学术委员会主任等。

中国共产党第二十次全国代表大会代表、第十七次全国代表大会代表，第十一届全国人民代表大会代表。

主要研究领域为法理学、法政治学、中国特色社会主义法治。先后主持完成若干国家级重大项目和重点课题。发表学术理论文章500余篇，出版国家级、省部级统编教材和个人专著40余部，指导硕士和博士研究生200余人。

目　录

新思想引领法治新征程*

党的十八大以来，以习近平同志为核心的党中央，以全新的视野深化对共产党执政规律、社会主义建设规律、人类社会发展规律的认识，进行艰辛理论探索，创立了习近平新时代中国特色社会主义思想。习近平总书记在十九大报告中用八个"明确"精辟概括和深刻阐述了新时代中国特色社会主义思想的精髓，每一个"明确"都理论和实践相结合、言简意赅地回答了新时代坚持和发展什么样的中国特色社会主义、怎样坚持和发展中国特色社会主义的重大问题，求真务实地回应了人民对党的创新理论期盼。八个"明确"中的每一项都与法治有着紧密的逻辑关联，都对依法治国和法治建设有着重大而深远的指导意义。本文试就八个"明确"对依法治国和法治建设的指导意义，逐一进行分析和阐释。

一、坚持和发展中国特色社会主义总任务思想的指导意义

习近平总书记指出，"明确坚持和发展中国特色社会主义，总

---

* 本文发表于《法学研究》2017 年第 6 期，《中国社会科学文摘》2018 年第 5 期转载。

任务是实现社会主义现代化和中华民族伟大复兴，在全面建成小康社会的基础上，分两步走在本世纪中叶建成富强民主文明和谐美丽的社会主义现代化强国”。[1]这个“明确”对谋划全面依法治国、建设社会主义现代化法治强国的长远目标、阶段性目标及其重大任务，无疑具有战略性意义。从现在到21世纪中叶，中国社会主义现代化大体分为“一个时段、两个阶段”，法治建设和法治现代化贯穿其中。

一个时段，即从党的十九大到2020年，是全面建成小康社会决胜期。十八大向全党全国人民发出了全面建成小康社会的动员令。十八大以及十八届三中全会、四中全会、五中全会、六中全会不断明晰和丰富全面建成小康社会的目标和各项要求，其中就包括“法治小康”目标和任务。全面建成小康社会，在法治领域就是要达到依法治国基本方略全面落实，中国特色社会主义法律体系更加完善，法治政府基本建成，司法公信力明显提高，人权得到切实保障，产权得到有效保护，国家各项工作法治化。

在实现“法治小康”的基础上，根据十九大的战略安排，法治建设的目标和任务同步纳入两个阶段规划之中。第一个阶段，即从2020年到2035年，在全面建成小康社会的基础上，基本实现社会主义现代化。到那时，社会主义民主法治基本现代化的面貌是，“人民平等参与、平等发展权利得到充分保障，法治国家、法治政府、法治社会基本建成，各方面制度更加完善，国家治理体系和治理能力现代化基本实现”，“现代社会治理格局基本形成，社会充满活力又和谐有序”。[2]第二个阶段，即从2035年到21世纪中叶，在基本实现现代化的基础上，把我国建成富强民主文明和谐美丽的社会主义现代化强国。到那时，我国物质文明、政治文明、精神文明、社会文明、生态文明将全面提升，实现国家治理体系和治理能力现代化。

“一个现代化国家必然是法治国家”，[3]一个现代化强国必然是法治强国,一个现代化的国家必然是法治现代化的国家。根据这三个命题和“法治强则国家强”的历史与理论逻辑,现代化强国必然包括法治强盛在内。习近平总书记多次引用“国无常强,无常弱。奉法者强,则国强;奉法者弱,则国弱”的法家经典名句,[4]用来教育党和人民走奉法强国之路。建设社会主义现代化强国既需要法治保驾护航,也有力地推动着法治强国建设。现代化法治强国的主要标志是,法治成为国家与社会的核心价值,成为国家治理和社会治理的根本方式,成为支撑国家兴旺发达的强大力量;全社会尊重法治、信仰法治、坚守法治;宪法具有极大权威,法律具有普遍的实效,任何个人和组织都自觉地在宪法和法律的范围内活动;人权和公民权利得到切实尊重和保障,国家公权力受到有效约束和监督;在国际关系和全球治理中,我国拥有大国强国的话语权、决策权和规则制定权。

中华民族的伟大复兴,自然包括中华法治文明的复兴。习近平总书记指出,“我国古代法制蕴含着十分丰富的智慧和资源,中华法系在世界几大法系中独树一帜。要注意研究我国古代法制传统和成败得失,挖掘和传承中华法律文化精华,汲取营养、择善而用”。[5]在中华民族伟大复兴的历史进程中,中国特色社会主义法治的现代化发展必将重燃法学法律界对中华民族世世代代形成和积累的优秀传统法律文化的热情,涤荡法学领域的历史虚无主义思潮,以时代精神激活中华优秀传统法律文化的生命力,推进中华优秀传统法律文化创造性转化和创新性发展,推进法治的时代精神与民族精神融汇,使源远流长的中华传统法律文化发扬光大,使中华法治文明跟上新时代,跟进中华民族伟大复兴的坚定步伐,并重新彰显其无穷魅力和影响力。

就全面建成社会主义现代化强国新时代的“一个时段、两个阶段”而言,未来三四年十分关键,它必将是我们党和国家发展历史上一个十分特殊的历史时段。2018 年是改革开放 40 周年,2019 年是中华人民共和国成立70周年，2020年是全面建成小康社会之年，2021年是中国共产党成立100周年。一个又一个重要的时间节点，两个一百年的历史交汇，推动着我们踏上法治建设新征程，深化依法治国实践、加快法治中国建设，为建设社会主义现代化法治强国奠定坚实基础。

二、新时代社会主要矛盾思想的指导意义

习近平总书记指出，“明确新时代我国社会主要矛盾是人民日益增长的美好生活需要和不平衡不充分的发展之间的矛盾，必须坚持以人民为中心的发展思想，不断促进人的全面发展、全体人民共同富裕”。[6]这个“明确”是建立在科学把握我国社会发展规律，精准预测未来发展趋势，并反复进行科学论证的基础上做出的重大政治论断。这个论断对我国新时代法治建设具有根本性、决定性指导意义。习近平总书记指出：“中国特色社会主义进入新时代，我国社会主要矛盾已经转化为人民日益增长的美好生活需要和不平衡不充分的发展之间的矛盾。”[7]我国总体上已经实现小康，不久将全面建成小康社会，人民美好生活需要日益广泛，不仅对物质文化生活提出了更高要求，而且在民主、法治、公平、正义、安全、环境等方面的要求日益增长。同时应当看到，人民美好生活需要的增量部分几乎都是民主法治或与民主法治直接关联。“我国社会主要矛盾的变化是关系全局的历史性变化，对党和国家工作提出了许多新要求。我们要在继续推动发展的基础上，着力解决好发展不平衡不充分问题，大力提升发展质量和效益，更好满足人民在经济、政治、文化、社会、生态等方面日益增长的需要，更好推动人的全面发展、社会全面进步。”[8]社会主要矛盾的转化经历了量变到质变的过程，这个过程已经反映在法治领域并引起法治工作方针的调整，从“有法可依、有法必依、执法必严、违法必究”到“科学立法、

严格执法、公正司法、全民守法”，从形成中国特色社会主义法律体系到建设中国特色社会主义法治体系，从建设法治国家到建设法治中国，实质都是新社会矛盾在上层建筑中的反映和调整。

当前，新时代社会主要矛盾的变化，凸显出人民日益增长的对民主法治的需求、对法治品质的要求、对公平正义的期待、对安全保障的法律依赖与法律优质产品供给不足、立法不优、执法不严、司法不公、监督不力、权力制约失衡、权利保护缺位、法治发展不平衡之间的矛盾。在这种情况下，要加大法治改革力度和法治发展进度，推动法治“供给侧改革”，坚持科学立法、民主立法、依法立法，提高立法质量，产出更多良法，修订或废止依然存在的“劣法”“闲法”“恶法”，增强法律权威，强化法律实施，不断提升法治的现代化水平，提高法治满足人民需要的能力。

面对法治领域的供需矛盾和人民对民主法治的美好向往，法治建设必须更加强调“以人民为中心”“以人民为主体”，以满足人民对美好生活的向往为己任。这是中国特色社会主义法治的根本价值所在，也是中国特色社会主义法治发展的强大力量所在。

党的十八大以来，习近平总书记始终把人民放在心中最高的位置，强调把体现人民利益、反映人民愿望、维护人民权益、增进人民福祉作为治国理政的根本宗旨。十八届四中全会通过的《中共中央关于全面依法治国若干重大问题的决定》把“以人民为主体”作为中国特色社会主义法治的基本原则。习近平总书记在十九大报告中，把“坚持以人民为中心”作为新时代坚持和发展中国特色社会主义的基本方略之一，强调“人民是历史的创造者，是决定党和国家前途命运的根本力量。必须坚持人民主体地位，坚持立党为公、执政为民，践行全心全意为人民服务的根本宗旨，把党的群众路线贯彻到治国理政全部活动之中，把人民对美好生活的向往作为奋斗目标，依靠人民创造历史伟业”。[9]这些论述为厉行法治、依法治国、建设法治中国，设定了最高价值标准和根本原则。

在法治建设中，“以人民为中心”“以人民为主体”，坚持法治的人民中心地位和人民主体价值，首先，必须坚持法治为了人民、依靠人民、造福人民、保护人民，把实现好、维护好、发展好最广大人民根本利益作为法治建设的根本目的，把体现人民利益、反映人民意愿、维护人民权益、增进人民福祉、促进人的全面发展作为法治建设的出发点和落脚点，落实到依法治国全过程、各领域。其次，必须加强人民当家作主的制度建设，保证人民在党的领导下，依照法律规定，通过各种途径和形式管理国家事务，管理经济和文化事业，管理社会事务；保证人民依法享有广泛的权利和自由，维护社会公平正义，保障人民平等参与、平等发展权利；以法治来激励和保护人民的积极性、主动性、创造性，增强社会发展活力，确保人民安居乐业、社会安定有序。再次，必须在依法治国全过程各领域坚持以人民为中心的工作导向，恪守以民为本、立法为民理念，使每一项立法都贯彻社会主义核心价值观、符合宪法精神、反映人民意志、得到人民拥护；坚持执法为民、司法为民、普法为民，并依靠人民推进严格执法、公正司法和惠民普法。最后，要弘扬人民权益靠法律保障、法律权威靠人民维护的社会主义法治精神，使法律为人民所掌握、所遵守、所运用，不断增强全社会尊法学法守法用法护法的自觉意识和行动。

三、中国特色社会主义总体布局和战略布局思想的指导意义

习近平总书记指出，“明确中国特色社会主义事业总体布局是‘五位一体’、战略布局是‘四个全面’，强调坚定道路自信、理论自信、制度自信、文化自信”。[10]这个“明确”把法治建设和依法治国纳入中国特色社会主义事业总体布局和战略布局之中，要求我们在总体布局和战略布局的视野中充分认识到“全面依法治国是中国

特色社会主义的本质要求和重要保障”,法治建设要与经济建设、政治建设、文化建设、社会建设、生态文明建设统筹推进,全面依法治国要与全面建成小康社会、全面深化改革、全面从严治党相辅相成,要进一步强化对中国特色社会主义法治的道路自信、理论自信、制度自信、文化自信。

法治建设在“五位一体”总体布局中具有特殊地位和作用。法治建设属于政治建设的重要组成部分,并渗透、贯穿经济建设、政治建设、文化建设、社会建设、生态文明建设之中。五个领域的建设是法治建设的强大动力,以它们对法治的强劲需求而持续推动着法治建设和法治现代化发展;同时,法治建设又服务于和保障着五大建设,为总体布局中的重大改革创造了“于法有据”的法治环境。在新时代新征程中,要以习近平总书记关于“五位一体”总体布局的新理念新思想新部署为指导,加快推进法治建设,使法治不仅能够保障总体布局,而且能够引领总体布局的统筹推进。通过加快建设法治国家、法治经济、法治社会,加快推进文化法治建设、生态法治建设,并通过宪法修改与宪制完善,统筹推进政治建设、经济建设、社会建设、文化建设和生态文明建设。要时刻注重发挥社会主义法治对经济建设、政治建设、文化建设、社会建设、生态文明建设的服务和保障作用,以良法促进发展、保障善治,引领中国特色社会主义现代化建设。

全面依法治国是“四个全面”的一部分。党的十八大之后,习近平总书记深入各地调研,探索新的历史时期和新的发展阶段中国特色社会主义的战略布局,在完善“五位一体”总体布局之后,提出了“四个全面”战略布局,并把依法治国放在总体战略布局之中统筹安排。他强调指出:全面建成小康社会是我们的战略目标,全面深化改革、全面依法治国、全面从严治党是三大战略举措,对实现全面建成小康社会战略目标一个都不能缺,“没有全面依法治国,我们就治不好国、理不好政,我们的战略布局就会落空”,“要把全面依法治国放在‘四个全面’的战略布局中来把握，深刻认识全面依法治国同其他三个‘全面’的关系，努力做到‘四个全面’相辅相成、相互促进、相得益彰”。[11]他还指出：“全面推进依法治国是关系我们党执政兴国、关系人民幸福安康、关系党和国家长治久安的重大战略问题，是完善和发展中国特色社会主义制度、推进国家治理体系和治理能力现代化的重要方面。我们要实现党的十八大和十八届三中全会作出的一系列战略部署，全面建成小康社会、实现中华民族伟大复兴的中国梦，全面深化改革、完善和发展中国特色社会主义制度，就必须在全面推进依法治国上作出总体部署、采取切实措施、迈出坚实步伐”；[12]“党的十八大提出了全面建成小康社会的奋斗目标，党的十八届三中全会对全面深化改革作出了顶层设计，实现这个奋斗目标，落实这个顶层设计，需要从法治上提供可靠保障”；[13]“全面推进依法治国，是我们党从坚持和发展中国特色社会主义出发、为更好治国理政提出的重大战略任务，也是事关我们党执政兴国的一个全局性问题。落实好这项重大战略任务，对推动经济持续健康发展、维护社会和谐稳定、实现社会公平正义，对全面建成小康社会、实现中华民族伟大复兴，都具有十分重大的意义”。[14]

以决胜全面建成小康社会、夺取新时代中国特色社会主义伟大胜利、实现中华民族伟大复兴的中国梦为主题来全面推进依法治国，除了要深刻把握法治建设和依法治国在“五位一体”总体布局和“四个全面”战略布局中的重要地位和作用，还必须牢固树立中国特色社会主义法治的道路自信、理论自信、制度自信、文化自信。没有这“四个自信”或者“四个自信”虚弱，法治建设就会偏离方向、失去定力、松动根基、缺乏动能，法治的精神和力量就会枯竭。

“中国特色社会主义法治道路，是社会主义法治建设成就和经验的集中体现，是建设社会主义法治国家的唯一正确道路。”[15]“全面推进依法治国，必须走对路。如果路走错了，南辕北辙了，那再提什么要求和举措也都没有意义了。十八届三中全会决定有一条贯穿全篇的红线，[16]这就是坚持和拓展中国特色社会主义法治道路。中国特色社会主义法治道路是一个管总的东西。具体讲我国法治建设的成就，大大小小可以列举出十几条、几十条，但归结起来就是开辟了中国特色社会主义法治道路这一条。”[17]坚持并不断拓展这条道路，我们成功地实现了从专制政治到民主政治、从人治到法治的历史性变革。因此，“在坚持和拓展中国特色社会主义法治道路这个根本问题上，我们要树立自信、保持定力”。[18]

中国特色社会主义法治理论是中国特色社会主义法治的学理支撑。中国特色社会主义法治理论是马克思主义法学理论与中国社会主义法治建设实践，特别是十八大以来全面依法治国伟大实践的结晶，是对中国特色社会主义法治实践的经验总结和理论表达，其主体构成与核心理论就是新时代中国特色社会主义法治思想。中国特色社会主义法治理论全面阐述了法治的本质、法治的普遍规律、现代法治的一般原理及社会主义法治的本质特征、内在要求、价值功能、基本原则、发展方向、遵循道路等重大问题，是“我们党处理法治问题的基本立场”，[19]也是全面依法治国的指导思想和学理支撑。坚持中国特色社会主义法治道路，建设中国特色社会主义法治体系和法治国家，推进中国法治事业科学发展，必须始终如一地贯彻中国特色社会主义法治理论。

中国特色社会主义制度是全面依法治国、建设法治中国的制度基石。中国特色社会主义制度包括经济制度和政治制度。当今世界有两种生产资料所有制形式，我们坚持和不断完善公有制为主体、多种所有制经济共同发展的基本经济制度。当今世界有两种资源配置的基本方式，一是计划经济，二是市场经济，我们告别了僵化的计划经济，选择了自由的市场经济。事实证明，市场经济是当今世界最有效率的经济运行机制。党的十四大把建立社会主义市场经济体制作为我国经济体制改革的总体目标；十八届三中全会作出“使市场在资源配置中起决定性作用”的重大决策，并提出“加快完善现代市场经济体系”；十九大提出“加快完善社会主义市场经济体制”，“建设现代化经济体系”。坚持中国特色社会主义基本经济制度，完善社会主义市场经济体制和现代化经济体系，内在地需要法治的引领和保障，也为社会主义法治的发展构筑了坚实的经济基础。中国特色社会主义政治制度包括国体和政体在内，具体而言就是工人阶级领导的、以工农联盟为基础的人民民主专政制度，中国共产党领导制度，人民代表大会制度，中国共产党领导的多党合作和政治协商制度，民族区域自治制度，基层群众自治制度，“一国两制”等。其中，党的领导是核心政治制度，人民代表大会是根本政治制度，中国共产党领导的多党合作和政治协商制度、民族区域自治制度、基层群众自治制度是基本政治制度，“一国两制”是解决历史遗留的香港、澳门问题的最佳方案，是香港、澳门回归后保持长期繁荣稳定的最佳制度。中国特色社会主义经济制度和政治制度是中国特色社会主义法治的经济基础和政治基石，中国特色社会主义经济制度和政治制度以其鲜明的现代性和强大的生命力使中国特色社会主义法治拥有新时代的先进性和优越性。我们要强化制度自信，充实制度定力，并以法治的制度理性和规范力量，巩固、壮大、发展中国特色社会主义经济制度和政治制度以及与它们相适应的各种制度。

中国特色社会主义法治文化是中国特色社会主义法治的精神家园。习近平总书记指出，“文化是一个国家、一个民族的灵魂。文化兴国运兴，文化强民族强”，[20]“中国特色社会主义文化，源自于中华民族五千多年文明历史所孕育的中华优秀传统文化，熔铸于党领导人民在革命、建设、改革中创造的革命文化和社会主义先进文化，植根于中国特色社会主义伟大实践”，[21]“文化自信是一个国家、一个民族发展中更基本、更深沉、更持久的力量”，[22]“没有高度的文化自信,没有文化的繁荣兴盛,就没有中华民族伟大复兴”。[23]这些精辟论述揭示了文化和中国特色社会主义文化的本质特征,并为中国特色社会主义文化建设和文化自信指明了方向。中国特色社会主义法治文化作为中国特色社会主义文化的组成部分,具有相同的本质、逻辑和力量。中国特色社会主义法治文化是绵延数千年的中华优秀传统法律文化、党领导人民在革命和建设中创造的新民主主义和社会主义法治文化、改革开放以来推进中国特色社会主义法治建设过程中创造的先进法治文化的结晶。完整意义的法治包括三个方面,即法律制度、法治体制、法治文化。全面依法治国、建设法治中国,要在制度完备、体制创新、文化建构三个方面共同推进、协调发展。党的十八大以来,以习近平同志为核心的党中央高度重视法治文化建设。2012 年 12 月 4 日,在首都各界纪念现行宪法公布施行 30 周年大会上的讲话中,习近平总书记强调指出,要“弘扬社会主义法治精神,努力培育社会主义法治文化”。[24]2014 年 10 月 23 日,十八届四中全会通过的《中共中央关于全面推进依法治国若干重大问题的决定》提出:“法律的权威源自人民的内心拥护和真诚信仰。人民权益要靠法律保障,法律权威要靠人民维护。必须弘扬社会主义法治精神,建设社会主义法治文化,增强全社会厉行法治的积极性和主动性,形成守法光荣、违法可耻的社会氛围,使全体人民都成为社会主义法治的忠实崇尚者、自觉遵守者、坚定捍卫者。”在十九大报告中,习近平总书记进一步提出:“加大全民普法力度,建设社会主义法治文化,树立宪法法律至上、法律面前人人平等的法治理念。”[25]五年来的法治文化建设,夯实了中国特色社会主义法治文化自信的基础。在新时代新征程中,要以新时代中国特色社会主义法治思想为指导,坚守中华文化立场,立足当代中国实践,结合当今时代条件,借鉴外来法治文化,大力发展中国特色社会主义法治文化,建设更高水平的社会主义法治文明。

四、全面深化改革总目标思想的指导意义

习近平总书记指出，“明确全面深化改革总目标是完善和发展中国特色社会主义制度、推进国家治理体系和治理能力现代化”。[26]这个“明确”既为全面深化改革指明了方向和路径，也为依法治国和法治建设提供了目标导向和基本遵循。

法治与国家治理息息相关，在国家治理中发挥着无可替代的功能。正如习近平总书记所说，“依法治国是坚持和发展中国特色社会主义的本质要求和重要保障，是实现国家治理体系和治理能力现代化的必然要求”。[27]法律体系是国家治理体系的组成部分，法治体系是国家治理体系的重要依托。国家治理体系和治理能力现代化必然要求完善发展中国特色社会主义法律体系，建设中国特色社会主义法治体系。国家治理现代化的实质是在治理体系、治理能力等方面充分体现良法善治，而现代法治则为国家治理注入了良法善治的核心价值和公共治理的创新机制，由此国家治理便具有了现代性，迈向了制度文明和政治文明。

推进国家治理现代化实质上就是推进国家治理法治化。改革开放以来，国家各项制度的创新发展都伴随着法律制度体系的丰富与革新，市场经济就是法治经济、民主政治就是法治政治、法治是治国基本方略、法治是执政基本方式，这些科学论断和实践经验表明国家治理现代化的过程也就是国家治理法治化的过程，法治化是国家治理现代化的必由之路。

推进国家治理法治化，是党的执政理念的必然要求。党的十八大以来，以习近平同志为核心的党中央的执政理念愈加凸显法治要素，除了强调要依法执政、依法治国、依法行政、依法治理社会、严格执法、公正司法、重大改革于法有据，又进一步提出法治是治国理政的基本方式，各级领导干部要善于运用法治思维和法治

方式深化改革、推动发展、化解矛盾、维护稳定，要推动法治国家、法治政府、法治社会一体建设。党的执政理念和法治理论深刻揭示了法治在国家治理中具有决定性作用。所以，要以国家治理现代化为主题，以推进国家治理法治化为主线，全面推进依法治国、加快法治中国建设，为推动中国特色社会主义制度更加成熟更加定型，为党和国家事业发展、人民幸福安康、社会公平正义、国家长治久安提供一整套更完备、更稳定、更管用的制度体系，通过建立和健全国家治理法律规范、法律制度和法律程序，形成完备的国家治理法治体系，不断提高运用中国特色社会主义法治有效治理国家的能力，确保社会主义现代化伟业在法治轨道上顺利前进。

完善和发展中国特色社会主义制度，推进国家治理体系和治理能力现代化，也是法治发展和法治现代化的强大动力。法治现代化必将使法治在国家治理中发挥更优良、更重要的作用。推进国家治理现代化内在地要求推进法治现代化，唯有现代化的法治才能支撑和匹配现代化的国家治理。围绕国家治理体系和治理能力现代化推进法治现代化，使法治现代化的目标更加明确，路径更加清晰，重点更加突出，措施更有抓手。

党的十九大把"实现国家治理体系和治理能力现代化"作为社会主义现代化强国的标志，进而把这一论断和目标纳入新时代中国特色社会主义思想体系和基本方略之中，这为法治现代化指明了前进方向。目前，我国的法治还不能满足国家治理的现实需要，更不适应"形成系统完备、科学规范、运行有效的制度体系"和"加快形成科学有效的治理体制"这一国家治理现代化阶段性目标的需要。为此，要以时不我待的紧迫感和使命感，以习近平国家治理现代化和法治现代化的思想理论为指导，以改革创新的姿态和锐气，抓住有利时机，加快法治建设，在积极应对国家治理迫切需要的同时，紧紧跟进国家治理现代化的步伐，同步推进法治现代化。国家治理现代化和法治现代化的目标必将把古老的中国带进现代化强国的征程，使党和人民在法治中实现“两个一百年”的奋斗目标，使中华民族在法治中走向富强民主文明和谐美丽，实现伟大复兴的中国梦。

五、全面推进依法治国总目标思想的指导意义

习近平总书记指出，“明确全面推进依法治国总目标是建设中国特色社会主义法治体系、建设社会主义法治国家”。[28]这个“明确”重申了十八届四中全会决定的精神，为深化依法治国实践强化了理论引领。全面依法治国是中国特色社会主义的本质要求和重要保障。要实现经济发展、政治清明、文化昌盛、社会公正、生态良好，必须更好发挥法治引领和规范作用。[29]“我们面对的改革发展稳定任务之重前所未有，矛盾风险挑战之多前所未有，依法治国地位更加突出、作用更加重大。我们必须坚定不移贯彻依法治国基本方略和依法执政基本方式，坚定不移领导人民建设社会主义法治国家。”[30]

全面推进依法治国，必须有一个总目标、总抓手，这就是建设中国特色社会主义法治体系。“中国特色社会主义法治体系”概念是习近平总书记十八大以来提出的最具原创性和标志性的概念之一，明确提出“法治体系”概念和建设中国特色社会主义法治体系命题，具有重大理论创新、制度创新和实践创新意义。全面推进依法治国，涉及立法、执法、司法、守法、法治监督、法治保障、法学教育、法学研究，涉及统筹推进依法治国、依法执政、依法行政、依法自治，涉及一体建设法治国家、法治政府、法治社会、法治经济、法治军队，涉及协调发展国家法治、地方法治、社会法治、行业法治，因而迫切需要一个符合法治规律、传承法治文明、思想含量丰富的统领性概念。“中国特色社会主义法治体系”就是这样一个统领性概念。习近平总书记指出：“提出这个总目标，既明确了全面推进

依法治国的性质和方向,又突出了全面推进依法治国的工作重点和总抓手。”[31]其重大意义,一是向国内外鲜明宣示我们将坚定不移走中国特色社会主义法治道路。二是明确全面推进依法治国的总抓手。全面推进依法治国涉及很多方面,在实际工作中必须有一个总揽全局、牵引各方的总抓手,这个总抓手就是建设中国特色社会主义法治体系。依法治国各项工作都要围绕这个总抓手来谋划和推进。三是建设中国特色社会主义法治体系是实现国家治理体系和治理能力现代化的必然要求,也是全面深化改革的必然要求,有利于在法治轨道上推进国家治理体系和治理能力现代化,有利于在全面深化改革总体框架内全面推进依法治国各项工作,有利于在法治轨道上不断深化改革。

建设中国特色社会主义法治体系,是贯穿《中共中央关于全面推进依法治国若干重大问题的决定》全篇的一条主线,也是新征程中深化全面依法治国的“牛鼻子”,对深化全面依法治国具有纲举目张的作用。在依法治国和法治建设的新征程中,要继续以建设中国特色社会主义法治体系为主题、主线,“在中国共产党领导下,坚持中国特色社会主义制度,贯彻中国特色社会主义法治理论,形成完备的法律规范体系、高效的法治实施体系、严密的法治监督体系、有力的法治保障体系,形成完善的党内法规体系”。[32]

完备的法律规范体系是法治国家、法治社会的制度基础。要坚持立法先行,发挥立法在改革开放和经济社会发展中的引领和推动作用。坚持上下有序、内外协调、科学规范、运行有效的原则,完善和发展法律规范体系。坚持科学立法、民主立法、依法立法基本原则,拓展科学立法、民主立法、依法立法的途径,不断提高立法质量和效率,以良法促进发展、保障善治。更加注重立法优先、立改废释并举,实现从粗放立法向精细立法转变。加强重点领域立法,实现立法和改革决策相衔接,做到重大改革于法有据、立法主动适应改革和经济社会发展需要。

法律的生命在于实施，法律的权威在于实施，法律的伟力也在于实施。完善法治实施体系，首先要健全宪法实施制度，把宣传和树立宪法权威作为全面推进依法治国的重大事项抓紧抓好。各级政府必须坚持在党的领导下、在法治轨道上开展工作，依法行政，严格规范文明执法，建立权责统一、权威高效的依法行政体制，加快建设法治政府。坚定不移推进司法体制改革，完善司法体制改革的配套制度和措施，全面落实司法责任制，深化司法管理体制和司法权力运行机制改革，优化司法职权配置，完善确保依法独立公正行使审判权和检察权的制度和体制。扩大司法民主途径，保障人民群众广泛、真实地参与司法，加强人权司法保障，努力让人民群众在每一个司法案件中都感受到公平正义。

法治监督是对法律实施和法治运行情况的监督，是法律实施和法治运行不可缺少的保障机制。习近平总书记提出要建立由党内监督、人大监督、民主监督、行政监督、司法监督、审计监督、社会监督、舆论监督构成的更加严密的监督体系，形成强大的监督合力；着力推进监督工作规范化、程序化、制度化，形成对法治运行全过程全方位的监督体系，督促实现科学立法、严格执法、公正司法、全民守法。十八届四中全会以来，建立严密的法治监督体系的最大亮点首推国家监察体制改革。十九大决定深入推进国家监察体制改革，在国家监察体制改革试点取得实效的基础上，将试点工作在全国推开，组建国家、省、市、县监察委员会，同党的纪律检查机关合署办公，实现对所有行使公权力的公职人员监察全覆盖；制定国家监察法，依法赋予监察委员会职责权限和调查手段。国家监察体制改革，对于落实十九大提出的“构建党统一指挥、全面覆盖、权威高效的监督体系，把党内监督同国家机关监督、民主监督、司法监督、群众监督、舆论监督贯通起来，增强监督合力”，[33]具有关键意义。

建设有力的法治保障体系对于法律的制定和实施十分必要。

法治保障包括政治保障、制度保障、思想保障、组织保障、运行保障、人才保障等内容。在依法治国和法治建设新征程，要切实加强和改进党对全面依法治国的领导，提高依法执政能力和水平，为全面依法治国提供强有力的政治和组织保障；加强高素质法治专门队伍和法律服务队伍建设，加强法治机构建设和经费保障，为全面依法治国提供坚实的人才和物质保障；改革不符合法治运行规律、不利于依法治国的体制机制，为全面依法治国提供完备的制度保障；完善守法诚信褒奖机制和违法行为惩戒机制，努力形成办事依法、遇事找法、解决问题用法、化解矛盾靠法的社会氛围，使尊法信法守法成为全体人民的共同追求和自觉行动。

党内法规体系是中国特色社会主义法治体系的重要组成部分。“党内法规既是管党治党的重要依据，也是建设社会主义法治国家的有力保障。”[34]在依法治国和法治建设的新征程中，要更加注重统筹推进依法治国与依规治党和制度治党。要树立党章权威，确保全党一体严格遵行。完善党内法规制定体制和程序，加大党内法规备案审查和解释力度，形成配套完备的党内法规制度体系。更加注重党内法规同国家法律的衔接和协调，促进党员、干部既认真执行党内法规又带头遵守国家法律法规。提高党内法规执行力，运用党内法规把党要管党、从严治党落到实处。根据全面推进依法治国和依规管党治党的总体部署，按照十九大提出的“加快形成覆盖党的领导和党的建设各方面的党内法规制度体系”的要求，坚持宪法为上、党章为本的基本原则，全面建成内容科学、程序严密、配套完备、运行有效的党内法规制度体系。

除了上述五个方面，中国特色社会主义法治体系还包括形式多样、内容丰富的社会规范体系，诸如社会习惯、市民公约、乡规民约、行业规章、团体规章等，它们也是依法治国的重要遵循。在一定意义上，社会规范体系是以公共道德和公序良俗为核心的规范体系。要按照依法治国与以德治国相结合的基本原则，根据十九大的最新部署，大力加强社会规范体系建设，开辟法治、德治、自治有机融合的社会治理新局面。

与建设中国特色社会主义法治体系并行的是建设社会主义法治国家。二十年前，党的十五大提出依法治国、建设社会主义法治国家，此后，建设社会主义法治国家的目标先后写入党章和宪法，成为党和国家的行动纲领。二十年来，社会主义法治国家的内涵越来越丰富、越来越清晰。法治国家属于政治文明范畴，以人民主权、依法而治、宪法至上、制约权力、保障人权、公平正义、正当程序为核心标志。党的十九大进一步把建设社会主义法治国家纳入全面建设社会主义现代化国家的总目标、总任务之中，为法治国家确定了更高标准，为建设社会主义法治国家、促进社会主义政治文明提出了新的目标定位和基本遵循。

六、新时代强军思想的指导意义

习近平总书记指出，“明确党在新时代的强军目标是建设一支听党指挥、能打胜仗、作风优良的人民军队，把人民军队建设成为世界一流军队”。[35]这个“明确”对依法治军、从严治军、建设法治化人民军队具有鲜明的指导意义。党的十八大以来，习近平同志作为中共中央总书记、国家主席、中央军委主席提出了强军目标、强军之要、强军之基，强调依法治军从严治军是强军之基，是建军治军的基本方略，深刻阐明了新的历史条件下依法治军、从严治军、建设法治军队的战略地位、根本原则和目标任务，科学回答了中国特色军事法治建设一系列重大理论和现实问题，丰富发展了中国特色社会主义法治理论和军事理论。习近平总书记指出，“厉行法治、严肃军纪，是治军带兵的铁律，也是建设强大军队的基本规律。……要强化法治观念，严格部队管理，狠抓条令条例贯彻落实，提高部队正规化水平”，[36]“一个现代化国家必然是法治国家，一支现代化军队必然是法治军队。深入推进依法治军、从严治军，是全面推进依法治国总体布局的重要组成部分，是实现强军目标的必然要求。整个国家都在建设中国特色社会主义法治体系、建设社会主义法治国家，军队法治建设不抓紧，到时候就跟不上趟了”。[37]习近平总书记还指出：“军队越是现代化，越是信息化，越是要法治化。在信息网络时代，战争过程日益科学化，军队建设、管理和作战行动更加强调标准化、规范化、精细化。这就要对军队各方面进行严格规范，建立一整套符合现代军事发展规律、体现我军特色的科学的组织模式、制度安排和运作方式，推动军队正规化建设向更高水平发展”，[38]“深入推进依法治军、从严治军，必须紧紧围绕党在新形势下的强军目标，着眼全面加强革命化现代化正规化建设，坚持党对军队绝对领导，坚持战斗力标准，坚持官兵主体地位，坚持依法和从严相统一，坚持法治建设与思想政治建设相结合，创新发展依法治军理论和实践，构建完善的中国特色军事法治体系，提高国防和军队建设法治化水平”。[39]习近平总书记的论述深刻揭示了我军性质宗旨的特殊要求与法治建设一般规律的高度统一。

2014 年，习近平总书记在主持党的十八届四中全会决定起草时，明确要求把依法治军、从严治军问题单列一块写进去，纳入依法治国总体布局。《中共中央关于全面推进依法治国若干重大问题的决定》就“深入推进依法治军从严治军”作出重大部署，这是在党中央顶层设计中首次提出依法治军。十八届四中全会之后，习近平总书记亲自决策起草、亲自审定、亲自批准印发了《中央军委关于新形势下深入推进依法治军从严治军的决定》，明确提出了深入推进依法治军从严治军的指导思想、目标要求、基本原则、主要任务和重大改革举措，深刻阐明依法治军从严治军一系列重大理论和实践问题，为新形势下深入推进依法治军从严治军、提高国防和军队建设法治化水平，提供了科学指南和根本遵循，标志着我军法治建设踏上新起点，人民军队法治化建设进入“快车道”。

依法治军从严治军是强军之基，是把军队建设成为世界一流军队的必由之路。基于此，党的十九大进一步把“坚持政治建军、改革强军、科技兴军、依法治军相统一”提升为坚持和发展中国特色社会主义的基本方略，并进一步强调“全面从严治军，推动治军方式根本性转变，提高国防和军队建设法治化水平”。[40]必须充分认识到，依法治军、从严治军是治军方式的深刻变革；依法治军是依法治国的一部分，法治军队建设是法治国家建设的组成部分；军队是国家体系的支柱，国家要依法治国，军队必然要依法治军；军队依法治军，必然支撑依法治国。在新时代强军道路上，必须紧紧围绕党在新时代的强军目标，创新发展依法治军理论和实践，着力构建系统完备、严密高效的军事法规制度体系、军事法治实施体系、军事法治监督体系、军事法治保障体系，提高国防和军队建设法治化水平，为建设强大的现代化的世界一流军队夯实法治基础。

七、构建人类命运共同体思想的指导意义

习近平总书记指出，“明确中国特色大国外交要推动构建新型国际关系，推动构建人类命运共同体”。[41]这个“明确”对于统筹国内法治与国际法治、国家治理与全球治理两个大局，推动全球治理体系和治理规则变革，构建新型国际关系和人类命运共同体，为决胜全面建成小康社会、夺取新时代中国特色社会主义伟大胜利、实现中华民族伟大复兴、创造更加良好的国际关系和国际法治环境，具有极其重大的指导意义。

进入21世纪以来，国际力量对比发生深刻变化，新兴市场国家和一大批发展中国家的国际影响力不断增强，这是近代以来国际力量对比中最具革命性的变化。数百年来，列强通过战争、殖民等方式争夺利益和霸权，逐步向他国以制度规则协调关系和利益的方式演进。在这种情况下，推进全球治理体系变革和全球治理法

治化已是大势所趋。

经过改革开放三十多年的发展，我国前所未有地走近世界舞台中央，前所未有地接近实现中华民族伟大复兴的目标，前所未有地具有实现这个目标的能力和信心。同时，我们越发展壮大，遇到的外部阻力和压力就会越大，面临的外部风险和挑战就会越多。发达国家总体上仍然主导着全球治理和世界秩序。中国的快速崛起必定要面临既有国际规则和国际秩序的限制，受到美国等西方大国的钳制。因而，我们必须推进全球治理体制变革，给国际治理格局和国际体系定规则、定方向，争取在国际秩序和国际体系长远制度性安排中体现和尊重中国应有的地位和作用，争夺发展的制高点。

全球化深入发展，把世界各国利益和命运更加紧密地联系在一起，形成了你中有我、我中有你的利益共同体。很多问题不再局限于一国内部，很多挑战也不再是一国之力所能应对，全球性挑战需要各国通力合作来应对。当今世界面临着各种不稳定性、不确定性问题，世界经济增长动能不足，贫富分化日益严重，地区热点问题此起彼伏，恐怖主义、网络安全、重大传染性疾病、气候变化等非传统安全威胁持续蔓延，人类面临许多共同挑战。没有哪个国家能够独自应对人类面临的各种挑战，也没有哪个国家能够退回到自我封闭的“孤岛”。这就决定了中国不可能独善其身，不可能继续“韬光养晦”，而必须统筹国内国际两个大局，积极构建开放合作的治理格局，努力使国内治理与国际治理有效衔接、相辅相成。

作为世界上发展速度最快和发展质量最好的发展中国家，中国的利益和责任也要求我们积极推进全球治理体系和治理规则变革，为新兴市场国家和发展中国家争取更多制度性权力和话语权，为世界和平稳定提供制度保障。

面对复杂巨变的世界形势，十八大以来，以习近平同志为核心的党中央审时度势，抓住机遇，应对挑战，以超凡的智慧和勇气推动全球治理体系和治理规则变革，构建世界经济政治新秩序。对于构建什么样的国际关系和世界秩序，习近平总书记在科学研判的基础上给出了明确定位，提供了中国方案。这就是推动国际关系民主化、法治化、合理化，引领经济全球化，构建人类命运共同体。

推动国际关系民主化的要义是："世界的命运必须由各国人民共同掌握，世界上的事情应该由各国政府和人民共同商量来办。垄断国际事务的想法是落后于时代的，垄断国际事务的行动也肯定是不能成功的。"[42]推动国际关系法治化的要义是：在国际关系中，各国都应遵守国际法和公认的国际关系基本原则，用统一适用的规则来明是非、促和平、谋发展。推动国际关系合理化（公正化）的要义是：适应国际力量对比新变化推进全球治理体系改革，体现各方关切和诉求，更好维护广大发展中国家正当权益；坚持主权平等，推动各国权利平等、机会平等、规则平等。

经济全球化是社会生产力发展的客观要求和科技进步的必然结果。经济全球化是与经济现代化同步的历史大势，经济全球化为世界经济增长提供了强劲动力，促成了产品、资源、资本、技术、思想、文化、人员在全球范围内的大流动，促成了贸易繁荣、资源开发、投资便利、技术创新、思想革命和社会变迁。当然，"我们也要承认，经济全球化是一把'双刃剑'"。[43]由于经济全球化把竞争从国内带向国际、从区域带向全球，这就必然引起世界范围内发展失衡、治理困境、数字鸿沟、公平赤字等问题。特别是当世界经济处于下行期的时候，全球经济"蛋糕"不容易做大，增长和分配、资本和劳动、效率和公平的矛盾会更加突出，发达国家和发展中国家都会感受到压力和冲击。在这种形势下，一些国家出现"反全球化""逆全球化"的舆论、思潮和运动不足为怪。面对经济全球化带来的机遇和挑战，习近平总书记提醒各国领导人和各国人民作出正确选择：要充分利用一切机遇，合作应对一切挑战，引导好经济全球化走向，让经济全球化进程更有活力、更加包容、更可持续；要主动作为、适度管理，让经济全球化的正面效应更多释放出来，实现经济全球化进程再平衡；要顺应大势、结合国情，正确选择融入经济全球化的路径和节奏；要讲求效率、注重公平，让不同国家、不同阶层、不同人群共享经济全球化的好处。

在推动全球治理体系变革、构建民主法治公正合理的世界秩序、引领全球化正确方向的基础上，向着建设人类命运共同体的方向前进，这是习近平总书记提出的时代命题和全球课题。十八大以来，习近平总书记洞察国际形势和世界格局演变大趋势，前瞻性地提出了建设人类命运共同体的主张。这个主张的基本内容包括：建立平等相待、互商互谅的伙伴关系，营造公道正义、共建共享的安全格局，谋求开放创新、包容互惠的发展前景，促进和而不同、兼收并蓄的文明交流，构筑尊崇自然、绿色发展的生态体系。五年来，我国通过实施共建“一带一路”倡议，发起创办亚洲基础设施投资银行，设立丝路基金，举办首届“一带一路”国际合作高峰论坛、亚太经合组织领导人非正式会议、二十国集团领导人杭州峰会、金砖国家领导人厦门会晤、亚信峰会，开展一系列大国元首外交，使人类命运共同体理念得到了联合国及其所属组织的认同和世界人民的广泛支持，已经构成了新型国际关系和世界秩序的理论基石和要素。

党的十九大把进一步推动构建人类命运共同体作为新时代坚持和发展中国特色社会主义的基本方略之一，提出中国人民的梦想同各国人民的梦想息息相通，实现中国梦离不开和平的国际环境和稳定的国际秩序，呼吁各国人民同心协力，构建人类命运共同体，建设持久和平、普遍安全、共同繁荣、开放包容、清洁美丽的世界。要相互尊重、平等协商，坚决摒弃冷战思维和强权政治，走对话而不对抗、结伴而不结盟的国与国交往新路。要坚持以对话解决争端、以协商化解分歧，统筹应对传统和非传统安全威胁，反对一切形式的恐怖主义。要同舟共济，促进贸易和投资自由化便利化，推动经济全球化朝着更加开放、包容、普惠、平衡、共赢的方向发展。要尊重世界文明多样性，以文明交流超越文明隔阂、文明互鉴超越文明冲突、文明共存超越文明优越。要坚持环境友好，合作应对气候变化，保护好人类赖以生存的地球家园。

在新时代，我们应当进一步提升全球战略思维，秉持共商共建共享的全球治理观，以推动建设相互尊重、公平正义、合作共赢的新型国际关系和建设人类命运共同体为基本理念和发展目标，始终不渝走和平发展道路，奉行互利共赢的开放战略，坚持正确义利观，树立共同、综合、合作、可持续的新安全观，谋求开放创新、包容互惠的发展前景，促进和而不同、兼收并蓄的文明交流，构筑尊崇自然、绿色发展的生态体系，“始终做世界和平的建设者、全球发展的贡献者、国际秩序的维护者”。[44]

八、坚持党的领导思想的指导意义

习近平总书记指出，“明确中国特色社会主义最本质的特征是中国共产党领导，中国特色社会主义制度的最大优势是中国共产党领导，党是最高政治领导力量，提出新时代党的建设总要求，突出政治建设在党的建设中的重要地位”。[45]这个“明确”清晰地阐明了党的领导与中国特色社会主义的关系，说明了中国特色社会主义法治必须坚持党的领导，从党的领导中找到自己的政治定位和前途命运，从党的领导中获得优势、力量和权威。在依法治国和法治建设必须坚持党的领导这个问题上，习近平总书记讲得最多最透最坚定最全面。党的领导是中国特色社会主义法治最本质的特征，是社会主义法治最根本的保证。把党的领导贯彻到依法治国全过程和各方面，是我国社会主义法治建设的一条基本经验。我国宪法确立了中国共产党的领导地位，坚持党的领导是宪法的根本要求,是依宪治国、依宪执政的根本体现,是党和国家的根本所在、命脉所在,是全国各族人民的利益所系、幸福所系,是全面推进依法治国的题中应有之义。“坚持中国特色社会主义法治道路,最根本的是坚持中国共产党的领导。依法治国是我们党提出来的,把依法治国上升为党领导人民治理国家的基本方略也是我们党提出来的,而且党一直带领人民在实践中推进依法治国。全面推进依法治国,要有利于加强和改善党的领导,有利于巩固党的执政地位、完成党的执政使命,决不是要削弱党的领导。”[46]“我们必须牢记,党的领导是中国特色社会主义法治之魂,是我们的法治同西方资本主义国家的法治最大的区别。离开了中国共产党的领导,中国特色社会主义法治体系、社会主义法治国家就建不起来。我们全面推进依法治国,绝不是要虚化、弱化甚至动摇、否定党的领导,而是为了进一步巩固党的执政地位、改善党的执政方式、提高党的执政能力,保证党和国家长治久安。”[47]坚持党的领导不是一句空话,而是具体体现为党领导立法、保证执法、支持司法、带头守法。

在十九大报告中,习近平总书记再次强调指出,“坚持党的领导、人民当家作主、依法治国有机统一是社会主义政治发展的必然要求”,[48]“党的领导是人民当家作主和依法治国的根本保证”,[49]“必须把党的领导贯彻落实到依法治国全过程和各方面,坚定不移走中国特色社会主义法治道路”。[50]为了加强党对依法治国和法治建设的领导,十九大决定“成立中央全面依法治国领导小组,加强对法治中国建设的统一领导”。[51]

习近平总书记强调把坚持党的领导与改善、改进党的领导统一起来,改进党的领导方式和执政方式,提高党的领导水平和执政本领。在十八届四中全会上,习近平总书记指出:“党的领导和社会主义法治是一致的,社会主义法治必须坚持党的领导,党的领导必须依靠社会主义法治。”[52]如果说“社会主义法治必须坚持党的领导”是我们党的一贯立场,毛泽东、邓小平、江泽民、胡锦涛等党和国家领导人对此均做过相应论述，习近平总书记在新的形势下更加鲜明、更加深入、更有针对性地进行了论述，那么，“党的领导必须依靠社会主义法治”则是习近平总书记首次提出的重大命题，是当代中国共产党人对党的领导能否和法治相结合作出的明确回答，其重大意义在于从根本上找到了改善和改进党的领导方式和执政方式的路径。习近平总书记还指出：“我国是一个有十三亿多人口的大国，地域辽阔，民族众多，国情复杂。我们党在这样一个大国执政，要保证国家统一、法制统一、政令统一、市场统一，要实现经济发展、政治清明、文化昌盛、社会公正、生态良好，都需要秉持法律这个准绳、用好法治这个方式。”[53]

改善和改进党的领导方式和执政方式，最根本的是坚持依法执政、依宪执政、依据法律和党内法规实施对国家和社会的领导。必须把依法治国基本方略同依法执政基本方式统一起来，把党总揽全局、协调各方同人大、政府、政协、审判机关、检察机关依法依章程履行职能、开展工作统一起来，把党领导人民制定和实施宪法法律同党坚持在宪法法律范围内活动统一起来，善于使党的主张通过法定程序成为国家意志，善于使党组织推荐的人选通过法定程序成为国家政权机关的领导人员，善于通过国家政权机关实施党对国家和社会的领导，善于运用民主集中制原则维护中央权威、维护全党全国团结统一。

为了更好、更有效地依法执政，在尊重和遵循宪法法律的同时，还必须致力于建立完善的党内法规制度体系。全面推进依法治国、全面从严治党，必须努力形成党内法规和国家法律相辅相成、相互促进、相互保障的格局。党的十八大以来，党内法规制度体系不断完善。在十九大报告中，习近平总书记进一步指出：“领导十三亿多人的社会主义大国，我们党既要政治过硬，也要本领高强。”[54]在各项高强本领中就包括法治思维能力和依法执政能力。

法治思维以及相应的法治方式是对人治思维以及相应的人治

方式的革命。人治思维崇尚贤人政治、官本位、家长主义、父爱主义,过分信赖当权者个人或少数人的智慧、能力、美德,凭借个人的愿望和权威治国理政。人治思维也不是一点法律都不要,但它认为“法律可有可无”,“法律只能作为办事的参考”。在人治思维中,权力决定一切,当个人的意愿、判断和利益与法律冲突时,不是“法大于权”,而是“权大于法”。法治思维则是一种理性思维、科学思维、民主思维,其实质就是习近平总书记概括的:把对法治的尊崇、对法律的敬畏转化成思维方式和行为方式,做到在法治之下而不是法治之外,更不是法治之上想问题、作决策、办事情;其关键是守规则、重程序,做到法定职责必须为、法无授权不可为,尊重和保护人民权益,自觉接受监督。坚持法治思维和法治方式,要抓住领导干部这个关键少数。各级领导干部要做尊法学法守法用法的模范,提高运用法治思维和法治方式的能力,努力以法治凝聚改革共识、规范发展行为、促进矛盾化解、保障社会和谐;牢固树立宪法法律至上、法律面前人人平等、权由法定、权依法使等基本法治观念,彻底摒弃人治思想和长官意志,绝不搞以言代法、以权压法、逐利违法、徇私枉法;努力营造办事依法、遇事找法、解决问题用法、化解矛盾靠法的法治环境。

依法执政是中国共产党改善和改进执政方式、提高执政能力和水平的重要举措。中国共产党作为执政党必须依照宪法和法律执掌国家政权、领导国家政权、运用国家政权,实现党的执政为民的宗旨和执政兴国的目标;依法支持和督促国家机关依法行使国家权力、履行国家职能,确保国家机关活动的民主性、合法性、公正性、权威性;依法参与重大国务活动,制定内政、国防、外交基本方针,管理属于党和国家机关共同负责的重要事项;依法保证党领导人民有效治理国家。

十八大以来,我们党坚持依法执政,推进依法执政制度化、规范化、程序化,坚持以法治的理念、法治的体制、法治的程序,实行党的领导和党的执政，党的领导和执政的合法性得到更广泛、更真诚的认同，党的领导本领和执政本领取得历史性的飞跃，国家治理体系和治理能力现代化水平显著提高，全社会发展活力和创新活力明显增强。在新时代新征程中，必须在更高标准上把坚持党的领导与改善党的领导、依法治国与依法执政有机地结合起来，把党的领导、人民当家作主、依法治国有机地统一起来，创造人类历史上最高水平的政治文明和法治文明。

习近平新时代中国特色社会主义思想对依法治国和法治建设的指导意义并不限于上述八项“明确”（八个方面的核心思想）。但是，仅从八项“明确”对依法治国和法治建设的指导意义，足以看出习近平新时代中国特色社会主义思想对依法治国和法治建设既具有战略性又具有基础性，既具有现实针对性又具有未来前瞻性的指导意义。这多重意义的指导必将引领新时代全面依法治国新征程，开创法治中国建设新局面。

注　释

1　习近平：《决胜全面建成小康社会　夺取新时代中国特色社会主义伟大胜利——在中国共产党第十九次全国代表大会上的报告》，人民出版社 2017 年版，第 19 页。

2　习近平：《决胜全面建成小康社会　夺取新时代中国特色社会主义伟大胜利——在中国共产党第十九次全国代表大会上的报告》，人民出版社 2017 年版，第 28 页。

3　习近平：《提高国防和军队建设法治化水平》（2014 年 12 月 26 日），载《习近平关于协调推进“四个全面”战略布局论述摘编》，中央文献出版社 2015 年版，第 109 页。

4　《韩非子·有度》。

5　习近平：《加快建设社会主义法治国家》（2014 年 10 月 23 日），载《求是》2015 年第 1 期。

6　习近平：《决胜全面建成小康社会　夺取新时代中国特色社会主义伟大胜利——

在中国共产党第十九次全国代表大会上的报告》,人民出版社 2017 年版,第 19 页。

7 习近平:《决胜全面建成小康社会 夺取新时代中国特色社会主义伟大胜利——在中国共产党第十九次全国代表大会上的报告》,人民出版社 2017 年版,第 11 页。

8 习近平:《决胜全面建成小康社会 夺取新时代中国特色社会主义伟大胜利——在中国共产党第十九次全国代表大会上的报告》,人民出版社 2017 年版,第 11 - 12 页。

9 习近平:《决胜全面建成小康社会 夺取新时代中国特色社会主义伟大胜利——在中国共产党第十九次全国代表大会上的报告》,人民出版社 2017 年版,第 21 页。

10 习近平:《决胜全面建成小康社会 夺取新时代中国特色社会主义伟大胜利——在中国共产党第十九次全国代表大会上的报告》,人民出版社 2017 年版,第 19 页。

11 习近平:《在省部级主要领导干部学习贯彻党的十八届四中全会精神全面推进依法治国专题研讨班上的讲话》(2015 年 2 月 2 日),载中共中央文献研究室编:《习近平关于全面依法治国论述摘编》,中央文献出版社 2015 年版,第 15 页。

12 习近平:《关于〈中共中央关于全面推进依法治国若干重大问题的决定〉的说明》(2014 年 10 月 20 日),载中共中央文献研究室编:《习近平关于全面依法治国论述摘编》,中央文献出版社 2015 年版,第 7 页。

13 习近平:《关于〈中共中央关于全面推进依法治国若干重大问题的决定〉的说明》(2014 年 10 月 20 日),载中共中央文献研究室编:《习近平关于全面依法治国论述摘编》,中央文献出版社 2015 年版,第 5 页。

14 习近平:《在中共十八届四中全会第二次全体会议上的讲话》(2014 年 10 月 23 日),载中共中央文献研究室编:《习近平关于全面依法治国论述摘编》,中央文献出版社 2015 年版,第 7 页。

15 习近平:《关于〈中共中央关于全面推进依法治国若干重大问题的决定〉的说明》(2014 年 10 月 20 日),载中共中央文献研究室编:《习近平关于全面依法治国论述摘编》,中央文献出版社 2015 年版,第 24 页。

16 此处的"全会决定",是指十八届四中全会通过的《中共中央关于全面推进依法治国若干重大问题的决定》。

17 习近平:《加快建设社会主义法治国家》(2014 年 10 月 23 日),载中共中央文献研究室编:《习近平关于全面依法治国论述摘编》,中央文献出版社 2015 年版,第 26 页。

18 习近平:《加快建设社会主义法治国家》(2014 年 10 月 23 日),载中共中央文献研究室编:《习近平关于全面依法治国论述摘编》,中央文献出版社 2015 年版,第 26 页。

19 习近平:《在省部级主要领导干部学习贯彻党的十八届四中全会精神全面推进依法治国专题研讨班上的讲话》(2015 年 2 月 2 日),载中共中央文献研究室编:《习近平关于全面依法治国论述摘编》,中央文献出版社 2015 年版,第 123 页。

20 习近平:《决胜全面建成小康社会　夺取新时代中国特色社会主义伟大胜利——在中国共产党第十九次全国代表大会上的报告》,人民出版社 2017 年版,第 40 - 41 页。

21 习近平:《决胜全面建成小康社会　夺取新时代中国特色社会主义伟大胜利——在中国共产党第十九次全国代表大会上的报告》,人民出版社 2017 年版,第 41 页。

22 习近平:《决胜全面建成小康社会　夺取新时代中国特色社会主义伟大胜利——在中国共产党第十九次全国代表大会上的报告》,人民出版社 2017 年版,第 23 页。

23 习近平:《决胜全面建成小康社会　夺取新时代中国特色社会主义伟大胜利——在中国共产党第十九次全国代表大会上的报告》,人民出版社 2017 年版,第 41 页。

24 习近平:《在首都各界纪念现行宪法公布施行 30 周年大会上的讲话》,载《人民日报》2012 年 12 月 5 日,第 2 版。

25 习近平:《决胜全面建成小康社会　夺取新时代中国特色社会主义伟大胜利——在中国共产党第十九次全国代表大会上的报告》,人民出版社 2017 年版,第 39 页。

26 习近平:《决胜全面建成小康社会　夺取新时代中国特色社会主义伟大胜利——在中国共产党第十九次全国代表大会上的报告》,人民出版社 2017 年版,第 19 页。

27 习近平:《在中共十八届四中全会第一次全体会议上关于中央政治局工作的报告》(2014 年 10 月 20 日),载中共中央文献研究室编:《习近平关于全面依法治国论述摘编》,中央文献出版社 2015 年版,第 4 页。

28 习近平:《决胜全面建成小康社会　夺取新时代中国特色社会主义伟大胜利——

在中国共产党第十九次全国代表大会上的报告》，人民出版社 2017 年版，第 19 页。

29 习近平：《在中共十八届四中全会第一次全体会议上关于中央政治局工作的报告》（2014 年 10 月 20 日），载中共中央文献研究室编：《习近平关于全面依法治国论述摘编》，中央文献出版社 2015 年版，第 4 – 5 页。

30 习近平：《在中共中央召开的党外人士座谈会上的讲话》（2014 年 8 月 19 日），载中共中央文献研究室编：《习近平关于全面依法治国论述摘编》，中央文献出版社 2015 年版，第 4 页。

31 习近平：《关于〈中共中央关于全面推进依法治国若干重大问题的决定〉的说明》，载《〈中共中央关于全面推进依法治国若干重大问题的决定〉辅导读本》，人民出版社 2014 年版，第 51 页。

32 习近平：《关于〈中共中央关于全面推进依法治国若干重大问题的决定〉的说明》，载《〈中共中央关于全面推进依法治国若干重大问题的决定〉辅导读本》，人民出版社 2014 年版，第 51 页。

33 习近平：《决胜全面建成小康社会　夺取新时代中国特色社会主义伟大胜利——在中国共产党第十九次全国代表大会上的报告》，人民出版社 2017 年版，第 68 页。

34 《中共中央关于全面推进依法治国若干重大问题的决定》，载《〈中共中央关于全面推进依法治国若干重大问题的决定〉辅导读本》，人民出版社 2014 年版，第 36 页。

35 习近平：《决胜全面建成小康社会　夺取新时代中国特色社会主义伟大胜利——在中国共产党第十九次全国代表大会上的报告》，人民出版社 2017 年版，第 19 页。

36 习近平：《在视察南京军区机关时的讲话》（2014 年 12 月 14 日），载中共中央文献研究室编：《习近平关于全面依法治国论述摘编》，中央文献出版社 2015 年版，第 116 页。

37 习近平：《提高国防和军队建设法治化水平》（2014 年 12 月 26 日），载《习近平关于协调推进“四个全面”战略布局论述摘编》，中央文献出版社 2015 年版，第 109 页。

38 《习近平总书记系列重要讲话读本》（2016 年版），学习出版社、人民出版社 2016 年版，第 259 页。

39 习近平：《提高国防和军队建设法治化水平》（2014 年 12 月 26 日），载《习近平关于协调推进“四个全面”战略布局论述摘编》,中央文献出版社 2015 年版,第 109 页。

40 习近平:《决胜全面建成小康社会　夺取新时代中国特色社会主义伟大胜利——在中国共产党第十九次全国代表大会上的报告》,人民出版社 2017 年版,第 54 页。

41 习近平:《决胜全面建成小康社会　夺取新时代中国特色社会主义伟大胜利——在中国共产党第十九次全国代表大会上的报告》,人民出版社 2017 年版,第 19 页。

42 习近平:《弘扬和平共处五项原则　建设合作共赢美好世界——在和平共处五项原则发表60 周年纪念大会上的讲话》,载《人民日报》2014 年6 月29 日,第2 版。

43 习近平:《共担时代责任　共促全球发展——在世界经济论坛 2017 年年会开幕式上的主旨演讲》,载《人民日报》2017 年 1 月 18 日,第3 版。

44 习近平:《决胜全面建成小康社会　夺取新时代中国特色社会主义伟大胜利——在中国共产党第十九次全国代表大会上的报告》,人民出版社 2017 年版,第 25 页。

45 习近平:《决胜全面建成小康社会　夺取新时代中国特色社会主义伟大胜利——在中国共产党第十九次全国代表大会上的报告》,人民出版社 2017 年版,第 20 页。

46 习近平:《加快建设社会主义法治国家》(2014 年 10 月 23 日),载中共中央文献研究室编:《习近平关于全面依法治国论述摘编》,中央文献出版社 2015 年版,第 27 页。

47 习近平:《在省部级主要领导干部学习贯彻党的十八届四中全会精神全面推进依法治国专题研讨班上的讲话》(2015 年 2 月 2 日),载中共中央文献研究室编:《习近平关于全面依法治国论述摘编》,中央文献出版社 2015 年版,第 35－36 页。

48 习近平:《决胜全面建成小康社会　夺取新时代中国特色社会主义伟大胜利——在中国共产党第十九次全国代表大会上的报告》,人民出版社 2017 年版,第 22 页。

49 习近平:《决胜全面建成小康社会　夺取新时代中国特色社会主义伟大胜利——在中国共产党第十九次全国代表大会上的报告》,人民出版社 2017 年版,第 36 页。

50 习近平:《决胜全面建成小康社会　夺取新时代中国特色社会主义伟大胜利——

在中国共产党第十九次全国代表大会上的报告》,人民出版社 2017 年版,第 22 页。

51　习近平:《决胜全面建成小康社会　夺取新时代中国特色社会主义伟大胜利——在中国共产党第十九次全国代表大会上的报告》,人民出版社 2017 年版,第 38 页。

52　习近平:《关于〈中共中央关于全面推进依法治国若干重大问题的决定〉的说明》(2014 年 10 月 20 日),载中共中央文献研究室编:《习近平关于全面依法治国论述摘编》,中央文献出版社 2015 年版,第 23 – 24 页。

53　习近平:《在中共十八届四中全会第二次全体会议上的讲话》(2014 年 10 月 23 日),载中共中央文献研究室编:《习近平关于全面依法治国论述摘编》,中央文献出版社 2015 年版,第 9 页。

54　习近平:《决胜全面建成小康社会　夺取新时代中国特色社会主义伟大胜利——在中国共产党第十九次全国代表大会上的报告》,人民出版社 2017 年版,第 68 页。

新时代全面依法治国的思想、方略和实践*

在中国共产党第十九次全国代表大会上，习近平总书记郑重宣布："经过长期努力，中国特色社会主义进入了新时代，这是我国发展新的历史方位。"[1]

中国特色社会主义进入新时代的主要依据和标志，一是我国社会主要矛盾发生了深刻变化，转化为人民日益增长的美好生活需要和不平衡不充分的发展之间的矛盾，由此引发中国特色社会主义建设总目标、总任务、总体布局、战略布局和发展方向、发展方式、发展动力、战略步骤、外部条件等的重新定位和设计。二是党的指导思想实现了新的与时俱进，创立了习近平新时代中国特色社会主义思想。习近平总书记用"八个明确"精辟概括和深刻阐述了新时代中国特色社会主义思想的精神实质和丰富内涵。三是形成了新时代的主题，即决胜全面建成小康社会，进而全面建设社会主义现代化强国；围绕这一时代主题，总结十八大以来全面推进"五位一体"、协调推进"四个全面"的创新经验，形成了一系列必须长期坚持并将不断发展的基本方略。习近平总书记用"十四个坚持"阐明了新时代坚持和发展中国特色社会主义的基本方略，"坚

---

* 本文发表于《中国法学》2017 年第 6 期，被评为"全国优秀应用法学论文成果奖"。

持全面依法治国”是其中之一。

伴随着中国特色社会主义进入新时代的前进步伐，我国社会主义法治也进入新时代，踏上新征程。站在新的历史方位，我们应深刻把握法治新时代的实践依据、理论依据和基本特征，深刻把握法治新时代的主题、目标和任务，坚定不移地坚持和拓展中国特色社会主义法治道路，与时俱进地深化全面依法治国伟大实践，加快建设中国特色社会主义法治体系和法治国家，加快推进社会主义现代化法治强国建设。站在新时代的历史方位，面向人民在民主、法治、公平、正义、人权、安全、发展、环境等方面日益增长和不断提高的要求，面对任重道远的法治强国目标和依然繁重的全面依法治国任务，我们应全面系统地把习近平新时代中国特色社会主义思想和方略运用于法治领域，并创新性地转化为全面依法治国、建设法治中国的新思想、新方略、新实践。

基于以上认识与思路，本文以习近平新时代中国特色社会主义思想为指导，探索性地将新时代全面依法治国、建设法治中国的新思想、新方略和新实践概括为：保持法治定力、发展法治理论、提升法治方略、拓展法治道路、深化法治实践、统筹法治改革、建设法治强国、加强法治领导。

一、保持法治定力

定力，乃指人们在改造客观世界和主观世界的过程中，所表现出来的一种坚定立场、坚强意志和执着信念。十八大以来，习近平总书记在一系列重要会议上强调保持战略定力、政治定力、改革定力、文化定力等。在十九大报告中，习近平总书记多次使用“定力”这个概念，用以表达对中国特色社会主义的高度自信和推进“四个伟大”的坚强意志。法治定力是中国特色社会主义现代化的核心定力之一，体现为党和人民对中国特色社会主义法治道路的自信和厉行法治、奉法强国的坚定信念。在十九大报告中,"法治"一词出现 34 次,"依法治国"出现 19 次,"法治国家""法治政府""法治社会""依法执政""依法行政""公正司法"以及公平正义、人权保障、财产权益等相关法学概念也是多次出现,可以说十九大报告通篇贯穿法治精神,彰显法治定力。

法治定力形成于对新中国成立以来我国法治问题上的颠覆性错误和沉痛教训的反思。新中国成立以来,我们党和国家很多重大的失误和颠覆性错误,都是背离法治轨道造成的。新中国成立初期,我们党是重视法治建设的,1954 年,就在继承具有临时宪法作用的《中国人民政治协商会议共同纲领》的精髓的基础上,制定了《中华人民共和国宪法》,根据宪法制定了国家机构组织法和其他法律。宪法、国家机构组织法和其他重要法律确立了新中国的基本政治制度、法律制度、立法体制、司法体制,奠定了社会主义制度的"四梁八柱"。此后,1956 年,党的八大强调,随着革命的暴风雨时期的结束和社会主义建设时期的到来,应着手系统地制定比较完备的法律,健全国家的法制。但令人痛心的是,1957 年以后,由于受"左"的思想影响和国际国内复杂形势的严重干扰,我国法制建设停滞不前甚至倒退,法治衰败导致人治抬头、家长制盛行,经济和社会生活失序,频繁爆发侵犯人权、伤害干群的政治运动。1981 年制定的《中国共产党第十一届中央委员会关于建国以来党的若干历史问题的决议》深刻分析了人治的教训,指出:种种历史原因使得"我们没有能把党内民主和国家政治社会生活的民主加以制度化、法律化,或者虽然制定了法律,却没有应有的权威",这"就使党和国家难于防止和制止'文化大革命'的发动和发展"。[2]从 1957 年"反右派斗争扩大化"至 1976 年"文化大革命"结束,二十年的沉痛教训和切肤之痛使党和人民认识到搞人治危险得很,而搞法治才靠得住;只有建立完备的法律制度和法治体制才能制约权力、防止权力任性,才能保障人权、使人权免遭恣意侵害,才能维护稳定、使人民群众安居乐业、国家长治久安。

法治定力来自厉行法治、依法治国、法治惠民的美好体验。“文化大革命”结束之后，1978 年 12 月，中国共产党十一届三中全会在北京召开。这次全会在作出把党和国家工作的重心由以阶级斗争为纲转向以经济建设为中心的决策的同时，向全党全国人民发出了“健全社会主义民主，加强社会主义法制”的号召，提出“为了保障人民民主，必须加强社会主义法制，使民主制度化、法律化，使这种制度和法律具有稳定性、连续性和极大的权威”；[3] 提出“有法可依、有法必依、执法必严、违法必究”的社会主义法制工作方针。1982 年 12 月 4 日，五届人大五次会议完成了对宪法的修改，颁布了新宪法即现行宪法。1997 年，党的十五大提出“依法治国，建设社会主义法治国家”。1999 年 3 月，在八届人大一次会议上，“依法治国，建设社会主义法治国家”被写入宪法。2012 年，党的十八大提出全面推进依法治国进程。十八届三中全会提出推进法治中国建设，十八届四中全会作出了《中共中央关于全面推进依法治国若干重大问题的决定》。党的十一届三中全会以来，特别是十八大以来，我国的民主法治建设迈出重大步伐，社会主义宪制事业健康发展，有关社会主义民主政治的法律制度、尊重和保障人权的法律制度、引导和规范市场经济秩序的法律制度、保障民生和促进社会和谐的法律制度、保护环境资源和促进生态文明的法律制度不断完善；依法行政、严格执法，法治政府建设取得显著成效；公正司法、为民司法、和谐司法，司法公信力显著提高；全民尊法学法守法用法护法，法治社会建设取得历史性成就；执政党依法执政、带头守法，坚定地维护法制的统一、尊严和权威。在这样的法治环境中生活、生产、学习、工作，人民群众真切地感受到法治的温暖，感受到法治的保护，感受到法治的公正，感受到法治给人民带来的无限福祉。可以看到我国人民安居乐业、社会安定有序、国家稳定强大；我国经济持续健康发展，经济总量稳居世界第二，人民群众的收入和生活水平普遍提高；人权事业上升为国家战略，公民的生命权、人身权和人格权、政治权利和自由、经济和社会文化权利、平等参与权利和发展权利、诉讼救济权利等，受到认真对待和切实保障。人民前所未有地感受到法治所产生的安全和幸福，前所未有地体验到法律为人民所掌握、所遵守、所运用，前所未有地认同法治和法治国家。

从1949年以来的“人治之祸”和“法治之福”的经历和对比中，党和人民深刻认识到，只有彻底摒弃人治、坚定厉行法治，才能避免“文化大革命”那样的悲剧重演，才能确保人民在法治的康庄大道上从幸福走向幸福，从胜利走向胜利。

法治定力来自习近平总书记对政治和社会文明规律的科学分析。习近平总书记指出：“法治和人治问题是人类政治文明史上的一个基本问题，也是各国在实现现代化过程中必须面对和解决的一个重大问题。综观世界近现代史，凡是顺利实现现代化的国家，没有一个不是较好解决了法治和人治问题的。相反，一些国家虽然也一度实现快速发展，但并没有顺利迈进现代化的门槛，而是陷入这样或那样的‘陷阱’，出现经济社会发展停滞甚至倒退的局面。后一种情况很大程度上与法治不彰有关。”[4]“历史是最好的老师。经验和教训使我们党深刻认识到，法治是治国理政不可或缺的重要手段。法治兴则国家兴，法治衰则国家乱。什么时候重视法治、法治昌明，什么时候就国泰民安；什么时候忽视法治、法治松弛，什么时候就国乱民怨。”[5]习近平总书记的深刻分析和深切教导深化了依法治国的理论基础，夯实了厉行法治的政治信念，也使党和人民对厉行法治的极端重要性从感性认识上升到了理性认识。

在当代中国，保持法治定力有其历史逻辑、实践逻辑、理论逻辑。正是这三种逻辑所形成的合力，构建了法治定力。党的十九大站在历史和未来的交汇处，以这种强大的法治定力，旗帜鲜明地宣布“全面依法治国是中国特色社会主义的本质要求和重要保障”,“全面依法治国是坚持和发展中国特色社会主义的基本方略”,必须“坚定不移走中国特色社会主义法治道路”,“必须坚持厉行法治,推进科学立法、严格执法、公正司法、全民守法”。这些深刻论断和明确要求为党和人民深化依法治国实践、建设法治中国指明了前进的方向,增强了无穷的力量。

二、发展法治理论

没有正确的法治理论引领,就不可能有正确的法治实践。中国特色社会主义法治理论是引领我国法治实践的唯一正确的理论。习近平总书记指出,“我们要发展的中国特色社会主义法治理论,本质上是中国特色社会主义理论体系在法治问题上的理论成果”,[6]是我们党处理法治问题的基本立场。这是对中国特色社会主义法治理论的科学定位。

中国特色社会主义法治理论是改革开放以来法治建设实践的成果,是全党智慧的结晶。在中国特色社会主义法治理论体系形成和发展过程中,邓小平理论、“三个代表”重要思想、科学发展观作出了重要贡献,但它的最大贡献者是习近平总书记。党的十八大以来,习近平总书记在全面推进依法治国、加快建设法治中国、推进国家治理现代化新的伟大实践中,提出并论述了中国特色社会主义法治一系列重大理论问题和实践问题,提出了一整套新概念、新命题、新论断、新观点、新理论,形成了内容丰富、体系完整、逻辑严谨、具有纯熟理论思维和鲜明实践面向的法治理论,创立了“新时代中国特色社会主义法治思想”。这是党的十八大以来我国依法治国和法治建设最重要、最辉煌的成就。新时代中国特色社会主义法治思想集中体现了我们党在新时代全面依法治国的理论建树、理论创新、理论贡献。

党的十九大报告在许多方面丰富和创新了法治理论,实现了中国特色社会主义法治理论的新飞跃。一是丰富和创新了法治发展和法治现代化理论。报告提出了从现在到2020年、从2020年到2035年、从2035年到21世纪中叶不同时段、不同阶段的法治建设目标,为依法治国和建设法治强国指明了前进方向和实践路径,也极大地丰富、创新了法治发展和法治现代化理论。二是为社会主要矛盾转化后满足人民对法治的新期待新要求和提升法治国家标准提供了理论依据。十九大报告作出了中国特色社会主义进入新时代、我国社会主要矛盾已经转化为人民日益增长的美好生活需要和不平衡不充分的发展之间的矛盾的重大政治判断。社会主要矛盾的这个历史性转化折射在法治领域,即表现为人民日益增长的高质量高标准多样化法治需要与法治供给能力不足以及法治发展不平衡不充分之间的矛盾,这使法治建设和法治发展的方位更精准、重点更明确。三是深化了法治的本体论和价值论,把全面依法治国上升为新时代坚持和发展中国特色社会主义的基本方略,提升了法治在社会主义现代化强国建设中的地位和作用。四是提出了一系列新概念、新命题、新观点。例如,党的领导、人民当家作主和依法治国"三者统一于我国社会主义民主政治伟大实践";"全面依法治国是国家治理的一场深刻革命";"良法促进发展、保障善治";"科学立法、民主立法、依法立法";"合宪性审查";"深化司法体制综合配套改革";"全面落实司法责任制";"树立宪法法律至上、法律面前人人平等的法治理念";"法治国家、法治政府、法治社会建设相互促进";"坚持依法治国和依规治党有机统一";"共建共治共享";"社会化、法治化、智能化、专业化的现代社会治理格局";等等。

尽管中国特色社会主义法治理论体系已经形成且内容十分丰富,但是,以建设中国特色社会主义法治体系、建设社会主义法治国家、全面建成社会主义现代化法治强国的总目标和总任务为对照,与深化依法治国、加快法治中国建设的客观要求相比,我国的法治理论还存在对依法执政、依法治国、依法行政、依法治军、公正司法、依法自治等方面的客观规律把握不透，对改革开放以来特别是十八大以来中国特色社会主义法治建设的创新性实践研究不系统、不深入，对古今中外法治文明成果研究和吸收不够，对各种有害的法治观点、法治理念、法学思潮分析、批判不力，法治理论体系建构中概念化、体系化、逻辑化水平不高，法治理论人才队伍不够壮大等问题和短板。因此，必须从中国特色社会主义法治事业发展全局的战略高度，把发展中国特色社会主义法治理论作为一项重大而紧迫的任务，采取有力措施，切实抓紧抓好。

实践没有止境，理论创新也没有止境。以习近平同志为核心的党中央对发展中国特色社会主义法治理论高度重视。十八届四中全会通过的《中共中央关于全面推进依法治国若干重大问题的决定》对如何坚持和发展中国特色社会主义法治理论提出了明确的意见和要求，指出："中国特色社会主义道路、理论体系、制度是全面推进依法治国的根本遵循。必须从我国基本国情出发，同改革开放不断深化相适应，总结和运用党领导人民实行法治的成功经验，围绕社会主义法治建设重大理论和实践问题，推进法治理论创新，发展符合中国实际、具有中国特色、体现社会发展规律的社会主义法治理论，为依法治国提供理论指导和学理支撑。"[7]"加强法学基础理论研究，形成完善的中国特色社会主义法学理论体系、学科体系、课程体系。"[8]2017 年 5 月 3 日，在中国政法大学座谈会上，习近平总书记指出："高校作为法治人才培养的第一阵地，要充分利用学科齐全、人才密集的优势，加强法治及其相关领域基础性问题的研究，对复杂现实进行深入分析、作出科学总结，提炼规律性认识，为完善中国特色社会主义法治体系、建设社会主义法治国家提供理论支撑。"[9]针对法学领域存在的"克隆"西方法治理论、热衷于做西方法学理论"搬运工"等问题，习近平总书记要求法学界要坚持从我国国情和实际出发，正确解读中国现实、回答中国问题，提炼标识性学术概念，打造具有中国特色和国际视野的学术话语体系，尽快把我国法学学科体系和教材体系建立起来。在十九大报告中，习近平总书记进一步把“发展中国特色社会主义法治理论”[10]作为坚持全面依法治国方略的重要内涵加以强调。

习近平总书记关于发展中国特色社会主义法治理论的重要论述和党中央的决策不仅指出了跟上时代步伐、适应实践需要不断推进理论创新的重大意义，而且指明了法治理论创新发展的基本原则和主要路径。

发展中国特色社会主义法治理论的基本原则包括：一要坚持“以习近平新时代中国特色社会主义思想为指导”。习近平新时代中国特色社会主义思想从理论和实践的结合上系统回答了新时代坚持和发展什么样的中国特色社会主义、怎样坚持和发展中国特色社会主义的基本问题，是党的全部理论成果的集成和结晶，同时又是推进理论创新发展的思想起点、理论坐标和创新元素。我们要把习近平新时代中国特色社会主义思想原理与依法治国和法治建设的新实践相结合，凝练新概念，提出新观点，创造新理论。二要“符合中国实际”，贴近中国实践。时代是思想之母，实践是理论之源。只有坚持理论来源于实践、服务于实践、发展于实践的马克思主义学风，才能发展出根深叶茂、科学管用的法治理论。三要“具有中国特色”，就是要体现当代中国法治道路和法治精神，形成鲜明的中国法治理论体系和话语体系，以此打破西方法治理论和法治话语体系的支配地位，消解西方法治中心主义的影响，提升中国在国际社会的法治话语权和在全球治理中的影响力。四要“体现社会发展规律”，包括全面建成小康社会的规律、全面深化改革的规律、全面依法治国的规律、全面从严治党的规律，体现经济、政治、社会、文化、生态发展规律，体现司法文明、法治文明、政治文明、社会文明的一般规律，等等。只有揭示出、认知到、阐述明上述各种规律，我们的法治理论才是科学真理，经得起实践和历史的考验,经得起全球法学家的评说与挑战。

发展中国特色社会主义法治理论的主要路径包括:第一,“从我国基本国情出发”,包括政治国情、经济国情、法治国情、党情社情、历史和时代方位等。第二,“同改革开放不断深化相适应”。当然,“适应”不意味着消极地跟在实践后面,而是要有远见卓识,做到理论先行。第三,着力总结和运用党领导人民实行法治的成功经验,在法治经验理论化的基础上,不断凝练精辟的法治理论要素。第四,坚持问题意识和问题导向,不断发现问题、解答和解决问题,在发现和解决问题中深化和拓展理论研究,实现理论观点的突破,促成新概念新命题新理论的生成。第五,要“坚持不忘本来、吸收外来、面向未来”,在“向后看”“向外看”“向前看”的三种视野中,继承和弘扬中华优秀传统文化精华,借鉴世界上的优秀法治文明成果,预判中国特色社会主义法治发展趋势,力求做到古为今用、洋为中用、中西合璧、与时俱进。

发展中国特色社会主义法治理论,学科体系建设是重要抓手。十八大以来,习近平总书记在哲学社会科学工作座谈会的讲话、在全国高校思想政治工作会议上的讲话、在全国党校工作会议上的讲话中,多次强调加快构建中国特色哲学社会科学体系。十九大报告再次提出:“深化马克思主义理论研究和建设,加快构建中国特色哲学社会科学,加强中国特色新型智库建设。”[11]哲学社会科学体系是由一系列分支学科体系构成的,法学体系是其中一个重要组成部分。2017 年 5 月 3 日,习近平总书记在中国政法大学座谈会上就构建中国特色法学体系作出了明确指示,并就一个学科的体系建设提出明确而具体的意见和要求,法学是唯一的。可见,加快构建中国特色法学体系多么重要,更可见习近平总书记对法学学科体系建设和法学发展格外重视和关心。

当前,我国法学体系存在许多突出问题,主要是基础学科薄弱,传统学科相对僵化,新兴学科开设不足,交叉学科发展不力,致使现存法学体系不能适应建设中国特色社会主义法治体系和法治国家的需要,对国家治理体系和治理体制现代化的智力支持和理论支撑不足。面对基因工程、人工智能、大数据、云计算等法治与科技的新兴问题,面对国家总体安全、公共政策、网络治理、全球正义等法学与其他学科交叉融合的领域,还没有形成科学的和有解释力、穿透力、说服力的理论体系和方法论体系。面对这些问题和挑战,我们必须以习近平新时代中国特色社会主义思想为指导,坚持不忘本来、吸收外来、面向未来,大力加强法学基础学科、升级转型传统学科、加快发展新兴学科、积极扶植交叉学科,使我国的法学体系充分体现继承性和民族性、原创性和时代性、系统性和专业性、国际先进性和世界融通性。

三、提升法治方略

习近平总书记在十九大报告中首次将党在新时代坚持和发展中国特色社会主义的基本方略概括为十四个“坚持”,其中第六个“坚持”是“坚持全面依法治国”。十四个“坚持”是一个内在协调的整体,它们一起围绕着全面准确贯彻落实习近平新时代中国特色社会主义思想,共同推进新时代中国特色社会主义的伟大实践。坚持全面依法治国方略是十四个“坚持”之一,也对其他十三个“坚持”的实施和实现起到支撑和保障的作用。

把坚持全面依法治国上升为新时代坚持和发展中国特色社会主义的基本方略,是十九大的一项重大理论创新和实践创新。1997年,党的十五大首次把依法治国确立为党领导人民治理国家的基本方略,十八大把法治明确为治国理政的基本方式,十九大进一步把坚持全面依法治国上升为新时代坚持和发展中国特色社会主义的基本方略,从国家治理局部性方略到坚持和发展中国特色社会主义全局性方略,凸显了法治在“五位一体”总体布局和“四个全面”战略布局中的地位,提升了法治在推进国家治理现代化和建设社会主义现代化强国中的基础性、支撑性、引领性作用。

之所以把坚持全面依法治国作为全局性基本方略,一是因为,进入新时代我国社会主要矛盾转化之后,人民更加渴望党和国家厉行法治,并对法治的内涵和标准提出了更高的要求,不仅要求有法可依,而且要求良法善治;不仅要求严格执法,而且要求规范文明执法;不仅要求公正司法,而且要求公开透明高效司法;等等。二是因为,无论是决胜全面建成小康社会,还是夺取新时代中国特色社会主义全面胜利,都离不开法治的引领和保障,离不开法治对五大建设的统筹协调。三是因为,改革发展稳定、内政外交国防、治党治国治军等党和国家的工作无不与法治关联,既需要法治跟进与保障,也促进法治发展与进步。十八大以来,以习近平同志为核心的党中央始终把依法治国摆在党和国家工作全局的关键位置来谋划、推进,十九大进一步提升全面依法治国方略的全局性地位和作用,体现了党坚定不移全面推进依法治国的意志和智慧,必将进一步坚定全党全国人民奉法强国的信念,强化对中国特色社会主义法治的道路自信、理论自信、制度自信和文化自信。

在提升全面依法治国方略全局性地位和作用的同时,全面依法治国基本方略自身的内涵、要旨和形象也全面升华。集中体现为两个方面:

一是以加强人权法治保障、推进人权保障法治化为导向,提升全面依法治国方略。法律的真谛在于对人权和公民权利的确认和保障,社会主义法治的根本宗旨在于尊重和保障人权和公民权利。尊重和保障人权和公民权利是现代法治国家的基本特征,也是建设法治中国的强大动力。

党的十八大以来,我国人权法治保障有了历史性进步。十八届三中全会通过的《中共中央关于全面深化改革若干重大问题的决定》、四中全会通过的《中共中央关于全面推进依法治国若干重大问题的决定》、五中全会通过的《中共中央关于制定国民经济和社会发展第十三个五年规划的建议》都将完善人权保障制度、切实尊重和保障人权、扶贫攻坚、增进人民福祉、促进人的全面发展作为深化改革、推动发展、全面建成小康社会的出发点和落脚点，出台了数十项保障人权和公民权利的举措。

党的十九大把人权保障和公民权利保护提到新的历史高度，把“人民平等参与、平等发展权利得到充分保障”[12]作为基本实现现代化的重要指标。十九大报告对一般人权保障，以及政治权利、社会权利、文化权利、诉讼权利等权利保护与保障，均作出了郑重的承诺，并提出了切实可行的措施和要求。

在人权和一般权利保障方面，提出“加强人权法治保障，保证人民依法享有广泛权利和自由”[13]“保护人民人身权、财产权、人格权”。[14]

在政治权利保护方面，提出“发展社会主义民主政治就是要体现人民意志、保障人民权益、激发人民创造活力，用制度体系保证人民当家作主。”[15]“巩固基层政权，完善基层民主制度，保障人民知情权、参与权、表达权、监督权。”[16]“加强协商民主制度建设，形成完整的制度程序和参与实践，保证人民在日常政治生活中有广泛持续深入参与的权利。”[17]

在经济社会权利保障方面，提出“完善产权制度”；“深化农村集体产权制度改革，保障农民财产权益”；[18]提出加强社会保障体系建设，按照兜底线、织密网、建机制的要求，全面建成覆盖全民、城乡统筹、权责清晰、保障适度、可持续的多层次社会保障体系；对公民经济社会权利的保障与发展作出了体系化的制度安排；提出完善社会弱势群体的权利保障体系。

在文化和知识产权保护方面，提出“倡导创新文化，强化知识产权创造、保护、运用”。[19]“完善公共文化服务体系，深入实施文化惠民工程，丰富群众性文化活动。”[20]

二是以实现高度的政治文明为目标，提升全面依法治国方略。

十九大报告在描绘21世纪中叶全面建成的社会主义现代化强国时指出:“到那时,我国物质文明、政治文明、精神文明、社会文明、生态文明将全面提升,实现国家治理体系和治理能力现代化,成为综合国力和国际影响力领先的国家。”[21]

在这段论述中,习近平总书记是把“政治文明”作为一个统领概念使用。一般而言,政治文明的核心要素包括民主、法治、国家治理三个方面,政治现代化包括民主现代化、法治现代化、国家治理现代化。在当代中国,社会主义政治文明的本质特征是党的领导、人民当家作主、依法治国的有机统一。十八大报告指出:“必须坚持党的领导、人民当家作主、依法治国有机统一,以保证人民当家作主为根本,以增强党和国家活力、调动人民积极性为目标,扩大社会主义民主,加快建设社会主义法治国家,发展社会主义政治文明。”[22]

十八大以来,党领导人民紧紧围绕坚持党的领导、人民当家作主、依法治国有机统一深化政治体制改革,加快推进社会主义民主政治制度化、规范化、程序化,建设社会主义法治国家,推进社会主义民主政治法治化,巩固和发展生动活泼、安定团结的政治局面,社会主义政治文明进入新境界、跃升新高度。

全面依法治国方略的提升也体现在我国法治建设的策略、路径和方法的创新上。诸如:

协同推进。在依法治国和法治建设中,把党的领导与人民主体有机结合,法治建设呈现协同推进局面。改革开放以后,我国法治建设在一个较长时期属于自上而下的党政推进型。十八大以后,这种法治推进模式发生了明显转化。十八届四中、五中全会都强调全面推进依法治国必须坚持人民主体地位,坚持自上而下和自下而上相结合,发挥中央和地方两个积极性,实行党政主导和人民群众广泛参与协同机制。在实践中,党中央顶层设计、地方积极探索、人民群众首创完美结合,整体谋划、统一部署、科学布局与先行先试、试点探索、“摸着石头过河”相结合,由此,中国法治实现了从党政推进向党委领导、人民主体、全民参与的重大转变。

加快建设。十八大以来，针对我国法治建设严重落后其他建设甚至羁绊重大改革的局面，以习近平同志为核心的党中央强调要加快推进法治建设和法治改革，提出“加快推进社会主义民主政治制度化、规范化、程序化，建设社会主义法治国家”，“加快形成科学有效的社会治理体制，确保社会既充满活力又和谐有序”，“深化司法体制改革，加快建设公正高效权威的社会主义司法制度”，“加快完善体现权利公平、机会公平、规则公平的法律制度，保障公民人身权、财产权、基本政治权利等各项权利不受侵犯，保障公民经济、文化、社会等各方面权利得到落实，实现公民权利保障法治化。增强全社会尊重和保障人权意识，健全公民权利救济渠道和方式”，[23]“加快推进反腐败国家立法”，“加快国家安全法治建设”，“加快建立有效约束开发行为和促进绿色发展、循环发展、低碳发展的生态文明法律制度”，“加快建设职能科学、权责法定、执法严明、公开公正、廉洁高效、守法诚信的法治政府”，“加快建设法治经济和法治社会，把经济社会发展纳入法治轨道”，“加快形成完备的法律规范体系”，等等。特别是十八届四中全会通过的《中共中央关于全面推进依法治国若干重大问题的决定》，为全面依法治国、建设法治中国按下“快进键”，使法治建设步入“快车道”。

十八大以来全面依法治国方略的提升还表现为改革驱动、在全面深化改革总体框架内推进法治改革；统筹推进、协调发展；面向未来，把中国特色社会主义制度优势与以互联网、大数据、人工智能、基因工程为代表的科技优势融合，探索建设更高水平的社会主义司法文明。

四、拓展法治道路

全面推进依法治国，必须走对路。这条路就是中国特色社会主义法治道路。习近平总书记指出："中国特色社会主义法治道路，是社会主义法治建设成就和经验的集中体现，是建设社会主义法治国家的唯一正确道路。"[24]走中国特色社会主义法治道路，必须坚持党的领导，坚持中国特色社会主义制度，坚持以中国特色社会主义法治理论为指导。建设中国特色社会主义法治体系和法治国家，必须坚持党的领导，坚持人民主体，坚持法律面前人人平等，坚持依法治国与以德治国相结合，坚持从实际出发。党的十八大以来，以习近平同志为核心的党中央强调，在坚持和拓展中国特色社会主义法治道路这个根本问题上，要树立自信、保持定力。

关于中国特色社会主义法治道路，习近平总书记既旗帜鲜明地强调"坚持"，也身体力行地推进"拓展"，坚持唯物辩证法，以新的实践和理论深化了中国特色社会主义法治道路的核心要义和基本原则，拓展了中国特色社会主义法治道路，使中国特色社会主义法治道路越走越宽广、越走越辉煌。

第一，从依法治国到全面依法治国。十五大将"依法治国"作为党领导人民治理国家的基本方略。十八大提出"全面推进依法治国"。十八届四中全会以"全面推进依法治国"为主题，对新时代、新阶段的法治建设作出了全面、全新部署，确定了全面推进依法治国的指导思想、总目标和重大任务，推出了 190 项对依法治国具有重要意义的改革举措，并形成了内涵更为精致的"全面依法治国"的概念。十九大报告进一步把"坚持全面依法治国"作为新时代坚持和发展中国特色社会主义的十四条基本方略之一。从"依法治国"到"全面推进依法治国"再到"全面依法治国"，提法的变化表明依法治国的思路越来越清晰、越来越精准。

第二，从建设法治国家到建设法治中国。十八大以后，习近平总书记明确提出"法治中国"的科学命题和建设法治中国的重大任务。十八届三中全会把"推进法治中国建设"上升为党中央的正式决定。十八届四中全会的决定要求"全党同志必须更加自觉地坚持依法治国、更加扎实地推进依法治国，努力实现国家各项工作法治化，向着建设法治中国不断前进”，[25]号召全党和全国各族人民“积极投身全面推进依法治国伟大实践，开拓进取，扎实工作，为建设法治中国而奋斗！”[26]

法治中国是法治国家的升级版、拓展版。“建设法治中国”是对今后一个时期法治建设的科学定位和总体部署。法治中国的内涵比法治国家更加丰富、更加深刻，更具时代特征：建设法治中国，不仅要建设法治国家，还要建设法治社会、法治政府；不仅要推进依法治国，还要推进依法执政、依法行政；不仅要推进法治硬实力建设，还要推进法治软实力建设，弘扬社会主义法治精神，建设社会主义法治文化，培育社会主义法治理念。从法治国家到法治中国的转型，意味着我国法治建设的拓展、深化和跨越。

第三，从建设法律体系到建设法治体系。2011 年 3 月 10 日，在第十一届全国人民代表大会第四次会议上，全国人大常委会工作报告庄严宣告中国特色社会主义法律体系已经形成。由此，我国法治建设的总抓手开始由建设中国特色社会主义法律体系转向建设中国特色社会主义法治体系。十八届四中全会将“建设中国特色社会主义法治体系，建设社会主义法治国家”作为全面推进依法治国的总目标。从“法律体系”到“法治体系”的升级，体现了我们党对法治建设规律认识的不断深化。

第四，从形式法治的“法律之治”到形式法治与实质法治融合的“良法善治”。十八大以来，我们党提出“法律是治国之重器，良法是善治之前提”，十九大报告进一步提出“以良法促进发展、保障善治”。这是对中国特色社会主义法治作为形式法治与实质法治相统一的法治模式的精辟定型。中国法治不仅应当是形式上的法律之治，更应当是实质上的良法之治。所谓良法，就是反映人民意志、尊重保障人权、维护公平正义、促进和谐稳定、保障改革发展、引领社会风尚的法律，就是体现民意民智、符合客观规律、便于遵守和执行的法律。良法善治的理论和实践超越了工具主义法治和形式主义法治的局限,是现代法治理论的重大创新,也是我国法治建设的质的飞跃。

第五,从推进依法治国到统筹推进依法治国和依规治党。依法治国与依规治党有着内在联系,治党与治国相辅相成,依法执政与依规执政高度契合,缺一不可。坚持依规治党,从严治党,切实解决党自身存在的突出问题,才能使我们党始终成为中国特色社会主义事业的坚强领导核心,才能为治国安邦奠定根本政治前提。这是对党的执政规律、治国理政规律的新认识。依法治国与依规治党的有机统一使中国共产党领导的法治中国从根本上区别于"法治美国""法治英国"等西方法治模式和发展路径。

基于对依法治国与依规治党二者关系的深刻认识,十八大以来,我们党采取了一系列措施统筹推进依法治国和依规治党。一是把党内法规制度体系纳入中国特色社会主义法治体系之中。二是注重党内法规同国家法律的衔接和协调,二者共同发挥在治党治国中相辅相成的作用。三是提出思想建党和制度治党紧密结合、同向发力,以包括党内法规和宪法法律在内的制度来管党治党,将制度建设贯穿全面从严治党的始终和党的各项建设之中。四是同步推进国家治理体系现代化和中国共产党治理体系现代化,提高党科学执政、民主执政和依法执政的本领。五是以实行党的纪委与国家监察委合署办公这一国家监察体制改革为牵引,探索对省市县职能相近的党政机关合并设立或合署办公,推进党和国家治理体制改革。

第六,从国内法治向国际法治和全球治理拓展。以构建人类命运共同体为目标,以推动全球治理体系和治理规则变革为动力,秉持共商共建共享的全球治理观,建设国际法治,推进国际关系法治化。"推动各方在国际关系中遵守国际法和公认的国际关系基本原则,用统一适用的规则来明是非、促和平、谋发展。""维护国际法和国际秩序的权威性和严肃性，各国都应该依法行使权利，反对歪曲国际法，反对以'法治'之名行侵害他国正当权益、破坏和平稳定之实。"[27]积极参与并努力争取主导国际立法，参与和支持国际执法、国际司法、国际仲裁，参与国际法律服务，积极开展法律外交。

五、深化法治实践

党的十八大以来，在习近平新时代中国特色社会主义思想的引领下，我国民主法治建设迈出重大步伐。科学立法保证良法善治，严格执法维护法律权威，公正司法确保公平正义，全民守法提振社会文明，法治国家、法治政府、法治军队、法治社会、法治经济建设相互促进，中国特色社会主义法治体系日益完善，国家治理体系和治理能力现代化迈出新步伐。但是，"行百里者半九十"，在一个封建专制和人治传统根深蒂固、法治虚无主义"左"的思潮不时沉渣泛起的国度，要全面厉行法治，实现法治文明，绝不是轻轻松松、敲锣打鼓就能实现的，而必须持续不断地深入推进。十九大作出"社会矛盾和问题交织叠加，全面依法治国任务依然繁重，国家治理体系和治理能力有待加强"的正确判断，[28]并就深化依法治国实践作出了新的顶层设计和近中期安排。新设计、新安排既与十八大、十八届三中全会、十八届四中全会全面推进依法治国的战略部署有机衔接，又提出了新时代全面依法治国的新要求、新抓手。

（一）深化法律体系建设实践

经过不懈努力，中国特色社会主义法律体系已经形成。但是，法律体系形成并不意味着法律规范体系已经完备，更不意味着法律体系已经完善，而是要不断发展完善。十八届四中全会就完善法律体系提出立法先行、立改废释并举，提高立法质量；科学立法、民主立法；加强重点领域立法，加快完善体现权利公平、机会公平、规则公平的法律制度，保障公民人身权、财产权、基本政治权利等各项权利不受侵犯，保障公民经济、文化、社会等各方面权利得到落实；实现立法和改革决策相衔接，做到重大改革于法有据、立法主动适应改革和经济社会发展需要。在党中央的领导下，全国人大及其常委会紧紧抓住事关改革发展稳定的重大立法项目，紧紧抓住提高立法质量这个关键，新制定了22件法律，修改了63件法律，废止了1件法律，作出法律解释9件、有关法律问题的决定41件。[29]

十九大进一步提出了完善法律体系、深化法律体系建设的目标和任务，这就是“完善以宪法为核心的中国特色社会主义法律体系”，“推进科学立法、民主立法、依法立法，以良法促进发展、保障善治。”提出“依法立法”，使立法原则更加完备，有利于确保社会主义法制的统一、尊严和权威。以良法促进发展、保障善治，对立法质量提出了更高标准。十九大还提出了一系列重点领域立法，诸如保障和发展公民权利立法、市场经济立法、民主政治立法、文化事业立法、民生与社会立法、生态环境立法；加强互联网领域立法，加快反腐败国家立法，加快国家安全法治建设。

（二）深化法治体系建设实践

建设中国特色社会主义法治体系，就是在中国共产党领导下，坚持中国特色社会主义制度，贯彻中国特色社会主义法治理论，形成完备的法律规范体系、高效的法治实施体系、严密的法治监督体系、有力的法治保障体系，形成完善的党内法规体系。经过近几年的努力，中国特色社会主义法治体系日益完善。但是，与“法治体系是全面依法治国总目标”“法治体系是国家治理体系的重要依托”“在法治轨道上推进国家治理体系和治理能力现代化”等定性、定位和目标要求相比，建设完善的中国特色社会主义法治体系的任务仍然繁重。党的十九大把建设中国特色社会主义法治体系作为新时代坚持和发展中国特色社会主义的重要思想和基本方略，这为深化法治体系建设实践、加快建设完善的中国特色社会主义法治体系提出了更高的目标，形成了更强大的推力。

十九大报告还对如何加快建设和完善中国特色社会主义法治体系提出了具体要求。例如，“构建党统一指挥、全面覆盖、权威高效的监督体系，把党内监督同国家机关监督、民主监督、司法监督、群众监督、舆论监督贯通起来，增强监督合力”。[30]“增强依法执政本领，加快形成覆盖党的领导和党的建设各方面的党内法规制度体系，加强和改善对国家政权机关的领导。”[31]

（三）深化宪法实施监督实践

“宪法与国家前途、人民命运息息相关。维护宪法权威，就是维护党和人民共同意志的权威。捍卫宪法尊严，就是捍卫党和人民共同意志的尊严。保证宪法实施，就是保证人民根本利益的实现。只要我们切实尊重和有效实施宪法，人民当家作主就有保证，党和国家事业就能顺利发展。反之，如果宪法受到漠视、削弱甚至破坏，人民权利和自由就无法保证，党和国家事业就会遭受挫折。这些从长期实践中得出的宝贵启示，必须倍加珍惜。我们要更加自觉地恪守宪法原则、弘扬宪法精神、履行宪法使命。”[32]“法治权威能不能树立起来，首先要看宪法有没有权威。必须把宣传和树立宪法权威作为全面推进依法治国的重大事项抓紧抓好，切实在宪法实施和监督上下功夫。”[33]

为保证宪法实施，十八届三中全会提出，要进一步健全宪法实施监督机制和程序，把全面贯彻实施宪法提高到一个新水平。十八届四中全会提出完善全国人大及其常委会宪法监督制度，健全宪法解释程序机制；加强备案审查制度和能力建设，依法撤销和纠正违宪违法的规范性文件；将每年 12 月 4 日定为国家宪法日；建立宪法宣誓制度;在全社会普遍开展宪法教育,弘扬宪法精神。十九大进一步把加强宪法实施和监督作为深化依法治国实践的首要任务,把“推进合宪性审查工作”作为维护宪法权威、加强宪法实施和监督的重要抓手。

(四)深化法治政府建设实践

建设法治政府是全面依法治国的关键。党的十八大提出到2020年基本建成法治政府。十八届四中全会进一步明确了法治政府的标准,提出建成职能科学、权责法定、执法严明、公开公正、廉洁高效、守法诚信的法治政府。习近平总书记在十八届四中全会上提出加快建设法治政府,“从依法全面履行政府职能、健全依法决策机制、深化行政执法体制改革、坚持严格规范公正文明执法、强化对行政权力的制约和监督、全面推进政务公开六个方面展开”。[34]

十八大以来,在全面依法治国的总体框架内,法治政府建设取得了显著成效,然而,以法治政府的六条标准和六个路径衡量,仍有较大差距。针对这种情况,十九大要求“建设法治政府,推进依法行政,严格规范公正文明执法”,[35]“深化机构和行政体制改革”,“转变政府职能,深化简政放权,创新监管方式,增强政府公信力和执行力,建设人民满意的服务型政府”,[36]提出在2020年到2035年期间基本建成法治政府。

(五)深化司法体制改革实践

推进司法体制改革是依法治国、建设法治中国的重中之重。党的十八大以来,以习近平同志为核心的党中央着力推进司法体制改革,解决了许多长期想解决而没有解决的难题,办成了许多过去想办而没有办成的大事。推进司法体制改革的力度前所未有,建设公正高效权威的社会主义司法制度,建设更高水平的社会主义司法文明的成效也前所未有。

然而,由于各种原因,司法体制改革仍在一定程度上存在不配套、不协调、进展不平衡、实效不充分等问题,为此,十九大继续加大司法体制改革的力度,提出“深化司法体制综合配套改革,全面落实司法责任制,努力让人民群众在每一个司法案件中感受到公平正义”。[37]

(六)深化法治社会建设实践

党的十八大闭幕不久,习近平总书记就提出“法治国家、法治政府、法治社会一体建设”,十八届四中全会就法治社会建设进行专门部署。与法治国家和法治政府建设相比,法治社会建设难度更大,任务更繁重。所以,十九大把法治社会建设作为法治中国建设的重心,特别强调打造共建共治共享的社会治理格局,完善党委领导、政府负责、社会协同、公众参与、法治保障的社会治理体制,提高社会治理社会化、法治化、智能化、专业化水平;重视乡村治理,努力健全自治、法治、德治相结合的乡村治理体系;推进社会主义法治文化建设,加大全民普法力度,在全社会增强法治观念,树立宪法法律至上、法律面前人人平等的法治理念,使尊法学法守法用法成为全体人民尤其是各级党组织和全体党员的共同追求和自觉行动;推进平安中国建设,为人民群众创造安居乐业的法治环境。

此外,深化依法治国实践还有很多面向、很多任务。诸如,深化法治经济建设实践,以完善产权制度和要素市场化配置为重点推进经济体制改革,以保护产权、维护契约、统一市场、平等交换、公平竞争、有效监管为基本导向,完善社会主义市场经济法律制度,营造公平竞争、规范有序的经济法治环境。深化生态法治建设实践,为生态文明建设和美丽中国建设提供法治保障和引领。深化法治军队建设实践,提高国防和军队建设法治化水平。深化监察体制改革实践,将监察体制改革试点工作在全国推开,组建国家、省、市、县监察委员会。深化“一国两制”法治实践,全面准确贯彻宪法和“一国两制”方针,完善与基本法实施相关的制度和机制。

六、统筹法治改革

党的十八大以来,习近平总书记多次指出,“全面推进依法治国是一个系统工程,是国家治理领域一场广泛而深刻的革命”。[38]“全面推进依法治国是一项长期而重大的历史任务”,也必然是一场深刻的社会变革和历史变迁。[39]在十九大报告中又一次强调指出:“全面依法治国是国家治理的一场深刻革命。”[40]

把全面依法治国的性质和意义提到如此高度,在党的历史上前所未有。为什么说全面依法治国是一场深刻革命?因为全面依法治国,就是要彻底实现从专制政治到民主政治、从人治到法治的革命,完成新民主主义革命和社会主义革命应当完成而没有彻底完成的历史任务。

按照人类社会变迁的一般规律,社会主义是从资本主义发展而来的,进入社会主义社会就应当实现了民主和法治。然而,由于特殊的历史条件,中国社会主义社会是从半封建、半殖民地社会走过来的,加上旧社会留给我们的民主法治传统很少,更多的是封建主义的专制和人治。由于封建主义专制和人治传统根深蒂固,在全面依法治国、建设法治国家的整个进程中,将始终伴随着铲除封建主义的专制和人治传统的政治革命。全面依法治国还必须彻底破除“要人治不要法治”的政治思维和法律虚无主义。“左”的政治思维和法律虚无主义曾经使我们在新中国成立后开局良好的法制建设一度处于停滞状态甚至发生倒退,最终导致了“文化大革命”的灾难。这种“左”的政治思维和法律虚无主义思潮仍潜在地制约着依法治国进程,所以,全面推进依法治国是一场伟大的政治革命和思想革命,领导这场革命的正是习近平总书记和以习近平同志为核心的党中央。

既然全面依法治国是一场任重道远的政治革命和思想革命，就必须以革命的勇气和革命的思维，大刀阔斧地推进法治领域的改革、推动“变法”，坚决破除一切妨碍依法执政、依法治国、依法行政、依法治军、依法办事的体制机制弊端和思想观念。

十八大以来，以习近平同志为核心的党中央始终把全面依法治国、建设法治中国作为全面深化改革的重要方面和重大任务，作为国家治理领域广泛而深刻的革命强力推进。党中央直面法治建设领域的突出问题，回应人民群众期待，坚持改革方向，提出对依法治国具有重要意义的一系列改革举措；“对依法治国具有重要意义的改革举措，纳入改革任务总台账，一体部署、一体落实、一体督办”；[41]坚定不移地推进法治领域的改革，十八届三中全会出台了20多项重大法治改革举措，四中全会出台了190项重大法治改革举措，其中许多法治改革举措是涉及利益关系调整和权力格局变动的“硬骨头”，是躲不开、绕不过的“深水区”，是多年来想都不敢想、想了也不敢做、做了也未做成的老难题；以改革思维和改革方式推进法治建设，大力解决立法不良、有法不依、执法不严、司法不公、监督疲软、权力腐败、人权保障不力等突出问题；要求各级党政机关和领导干部必须从党和国家事业发展全局出发，全面理解和正确对待中央提出的重大法治改革举措，深刻领会法治改革的重大现实意义和深远历史意义，自觉支持改革、主动拥护改革、积极参与改革，做法治改革的促进派。

习近平总书记在十九大报告中指出，过去五年，改革全面发力、多点突破、纵深推进，着力增强改革系统性、整体性、协同性，压茬拓展改革广度和深度，全面深化改革取得重大突破。作为全面深化改革的重点领域，法治改革在重要领域和关键环节改革取得突破性进展，100多项法治改革任务已经完成或接近完成，法治改革主体框架已经确立。但是，法治改革永远在路上。在全面依法治国、建设法治强国的新征程中，我们必须保持全面改革、深刻革命的思想准备，必须以大无畏的政治勇气和高超的政治智慧深入推进法治改革，确保法治改革任务相互协调，改革进程前后衔接，改革成果彼此配套。

根据十九大报告指明的方向，在新时代新征程中深入推进法治改革，应着力增强改革的系统性、整体性、协同性，突出改革的统筹性、配套性。

一是统筹法治改革与其他领域的改革。例如，统筹推进法治改革与经济体制改革，政治体制改革，文化建设、社会建设、生态文明建设各领域的重大改革，使法治改革与各领域的改革相辅相成，既互相促进又互相支援，谱写新时代全面深化改革的交响乐。

二是统筹法治领域的各项改革。例如，统筹立法体制改革、执法体制改革、司法体制改革；统筹依法治国与以德治国、依法治国与依规治党；统筹推进法治国家、法治社会、法治政府建设；统筹推进国家法治、地方法治、区域法治、行业法治发展。

三是统筹推进各项法治改革的综合性配套改革。例如，司法体制改革当中的人权司法保障制度改革与完善，就需要认真落实以审判为中心的诉讼制度改革，创新刑事证据规则和制度，改革涉案财产管理和处置体制机制。

四是统筹安排全面建设社会主义现代化强国总目标、总任务之内各领域、各方面改革发展目标，解决不同领域之间改革发展不充分、不平衡、不协调的突出矛盾和问题。例如，民主建设与法治建设的不平衡、国家治理与社会治理的不平衡、国家法治与党内法治的不平衡等。

七、建设法治强国

在人类社会数千年历尽沧桑、兴衰交替的历史上，我们的祖先最早注意到法治与强国的关系，提出了奉法强国的伟大思想。先秦法家的杰出代表韩非子深刻论道："国无常强，无常弱。奉法者强则国强，奉法者弱则国弱。"[42]在法家思想的直接影响下，春秋战国时期秦国于群雄列强之间崛起，创造了以法治国、奉法强国的范例。先秦思想家的"以法治国"思想经过数百年的实践和演进，深刻地影响了后世的国家治理，汉唐盛世谱写了奉法强国的壮丽历史篇章。随着《唐律疏议》的集成和传播，中国奉法强国的理念和中华法治文明对东亚乃至周边诸国和地区的法制文化和国家治理产生了广泛而深远的影响。习近平总书记多次引用"奉法者强则国强，奉法者弱则国弱"的法家经典，以此教育党和人民，法治梦与强国梦是相通的，要坚定不移走奉法强国之路，更好发挥法治对经济发展、政治清明、文化昌盛、社会公正、生态良好、国泰民安的引领和规范作用。

建设法治强国是全面建成社会主义现代化强国的必然要求。为了全面建成社会主义现代化强国，党的十九大提出了近期、中期、远期三个阶段性目标，每一个阶段都包括法治现代化目标。

近期目标，即从现在到 2020 年的目标。这是党的十八大首次提出，十八届三中全会、四中全会、五中全会、六中全会不断明晰和丰富的目标，也可以说是"法治小康"目标。其指标包括：依法治国基本方略全面落实，中国特色社会主义法律体系更加完善，法治政府基本建成，司法公信力明显提高，人权得到切实保障，产权得到有效保护，国家各项工作法治化。

中期目标，即从 2020 年到 2035 年的奋斗目标。根据十九大的战略安排，在 2020 年实现"法治小康"的基础上，继续坚持全面依法治国基本方略，深化依法治国实践，加快法治中国建设，到 2035 年基本实现法治现代化。到那时，"人民平等参与、平等发展权利得到充分保障，法治国家、法治政府、法治社会基本建成，各方面制度更加完善，国家治理体系和治理能力现代化基本实现"。[43]"现代社会治理格局基本形成，社会充满活力又和谐有序。”[44]

远期目标，是从2035年到21世纪中叶的目标。在基本实现现代化的基础上，把我国建成富强民主文明和谐美丽的社会主义现代化强国。到那时，我国物质文明、政治文明、精神文明、社会文明、生态文明将全面提升，实现国家治理体系和治理能力现代化。党的十九大报告并未对33年后社会主义现代化强国作出详细的描述、规定具体的指标，而只是给出了符合历史逻辑的概念图，这体现了以习近平同志为核心的党中央求真务实的科学精神。虽然没有具体描述和具体指标，甚至没有“法治”字眼出现，但是从“民主”“政治文明”“国家治理体系和治理能力现代化”“现代化强国”这几个关键词，我们可以作出较为具体的展望和描述，提出法治强国的基本规格和标志：

第一，法治成为国家与社会的核心价值，全社会尊崇法治、信仰法治、坚守法治，法律知识广泛普及，遵纪守法成为公民习惯、社会常态，法治文明达到更高水平，法治社会基本形成。

第二，从有法可依、有法必依、执法必严、违法必究到科学立法、严格执法、公正司法、全民守法，实现形式法治与实质法治的高度融合，在此基础上实现良法善治，法治成为国家治理和社会治理的核心资源、党和政府治国理政的根本方式，成为支撑国家兴旺发达的强大力量。

第三，宪法具有极大权威，法律具有普遍的实效。在国家生活中，宪法拥有至上的权威和最高的尊严，国家机关的一切职权来源于宪法，并依宪依法行使。国家行政机关、司法机关、监察机关受国家权力（立法）机关的监督和制约，其行政法规、司法解释、案件审理以及其他决定不得与国家权力（立法）机关的一般性立法和重大事项决定相冲突，否则无效。任何组织和个人均在宪法法律的范围内活动，不得凌驾于宪法法律之上，不得享有超越宪法法律的特权。

第四,法治国家和法治政府全面建成,人权和公民权利得到切实尊重和保障,国家公共权力受到有效约束和监督。宪法法律坚持以人为本、以人民为中心,把增进人民福祉、促进人的自由而全面发展作为法治的出发点和落脚点;充分尊重和切实保护公民的人身权、人格权、政治权利和自由、经济社会文化权利。国家权力依法设定、依法行使,并接受法律的制约和监督,同时宪法法律保障国家权力有效运行和国家有效治理。

第五,国家治理体系和治理能力实现现代化,法治体系成为国家治理体系和治理能力的基石,全面建成内容科学、程序严密、配套完备、运行有效的党内法规制度体系,执政党依法执政、人民政府依法行政、司法机关和监察机关依法办案的水平、能力和文明程度领先国际社会。

第六,在国际关系和全球治理中,拥有话语权、决策权和规则制定权。法治强国不仅是一个国家概念,也是一个国际概念。建成法治强国,意味着我国在国际社会和世界舞台上拥有强大的软实力和影响力,拥有与我国的悠久文明、持续增长的经济实力和军事力量、安理会常任理事国的地位相当的话语权、决策权和规则制定权。

以上述理想标准衡量,我国距离社会主义现代化法治强国的目标,依然是任重道远。

八、加强法治领导

坚持党对法治的领导,是我国社会主义法治建设的基本经验。十八大以来,习近平总书记就依法治国和法治建设必须坚持党的领导发表了一系列重要论述。他指出:“我们必须牢记,党的领导是中国特色社会主义法治之魂,是我们的法治同西方资本主义国家的法治最大的区别。离开了中国共产党的领导,中国特色社会主义法治体系、社会主义法治国家就建不起来。”[45]“坚持中国特色社会主义法治道路,最根本的是坚持中国共产党的领导。依法治国是我们党提出来的,把依法治国上升为党领导人民治理国家的基本方略也是我们党提出来的,而且党一直带领人民在实践中推进依法治国。全面推进依法治国,要有利于加强和改善党的领导,有利于巩固党的执政地位、完成党的执政使命,决不是要削弱党的领导。”[46]他还针对党内外在党与法、党的领导与厉行法治关系上存在的模糊认识以及社会上“法大还是党大”的伪命题,深刻指出:“党和法的关系是一个根本问题,处理得好,则法治兴、党兴、国家兴;处理得不好,则法治衰、党衰、国家衰。党的十八届四中全会明确强调:‘党的领导是中国特色社会主义最本质的特征,是社会主义法治最根本的保证。把党的领导贯彻到依法治国全过程和各方面,是我国社会主义法治建设的一条基本经验。’这一论断抓住了党和法关系的要害。”[47]“坚持党的领导,是社会主义法治的根本要求,是党和国家的根本所在、命脉所在,是全国各族人民的利益所系、幸福所系,是全面推进依法治国的题中应有之义;党的领导和社会主义法治是一致的,社会主义法治必须坚持党的领导,党的领导必须依靠社会主义法治。”[48]这些深刻的论述教育了全党和全国人民,进一步统一了思想认识,确保依法治国和法治建设在党的集中统一领导下全面推进。

改革开放以来的实践证明,我国法治建设之所以能够取得一系列重大成就,根本原因就在于坚持了党的领导。党的十八大以来,以习近平同志为核心的党中央高度重视党对依法治国和法治建设的领导,在党执政的历史上首次用一次中央全会即十八届四中全会专题研究部署依法治国,为全面依法治国作出了顶层设计。由习近平总书记亲自担任组长的中央全面深化改革领导小组先后30次研究了54件重大法治改革方案,充分体现了党对法治工作集中统一领导的制度优势和组织优势,提高了法治改革方案的感召力和执行力。

在新时代新征程的关键时期,党的十九大报告从理论上、政治上、组织上就加强党对法治的领导作出了新的理论阐述,提出了新的政治要求,也作出了重大的组织安排。

十九大报告为加强党对依法治国和法治建设的领导构建了更加坚实的理论支撑。习近平总书记在十九大报告中指出:"中国特色社会主义最本质的特征是中国共产党领导,中国特色社会主义制度的最大优势是中国共产党领导。"[49]在党的领导、人民当家作主、依法治国三者之间,"党的领导是人民当家作主和依法治国的根本保证,人民当家作主是社会主义民主政治的本质特征,依法治国是党领导人民治理国家的基本方式,三者统一于我国社会主义民主政治伟大实践"。[50]习近平总书记在报告中旗帜鲜明地把"坚持党对一切工作的领导"作为新时代坚持和发展中国特色社会主义的第一方略,提出"党政军民学,东西南北中,党是领导一切的"。[51]

十九大报告为加强党对依法治国和法治建设的领导提出了更加明确的政治要求。报告指出:坚持党的领导、人民当家作主、依法治国有机统一是社会主义政治发展的必然要求。"必须把党的领导贯彻落实到依法治国全过程和各方面,坚定不移走中国特色社会主义法治道路。"[52]

十九大报告对加强党对依法治国和法治建设的领导构建了更加权威的组织保障。十九大报告提出,"成立中央全面依法治国领导小组,加强对法治中国建设的统一领导"。[53]在严格控制设立新机构的情况下,成立中央全面依法治国领导小组,足以说明全面依法治国、建设法治中国在全局工作中具有特殊的重要性,加强党对全面依法治国、建设法治中国统一领导具有极端的必要性。

成立中央全面依法治国领导小组是在总结地方法治经验的基础上作出的决定。早在2006年4月26日,中共浙江省委就通过了《中共浙江省委关于建设"法治浙江"的决定》。该决定第十部分第

33 条规定："省委成立建设'法治浙江'领导小组，加强对'法治浙江'建设的领导，定期研究解决法治建设中的重大问题和突出问题。下设办公室，具体负责指导、协调'法治浙江'建设各项工作，加强对各地各部门法治建设的督促检查。"[54]时任浙江省委书记的习近平同志亲自担任这个领导小组的组长。十八届四中全会之后，各地相继成立了类似的领导小组，加强对全省（区、市）依法治省（区、市）、建设法治省（区、市）的统一领导，很多市县也成立了类似机构。这些地方实践为成立中央全面依法治国领导小组积累了丰富的经验。

在深化依法治国、加快法治建设的新时代新征程，成立中央全面依法治国领导小组非常必要、非常及时。首先，中国共产党作为执政党，对全面依法治国至关重要。我们要把党的领导贯彻到全面依法治国的全过程和各方面，迫切需要成立中央全面依法治国领导小组，来加强对法治中国建设的统一领导。其次，全面依法治国是一项涉及面十分广泛的系统工程，需要充分发挥党总揽全局、协调各方的领导核心作用。最后，全面依法治国是一项长期艰巨复杂的任务，相对于"四个全面"战略布局的其他三个全面来说，全面依法治国相对薄弱，任务依然繁重。因此，成立中央全面依法治国领导小组，加强顶层设计、统筹推进十分必要。总之，成立中央全面依法治国领导小组，体现了党中央将全面依法治国向纵深推进的决心和勇气，有利于更好地发挥党中央在全面依法治国、建设法治中国伟大进程中总揽全局、协调各方的领导核心作用，有利于更好地凝聚法治的思想共识和强大合力，也有利于总结、推广经验，发现问题和提出解决问题的办法，及时有效地作出相应的决策。

为了更好、更有效地坚持党的领导，要把依法治国基本方略同依法执政基本方式统一起来，把党总揽全局、协调各方同人大、政府、政协、审判机关、检察机关、监察机关依法依章程履行职能、开展工作统一起来,把党领导人民制定和实施宪法法律同坚持党在宪法法律范围内活动统一起来。还要把依法执政与以法执政结合起来。依法执政的要义是党依据宪法法律行使领导权和执政权,依据宪法法律推进改革,做到改革于法有据。而以法执政强调的是党要善于使党的主张通过法定程序成为国家意志,运用宪法法律实现党对国家和社会的领导,提高领导立法、保证执法、支持司法、监督守法的本领。

结 语

党的十九大确立了习近平新时代中国特色社会主义思想的历史地位,宣布了中国特色社会主义进入新时代,描绘了新时代决胜全面建成小康社会、全面建设社会主义现代化国家的宏伟蓝图,在此背景下,全面依法治国、建设法治中国开启了新征程。在新时代新征程的起点上,总结反思过去、展望探索未来,法学法律界对全面建成社会主义现代化法治强国的目标、方略和实践充满希望、自信和责任。在以习近平同志为核心的党中央坚强领导下,始终保持法治定力、发展法治理论、提升法治方略、拓展法治道路、深化法治实践、统筹法治改革,到 21 世纪中叶建成法治强国的目标一定能够实现,中华民族一定能够为人类社会的法治文明作出新的重大贡献。

注 释

1 习近平:《决胜全面建成小康社会 夺取新时代中国特色社会主义伟大胜利——在中国共产党第十九次全国代表大会上的报告》,人民出版社 2017 年版,第 10 页。

2 《中国共产党中央委员会关于建国以来党的若干历史问题的决议》,人民出版社 1981 年版,第 33 页。

3 《中国共产党第十一届中央委员会第三次全体会议公报(1978 年 12 月 22 日通

过)》,载《人民日报》1978 年 12 月 24 日,第 1 版。

4 习近平:《在中共十八届四中全会第二次全体会议上的讲话》(2014 年 10 月 23 日),载中共中央文献研究室编:《习近平关于全面依法治国论述摘编》,中央文献出版社 2015 年版,第 12 页。

5 习近平:《在中共十八届四中全会第二次全体会议上的讲话》(2014 年 10 月 23 日),载中共中央文献研究室编:《习近平关于全面依法治国论述摘编》,中央文献出版社 2015 年版,第 8 页。

6 习近平:《在省部级主要领导干部学习贯彻党的十八届四中全会精神全面推进依法治国专题研讨班上的讲话》(2015 年 2 月 2 日),载中共中央文献研究室编:《习近平关于全面依法治国论述摘编》,中央文献出版社 2015 年版,第 35 页。

7 《中共中央关于全面推进依法治国若干重大问题的决定》,载《十八大以来重要文献选编》(中),中央文献出版社 2016 年版,第 159 页。

8 《中共中央关于全面推进依法治国若干重大问题的决定》,载《十八大以来重要文献选编》(中),中央文献出版社 2016 年版,第 176 页。

9 《立德树人德法兼修抓好法治人才培养　励志勤学刻苦磨炼促进青年成长进步》,载《人民日报》2017 年 5 月 4 日,第 1 版。

10 习近平:《决胜全面建成小康社会　夺取新时代中国特色社会主义伟大胜利——在中国共产党第十九次全国代表大会上的报告》,人民出版社 2017 年版,第 22 页。

11 习近平:《决胜全面建成小康社会　夺取新时代中国特色社会主义伟大胜利——在中国共产党第十九次全国代表大会上的报告》,人民出版社 2017 年版,第 41 - 42 页。

12 习近平:《决胜全面建成小康社会　夺取新时代中国特色社会主义伟大胜利——在中国共产党第十九次全国代表大会上的报告》,人民出版社 2017 年版,第 28 页。

13 习近平:《决胜全面建成小康社会　夺取新时代中国特色社会主义伟大胜利——在中国共产党第十九次全国代表大会上的报告》,人民出版社 2017 年版,第 37 页。

14 习近平:《决胜全面建成小康社会　夺取新时代中国特色社会主义伟大胜利——在中国共产党第十九次全国代表大会上的报告》,人民出版社 2017 年版,第 49 页。

15 习近平:《决胜全面建成小康社会　夺取新时代中国特色社会主义伟大胜利——

在中国共产党第十九次全国代表大会上的报告》,人民出版社 2017 年版,第 36 页。

16　习近平:《决胜全面建成小康社会　夺取新时代中国特色社会主义伟大胜利——在中国共产党第十九次全国代表大会上的报告》,人民出版社 2017 年版,第 37 页。

17　习近平:《决胜全面建成小康社会　夺取新时代中国特色社会主义伟大胜利——在中国共产党第十九次全国代表大会上的报告》,人民出版社 2017 年版,第 38 页。

18　习近平:《决胜全面建成小康社会　夺取新时代中国特色社会主义伟大胜利——在中国共产党第十九次全国代表大会上的报告》,人民出版社 2017 年版,第 32 页。

19　习近平:《决胜全面建成小康社会　夺取新时代中国特色社会主义伟大胜利——在中国共产党第十九次全国代表大会上的报告》,人民出版社 2017 年版,第 31 页。

20　习近平:《决胜全面建成小康社会　夺取新时代中国特色社会主义伟大胜利——在中国共产党第十九次全国代表大会上的报告》,人民出版社 2017 年版,第 44 页。

21　习近平:《决胜全面建成小康社会　夺取新时代中国特色社会主义伟大胜利——在中国共产党第十九次全国代表大会上的报告》,人民出版社 2017 年版,第 29 页。

22　胡锦涛:《坚定不移沿着中国特色社会主义道路前进,为全面建成小康社会而奋斗》(2012 年 11 月 8 日),载《十八大以来重要文献选编》(上),中央文献出版社 2014 年版,第 20 页。

23　《中共中央关于全面推进依法治国若干重大问题的决定》,载《十八大以来重要文献选编》(中),中央文献出版社 2016 年版,第 162 页。

24　习近平:《关于〈中共中央关于全面推进依法治国若干重大问题的决定〉的说明》(2014 年 10 月 20 日),载中共中央文献研究室编:《习近平关于全面依法治国论述摘编》,中央文献出版社 2015 年版,第 24 页。

25　《中共中央关于全面推进依法治国若干重大问题的决定》,载《十八大以来重要文献选编》(中),中央文献出版社 2016 年版,第 160 页。

26　《中共中央关于全面推进依法治国若干重大问题的决定》,载《十八大以来重要文献选编》(中),中央文献出版社 2016 年版,第 181 页。

27 习近平:《弘扬和平共处五项原则　建设合作共赢美好世界——在和平共处五项原则发表60周年纪念大会上的讲话》(2014年6月28日),载《人民日报》2014年6月29日,第2版。

28 习近平:《决胜全面建成小康社会　夺取新时代中国特色社会主义伟大胜利——在中国共产党第十九次全国代表大会上的报告》,人民出版社2017年版,第9页。

29 本数字统计是党的十八大以来截至2017年11月16日期间的立法情况。

30 习近平:《决胜全面建成小康社会　夺取新时代中国特色社会主义伟大胜利——在中国共产党第十九次全国代表大会上的报告》,人民出版社2017年版,第68页。

31 习近平:《决胜全面建成小康社会　夺取新时代中国特色社会主义伟大胜利——在中国共产党第十九次全国代表大会上的报告》,人民出版社2017年版,第68-69页。

32 习近平:《在首都各界纪念现行宪法公布施行30周年大会上的讲话》(2012年12月4日),载《人民日报》2012年12月5日,第2版。

33 习近平:《关于〈中共中央关于全面推进依法治国若干重大问题的决定〉的说明》,载《〈中共中央关于全面推进依法治国若干重大问题的决定〉辅导读本》,人民出版社2014年版,第52页。

34 习近平:《关于〈中共中央关于全面推进依法治国若干重大问题的决定〉的说明》(2014年10月20日),载《十八大以来重要文献选编》(中),中央文献出版社2016年版,第145页。

35 习近平:《决胜全面建成小康社会　夺取新时代中国特色社会主义伟大胜利——在中国共产党第十九次全国代表大会上的报告》,人民出版社2017年版,第39页。

36 习近平:《决胜全面建成小康社会　夺取新时代中国特色社会主义伟大胜利——在中国共产党第十九次全国代表大会上的报告》,人民出版社2017年版,第39页。

37 习近平:《决胜全面建成小康社会　夺取新时代中国特色社会主义伟大胜利——在中国共产党第十九次全国代表大会上的报告》,人民出版社2017年版,第39页。

38 习近平:《关于〈中共中央关于全面推进依法治国若干重大问题的决定〉的说明》(2014年10月20日),载《十八大以来重要文献选编》(中),中央文献出版社

2016年版,第154页。

39 《立德树人德法兼修抓好法治人才培养　励志勤学刻苦磨炼促进青年成长进步》,载《人民日报》2017年5月4日,第1版。

40 习近平:《决胜全面建成小康社会　夺取新时代中国特色社会主义伟大胜利——在中国共产党第十九次全国代表大会上的报告》,人民出版社2017年版,第38页。

41 《学习贯彻党的十八届四中全会精神　运用法治思维和法治方式推进改革》,载《人民日报》2014年10月28日,第1版。

42 《韩非子·有度》。

43 习近平:《决胜全面建成小康社会　夺取新时代中国特色社会主义伟大胜利——在中国共产党第十九次全国代表大会上的报告》,人民出版社2017年版,第28页。

44 习近平:《决胜全面建成小康社会　夺取新时代中国特色社会主义伟大胜利——在中国共产党第十九次全国代表大会上的报告》,人民出版社2017年版,第28页。

45 习近平:《在省部级主要领导干部学习贯彻党的十八届四中全会精神全面推进依法治国专题研讨班上的讲话》(2015年2月2日),载中共中央文献研究室编:《习近平关于全面依法治国论述摘编》,中央文献出版社2015年版,第35页。

46 习近平:《加快建设社会主义法治国家》(2014年10月23日),载中共中央文献研究室编:《习近平关于全面依法治国论述摘编》,中央文献出版社2015年版,第27页。

47 习近平:《在省部级主要领导干部学习贯彻党的十八届四中全会精神全面推进依法治国专题研讨班上的讲话》(2015年2月2日),载中共中央文献研究室编:《习近平关于全面依法治国论述摘编》,中央文献出版社2015年版,第33-34页。

48 习近平:《关于〈中共中央关于全面推进依法治国若干重大问题的决定〉的说明》(2014年10月20日),载中共中央文献研究室编:《习近平关于全面依法治国论述摘编》,中央文献出版社2015年版,第23-24页。

49 习近平:《决胜全面建成小康社会　夺取新时代中国特色社会主义伟大胜利——在中国共产党第十九次全国代表大会上的报告》,人民出版社2017年版,第20页。

50 习近平:《决胜全面建成小康社会　夺取新时代中国特色社会主义伟大胜利——

在中国共产党第十九次全国代表大会上的报告》，人民出版社 2017 年版，第 36 页。

51 习近平：《决胜全面建成小康社会 夺取新时代中国特色社会主义伟大胜利——在中国共产党第十九次全国代表大会上的报告》，人民出版社 2017 年版，第 20 页。

52 习近平：《决胜全面建成小康社会 夺取新时代中国特色社会主义伟大胜利——在中国共产党第十九次全国代表大会上的报告》，人民出版社 2017 年版，第 22 页。

53 习近平：《决胜全面建成小康社会 夺取新时代中国特色社会主义伟大胜利——在中国共产党第十九次全国代表大会上的报告》，人民出版社 2017 年版，第 38 页。

54 《中共浙江省委关于建设“法治浙江”的决定》，载《浙江人大》2006 年第 5 期。

全面推进法制改革，加快法治中国建设*

——十八届三中全会精神的法学解读

党的十八届三中全会深刻剖析了我国改革发展稳定面临的重大理论和实践问题，阐明了全面深化改革的重大意义和未来走向，提出了全面深化改革的指导思想、目标任务、重大原则，描绘了全面深化改革的新蓝图、新愿景、新目标，汇集了全面深化改革的新思想、新论断、新举措，反映了社会呼声、社会诉求、社会期盼，凝聚了全党全社会关于全面深化改革的思想共识和行动智慧。全会精神集中体现在《中共中央关于全面深化改革若干重大问题的决定》（以下简称《决定》）、习近平总书记《关于〈中共中央关于全面深化改革若干重大问题的决定〉的说明》（以下简称《说明》）、《中国共产党第十八届中央委员会第三次全体会议公报》（以下简称《公报》）和习近平总书记在本次全会两次全体会议上的重要讲话之中。其中有关法制改革和法治中国建设的思想和部署，既集中体现在《决定》的第九部分“推进法治中国建设”，又贯穿《决定》的始终，是十八届三中全会的精华之一，引起国内外的广泛关注和好评。本文从三个方面对十八届三中全会精神做以初步的法学解读。

---

* 本文发表于《法制与社会发展》2014 年第 1 期，《新华文摘》2014 年第 11 期转载。

一、在全面深化改革中提升法治话语和法治理念

在党的历史上,法治话语从未像在《决定》中这样显赫。改革开放以来,党的十二大、十三大、十四大报告有关法制建设都是放在精神文明建设部分来论述,法制和民主都是作为与物质文明对应的精神文明的组成部分,法治尚未获得独立的地位。党的十五大报告首次将社会主义民主政治从精神文明中独立出来,专列标题"政治体制改革和民主法制建设"进行阐述,开启了新的范式,表明党对民主和法制(法治)建设更加重视。从此,法治和法治建设作为民主和民主政治建设的基本内容就放在民主政治中来阐述和部署。在民主政治项下,法治作为与民主相辅相成的两翼,其地位有显著提升,特别是党的十五大报告明确提出要"依法治国,建设社会主义法治国家"之后,法治的重要地位和作用获得空前的重视。之后,党的十六大报告在"政治建设和政治体制改革"部分、十七大报告在"坚定不移发展社会主义民主政治"部分、十八大报告在"坚持走中国特色社会主义政治发展道路和推进政治体制改革"部分阐述法治和法治建设问题。《决定》进一步把法治建设从民主政治中相对独立出来,第八部分"加强社会主义民主政治制度建设"专题阐述和部署民主政治建设,第九部分"推进法治中国建设"则对法治建设和法制改革进行专题论述和部署。这样的结构安排释放出中央更加重视法治建设的信号。

作为法学基本范畴的法(法律)、法治(法制)、权利、义务、权力等,像一颗颗珍珠出现在《决定》的全文。统计表明,《决定》中"法(法律)"出现 167 次,"法治(法制)"出现 20 次,"权利"和具体权利概念出现 50 次,"权力"和具体权力概念出现 53 次。[1]

法治话语洋溢在《决定》全文中。法治话语包括法治概念、法治观念、法治命题、法治论断、法治论述、法治思想等。诸如:"紧紧

围绕坚持党的领导、人民当家作主、依法治国有机统一深化政治体制改革,加快推进社会主义民主政治制度化、规范化、程序化,建设社会主义法治国家,发展更加广泛、更加充分、更加健全的人民民主。”[2]“建设法治中国,必须坚持依法治国、依法执政、依法行政共同推进,坚持法治国家、法治政府、法治社会一体建设。”[3]“健全社会普法教育机制,增强全民法治观念。”[4]“建设法治化营商环境”。[5]“坚持依法治理,加强法治保障,运用法治思维和法治方式化解社会矛盾。”[6]“把涉法涉诉信访纳入法治轨道解决”。[7]“发展环保市场,推行节能量、碳排放权、排污权、水权交易制度”。[8]

法治理念和法治精神贯穿《决定》全文。《决定》自始至终彰显着先进的法治理念和法治精神,可以从四个方面来看。

(一)《决定》充分体现尊重和保障人权的法治理念和法治精神

《决定》指出,“国家尊重和保障人权”;“完善人权司法保障制度”;[9]“推进城乡要素平等交换和公共资源均衡配置。维护农民生产要素权益,保障农民工同工同酬,保障农民公平分享土地增值收益”;[10]“贯彻党的民族政策,保障少数民族合法权益,巩固和发展平等团结互助和谐的社会主义民族关系”;[11]“发挥律师在依法维护公民和法人合法权益方面的重要作用”;[12]“健全农村留守儿童、妇女、老年人关爱服务体系,健全残疾人权益保障、困境儿童分类保障制度”;[13]“建立畅通有序的诉求表达、心理干预、矛盾调处、权益保障机制,使群众问题能反映、矛盾能化解、权益有保障”;[14]“赋予农民更多财产权利。保障农民集体经济组织成员权利,积极发展农民股份合作,赋予农民对集体资产股份占有、收益、有偿退出及抵押、担保、继承权。保障农户宅基地用益物权,改革完善农村宅基地制度,选择若干试点,慎重稳妥推进农民住房财产权抵押、担保、转让,探索农民增加财产性收入渠道。建立农村产权流转交易市场,推动农村产权流转交易公开、公正、规范运行”；[15]“公有制经济财产权不可侵犯，非公有制经济财产权同样不可侵犯”；[16]“多渠道增加居民财产性收入”。[17]除了关于一般人权和财产权的内容外，《决定》有关教育、就业、医疗、养老保险、住房、计划生育改革以及生态保护、司法改革的内容，也都积极回应了人权需要，充分体现了尊重和保障人权的法治理念和法治精神。

值得注意的还有，《决定》在处理权力与权利、国家与社会、政府与市场等关系问题上，采用了权利本位的法治思维和方法。《决定》指出：“建立公平开放透明的市场规则。实行统一的市场准入制度，在制定负面清单基础上，各类市场主体可依法平等进入清单之外领域。”[18]并指出：“推行地方各级政府及其工作部门权力清单制度，依法公开权力运行流程。”[19]这两处规定，就是法学界概括的对公民和法人，“法不禁止则自由”；对国家和政府，“法无授权则不能”。

（二）《决定》充分体现公平正义的法治理念和法治精神

《决定》充满着公平正义的价值理念。“公平正义”“正义”“公平”“公正”在《决定》中出现 31 次。《决定》把“促进公平正义”与“增进人民福祉”并列作为全面深化改革的出发点和落脚点，并作为改革的指导思想，强调“让发展成果更多更公平惠及全体人民”。[20]加快转变经济发展方式，推动经济“更有效率、更加公平、更可持续发展”。[21]“紧紧围绕更好保障和改善民生、促进社会公平正义深化社会体制改革，改革收入分配制度，促进共同富裕，推进社会领域制度创新，推进基本公共服务均等化，加快形成科学有效的社会治理体制，确保社会既充满活力又和谐有序。”[22]“保障公平竞争”。[23]“国家保护各种所有制经济产权和合法利益，保证各种所有制经济依法平等使用生产要素、公开公平公正参与市场竞争、同等受到法律保护，依法监管各种所有制经济。”[24]“公平参与竞争”。[25]

“必须加快形成企业自主经营、公平竞争，消费者自由选择、自主消费，商品和要素自由流动、平等交换的现代市场体系，着力清除市场壁垒，提高资源配置效率和公平性。”[26]“建立公平开放透明的市场规则。”[27]“按照统一税制、公平税负、促进公平竞争的原则，加强对税收优惠特别是区域税收优惠政策的规范管理。”[28]“建立农村产权流转交易市场，推动农村产权流转交易公开、公正、规范运行。”[29]“深化司法体制改革，加快建设公正高效权威的社会主义司法制度，维护人民权益，让人民群众在每一个司法案件中都感受到公平正义。”[30]“确保依法独立公正行使审判权检察权。”[31]“完善文化市场准入和退出机制，鼓励各类市场主体公平竞争、优胜劣汰，促进文化资源在全国范围内流动。”[32]“实现发展成果更多更公平惠及全体人民。”[33]“大力促进教育公平。”[34]“建立更加公平可持续的社会保障制度。”[35]

（三）《决定》充分体现民主共和的法治理念和法治精神

《决定》指出：“发展更加广泛、更加充分、更加健全的人民民主。”[36]在改革指导思想上，《决定》强调：“坚持以人为本，尊重人民主体地位，发挥群众首创精神，紧紧依靠人民推动改革，促进人的全面发展”；[37]“人民是改革的主体，要坚持党的群众路线，建立社会参与机制，充分发挥人民群众积极性、主动性、创造性”。[38]

有关民主的法治理念集中体现在《决定》的第八部分“加强社会主义民主政治制度建设”中。《决定》指出：“发展社会主义民主政治，必须以保证人民当家作主为根本，坚持和完善人民代表大会制度、中国共产党领导的多党合作和政治协商制度、民族区域自治制度以及基层群众自治制度，更加注重健全民主制度、丰富民主形式，从各层次各领域扩大公民有序政治参与，充分发挥我国社会主义政治制度优越性。”[39]

《决定》特别注重民主制度和机制的健全与完善。例如，《决定》强调,执政党要民主执政,要坚持和发展民主集中制,“充分发扬党内民主”,“完善科学民主决策机制”,[40]“加强人大常委会同人大代表的联系,充分发挥代表作用。通过建立健全代表联络机构、网络平台等形式密切代表同人民群众联系”。[41]注重基层民主建设,强调“发展基层民主。畅通民主渠道,健全基层选举、议事、公开、述职、问责等机制。开展形式多样的基层民主协商,推进基层协商制度化,建立健全居民、村民监督机制,促进群众在城乡社区治理、基层公共事务和公益事业中依法自我管理、自我服务、自我教育、自我监督。健全以职工代表大会为基本形式的企事业单位民主管理制度,加强社会组织民主机制建设,保障职工参与管理和监督的民主权利”。[42]

《决定》有关国家治理、社会治理、社区治理、法人治理、学校治理、居民自治等概念的理念和协商民主的理念与改革举措,充分体现共和精神。“共和”(republic)有两种意义,一是指政体,即与君主制相对应的政体。凡是政府及其首脑是定期选举产生的、政府职能是法定的、政府权力是有限的,这种政体就是共和政体。二是指强调政治平等、民主参与和公共治理的政治模式。这种政治模式的精髓是政治协商和政治和谐,它是保证不同群体、阶层、集团平等表达利益诉求和政策主张,并妥善协调各种利益关系的机制。在利益多元化的条件下,人们之间出现不同的甚至对立的利益诉求、政策主张、价值标准是正常的,并不可怕,可怕的是没有共和机制保障大家在平等自由地表达诉求和主张的基础上协商对话,形成共识。

《决定》强调“推进国家治理体系和治理能力现代化”,“加快形成科学有效的社会治理体制,确保社会既充满活力又和谐有序”,[43]可以说是共和精神的回归。其中有关国家治理、社会治理、公共治理、群众自治等的思想和改革举措,就是共和精神的发扬光大。

《决定》指出:“推进协商民主广泛多层制度化发展……在党的领导下,以经济社会发展重大问题和涉及群众切身利益的实际问题为内容,在全社会开展广泛协商,坚持协商于决策之前和决策实施之中。构建程序合理、环节完整的协商民主体系,拓宽国家政权机关、政协组织、党派团体、基层组织、社会组织的协商渠道。深入开展立法协商、行政协商、民主协商、参政协商、社会协商。加强中国特色新型智库建设,建立健全决策咨询制度。发挥统一战线在协商民主中的重要作用。完善中国共产党同各民主党派的政治协商,认真听取各民主党派和无党派人士意见。中共中央根据年度工作重点提出规划,采取协商会、谈心会、座谈会等进行协商……发挥人民政协作为协商民主重要渠道作用。重点推进政治协商、民主监督、参政议政制度化、规范化、程序化。各级党委和政府、政协制定并组织实施协商年度工作计划,就一些重要决策听取政协意见。完善人民政协制度体系,规范协商内容、协商程序。拓展协商民主形式,更加活跃有序地组织专题协商、对口协商、界别协商、提案办理协商,增加协商密度,提高协商成效。在政协健全委员联络机构,完善委员联络制度。”[44]这些大力发展协商民主的思想和改革举措,体现了当代中国的社会主义共和精神。

(四)《决定》充分体现维护社会主义法制统一、尊严和权威的法治理念和法治精神

《决定》强调“维护宪法法律权威。宪法是保证党和国家兴旺发达、长治久安的根本法,具有最高权威。要进一步健全宪法实施监督机制和程序,把全面贯彻实施宪法提高到一个新水平。建立健全全社会忠于、遵守、维护、运用宪法法律的制度。坚持法律面前人人平等,任何组织或者个人都不得有超越宪法法律的特权,一切违反宪法法律的行为都必须予以追究”。[45]

在《决定》全文中,“依法”二字出现了26次,包括依法执政,依法行政,依法行使审判权检察权,依法治国,依法治理,依法管理,依法监管,依法办事,依法自主决策,依法开展活动,依法自治,依

法严密防范和惩治各类违法犯罪活动,依法追究刑事责任等;还有“反对地方保护”“防止地方保护和部门利益法制化”“保证国家法律统一正确实施”等,这些表明,从执政党、国家机关、社会组织到公民,都要做到有法可依,执法必严,违法必究。

维护法制的尊严、统一和权威这一法治理念和法治精神,还体现在处理改革与法制的关系上。习近平总书记在十八届三中全会上指出:这次全会提出的许多改革举措涉及现行法律制度。凡属重大改革要于法有据,需要修改法律的可以先修改法律,先立后破,有序进行。有的重要改革举措,需要得到法律授权的,要按法律程序进行。习近平总书记在山东等地调研时进一步强调:要有序推进改革,该中央统一部署的不要抢跑,该尽早推进的不要拖宕,该试点的不要仓促推开,该深入研究后再推进的不要急于求成,该得到法律授权的不要超前推进。

二、在全面深化改革中同步实施法制改革

全面深化改革的过程就是同步实施法制改革和全面推进法治建设的过程。在全面深化改革中实施的法制改革包括两个方面,一是“自身改革”,二是“配套改革”。所谓“自身改革”,亦可称之为“自主改革”“自行改革”,是指法制适应法治现代化和社会现代化的发展趋势与客观规律对自身的体制、机制、方法等进行的改革创新。所谓“配套改革”,是指为了保证、引导和规范经济社会生态等领域的改革而进行的与改革相适应、相协调的法制改革,以及法律的立、改、废等。

(一)法制的“配套改革”

全面深化改革必然要求“深刻变法”,要求法制进行与之相适应、相协调的配套改革。全面深化改革涉及经济、政治、文化、社

会、生态、党建等领域。《决定》用六个“紧紧围绕”来概括改革的聚焦点和着力点，并具体分解出60大项改革举措，每一大项之下包括相对具体的改革事项。所有改革事项都与法制改革息息相关，几乎都涉及现行法律的修改、缺位法律的制定，涉及某些陈旧过时的行政法规、地方性法规的清理与废止，都需要用宪法和法律凝聚改革共识，用宪法和法律来引导和规范改革，用宪法和法律来确认和巩固改革成果。

之所以把全面深化改革中法律的立、改、废等作为法制改革，是因为目前进行的改革是在我国发展进入新阶段、改革进入攻坚期和深水区的情况下进行的改革，尤其要“突破利益固化的藩篱”。这里所说的固化的“利益”，不仅指利益集团的利益，而且包括国家机关的利益。要打破盘根错节的利益格局，需要进行相应的制度创新和突破，这就难免与现行法律相冲突，就需要对法律进行立、改、废，需要适时修改宪法，在这种意义上可以说，“深化改革”是对“改革”的“改革”。

法制改革的性质定位决定于《决定》所规划和部署的改革。以经济体制改革为例，《决定》指出：“经济体制改革是全面深化改革的重点，核心问题是处理好政府和市场的关系，使市场在资源配置中起决定性作用和更好发挥政府作用。市场决定资源配置是市场经济的一般规律，健全社会主义市场经济体制必须遵循这条规律，着力解决市场体系不完善、政府干预过多和监管不到位问题。”[46]从市场的“基础性作用”到“决定性作用”无疑是一场最具挑战性的革命。从“国家管理体系”到“国家治理体系”、从“社会管理体制”到“社会治理体制”的变化同样是革命性的变革，是朝着政治民主、社会民主、公共治理的历史性变革。在发挥市场决定性作用的前提下，《决定》就“坚持和完善基本经济制度”“加快完善现代市场经济”“加快转变政府职能”“深化财税体制改革”“健全城乡发展一体化体制机制”“构建开放型经济新体制”提出了22大项改革举措，其中每一项经济改革所要求的立法都是深刻的法制改革。例如，《决定》指出，“健全归属清晰、权责明确、保护严格、流转顺畅的现代产权制度。公有制经济财产权不可侵犯，非公有制经济财产权同样不可侵犯”；[47]积极发展“国有资本、集体资本、非公有资本等交叉持股、相互融合的混合所有制经济”，“允许混合所有制经济实行企业员工持股，形成资本所有者和劳动所有者利益共同体”；[48]“推动国有企业完善现代企业制度”，“健全协调运转、有效制衡的公司法人治理结构”；[49]“支持非公有制经济健康发展……坚持权利平等、机会平等、规则平等，废除对非公有制经济各种形式的不合理规定，消除各种隐性壁垒，制定非公有制企业进入特许经营领域具体办法”；[50]“必须加快形成企业自主经营、公平竞争，消费者自由选择、自主消费，商品和要素自由流动、平等交换的现代市场体系，着力清除市场壁垒，提高资源配置效率和公平性”；[51]“完善主要由市场决定价格的机制”；[52]“建立城乡统一的建设用地市场。在符合规划和用途管制前提下，允许农村集体经营性建设用地出让、租赁、入股，实行与国有土地同等入市、同权同价……建立兼顾国家、集体、个人的土地增值收益分配机制，合理提高个人收益。完善土地租赁、转让、抵押二级市场”；[53]“完善发展成果考核评价体系，纠正单纯以经济增长速度评定政绩的偏向，加大资源消耗、环境损害、生态效益、产能过剩、科技创新、安全生产、新增债务等指标的权重，更加重视劳动就业、居民收入、社会保障、人民健康状况”；[54]“加快事业单位分类改革，加大政府购买公共服务力度，推动公办事业单位与主管部门理顺关系和去行政化，创造条件，逐步取消学校、科研院所、医院等单位的行政级别。建立事业单位法人治理结构，推进有条件的事业单位转为企业或社会组织。建立各类事业单位统一登记管理制度”；[55]“深化税收制度改革，完善地方税体系，逐步提高直接税比重。推进增值税改革，适当简化税率。调整消费税征收范围、环节、税率，把高耗能、高污染产品及部分高档消费品纳入征收范围。逐步建立综合与分类相结合的个人所得税制。加快房地产税立法并适时推进改革，加快资源税改革，推动环境保护费改税。按照统一税制、公平税负、促进公平竞争的原则，加强对税收优惠特别是区域税收优惠政策的规范管理。税收优惠政策统一由专门税收法律法规规定，清理规范税收优惠政策。完善国税、地税征管体制"；[56]"建立事权和支出责任相适应的制度"；[57]"在坚持和完善最严格的耕地保护制度前提下，赋予农民对承包地占有、使用、收益、流转及承包经营权抵押、担保权能，允许农民以承包经营权入股发展农业产业化经营。鼓励承包经营权在公开市场上向专业大户、家庭农场、农民合作社、农业企业流转，发展多种形式规模经营"；[58]"赋予农民更多财产权利。保障农民集体经济组织成员权利，积极发展农民股份合作，赋予农民对集体资产股份占有、收益、有偿退出及抵押、担保、继承权。保障农户宅基地用益物权，改革完善农村宅基地制度，选择若干试点，慎重稳妥推进农民住房财产权抵押、担保、转让，探索农民增加财产性收入渠道。建立农村产权流转交易市场，推动农村产权流转交易公开、公正、规范运行"；[59]"推进城乡要素平等交换和公共资源均衡配置。维护农民生产要素权益，保障农民工同工同酬，保障农民公平分享土地增值收益，保障金融机构农村存款主要用于农业农村"；[60]"加快自由贸易区建设……形成面向全球的高标准自由贸易区网络"。[61]这些改革举措必然引起我国现行法律体系的内在调整，引起相关法律规则、原则、制度和精神的深刻变动。

法制改革的性质也决定于改革成果的制度化表现。法制与改革的关系为：改革是内容；法制是形式，是对改革成果的规则表达、制度体现和定型化。各个领域的重要改革最后都要体现为制度的完善与创新，体现为规范化、法制化。《决定》指出："到二〇二〇年，在重要领域和关键环节改革上取得决定性成果，完成本决定提出的改革任务，形成系统完备、科学规范、运行有效的制度体系，使各方面制度更加成熟更加定型。”[62]《决定》许多地方强调制度化、规范化、法制化等。诸如，“加快推进社会主义民主政治制度化、规范化、程序化”；[63]“重点推进政治协商、民主监督、参政议政制度化、规范化、程序化”；[64]“推进机构编制管理科学化、规范化、法制化”；[65]“推进协商民主广泛多层制度化发展”；[66]“推动党的纪律检查工作双重领导体制具体化、程序化、制度化”；[67]“推动新闻发布制度化”；[68]“推进国内贸易流通体制改革，建设法治化营商环境”；[69]“加快生态文明制度建设”；[70]“健全自然资源资产产权制度和用途管制制度。对水流、森林、山岭、草原、荒地、滩涂等自然生态空间进行统一确权登记，形成归属清晰、权责明确、监管有效的自然资源资产产权制度。建立空间规划体系，划定生产、生活、生态空间开发管制界限，落实用途管制。健全能源、水、土地节约集约使用制度。健全国家自然资源资产管理体制”；[71]“坚定不移实施主体功能区制度，建立国土空间开发保护制度”；[72]“建立生态环境损害责任终身追究制”；[73]“实行资源有偿使用制度和生态补偿制度……坚持谁受益、谁补偿原则，完善对重点生态功能区的生态补偿机制，推动地区间建立横向生态补偿制度。发展环保市场，推行节能量、碳排放权、排污权、水权交易制度，建立吸引社会资本投入生态环境保护的市场化机制，推行环境污染第三方治理”；[74]“改革生态环境保护管理体制。建立和完善严格监管所有污染物排放的环境保护管理制度，独立进行环境监管和行政执法。”[75]

（二）法制的“自身改革”

根据《决定》，法制的“自身改革”包括立法体制机制改革、行政执法体制机制改革、司法体制机制改革，以及其他方面的改革。

1. 立法体制机制改革

法制改革首先是立法体制机制改革，用立法改革引领执法改革和司法改革，保障和规范经济社会的全面改革。《决定》关于立法体制机制改革的内容很多，可细化为以下方面：(1)“进一步健全宪法实施监督机制和程序”，[76]例如，在全国人大或全国人大常委会之下设立类似宪法委员会的机构，负责宪法实施中的解释工作、法律或政令的合宪性审查工作、宪法实施情况的执法检查等。(2)“健全立法起草、论证、协调、审议机制”，[77]提高立法的科学性、合理性、民主性。(3)“完善人大工作机制，通过座谈、听证、评估、公布法律草案等扩大公民有序参与立法途径，通过询问、质询、特定问题调查、备案审查等积极回应社会关切”，[78]扩大民主立法、监督立法的范围与途径。(4)“提高立法质量，防止地方保护和部门利益法制化”，[79]防止地方和部门越权立法，避免重复立法、粗糙立法、腐败立法。(5)“完善规范性文件、重大决策合法性审查机制”，[80]维护社会主义法制的统一性和权威性。(6)“健全法规、规章、规范性文件备案审查制度”，[81]保证全国人大常委会对全国范围内的立法监督。(7)“逐步增加有地方立法权的较大的市数量”，[82]适应区域经济社会发展的立法需求，增强地方性立法的适应性与可操作性。(8)“建立科学的法治建设指标体系和考核标准”，[83]推动地方法治科学发展。

此外，适应全面深化改革的法制需求，要大力推进立法程序和立法机制的创新。例如，就深化司法体制改革来说，它涉及《宪法》《人民法院组织法》《人民检察院组织法》《法官法》《检察官法》《律师法》《刑事诉讼法》《民事诉讼法》《行政诉讼法》及其他法律、法规的修改。如果按照常规的法律修改程序和方法，一部法律一部法律地进行修改，就很难适应深化司法体制改革的急需，很难为司法体制改革提供急需的法律引导、规范和保障。所以，全国人大常委会可采用集成式“打包立法”方式，除宪法修改外，通过一个集成的修法决定，将需要修改的若干法律一揽子修改。

2. 行政执法体制机制改革

行政执法体制机制改革已经进行多年，行政处罚权和综合执法相对集中的领域已从最初的城市管理逐步扩展到文化、旅游、矿山安全、农业、林业、水利、交通等领域,初步解决了多头执法、相互扯皮、执法扰民、执法谋私的问题。但是,对应依法行政、建设法治政府的标准,与人民群众的要求相比,行政执法改革仍然任重道远;行政执法领域问题频发,尤其是城管执法问题在全社会引起强烈反响和指责,社会舆论呼唤深化行政执法改革。《决定》从"建立权责统一、权威高效的行政执法体制"和"完善行政执法程序"两个方面,从多个节点设计和部署深化行政执法改革,确保严格规范公正文明执法。(1)"整合执法主体,相对集中执法权,推进综合执法,着力解决权责交叉、多头执法问题";[84](2)"减少行政执法层级";[85](3)"加强食品药品、安全生产、环境保护、劳动保障、海域海岛等重点领域基层执法力量";[86](4)"理顺城管执法体制,提高执法和服务水平";[87](5)"完善行政执法程序";[88](6)"规范执法自由裁量权";[89](7)"加强对行政执法的监督";[90](8)"全面落实行政执法责任制和执法经费由财政保障制度";[91](9)"完善行政执法与刑事司法衔接机制";[92](10)建立"独立进行环境监管和行政执法"的制度。[93]此外,《决定》还提出"改革行政复议体制,健全行政复议案件审理机制,纠正违法或不当行政行为"。[94]

3. 司法体制机制改革

深化司法体制改革是法制改革的重点,也是全面深化改革的主要方面。习近平总书记指出:司法改革是这次全面深化改革的重点之一。作为《决定》之精华版的《公报》指出:"全会提出,建设法治中国,必须深化司法体制改革,加快建设公正高效权威的社会主义司法制度,维护人民权益。"[95]从《说明》和《公报》可以看出深化司法体制改革在法治中国建设和全面深化改革中的突出地位。

新中国成立60多年来,中国社会主义司法制度的建立、完善和发展始终是由司法改革推动的。20世纪50年代新中国成立之初,适应社会主义革命和社会主义建设的需要,适应巩固新生的人民民主专政国家政权和建立社会主义法律秩序和社会秩序的需要，适应土地改革、恢复国民经济的需要，在废除国民党旧法统和六法全书的同时，中国共产党领导了革命性司法改革，建立了新民主主义的、社会主义的司法制度，确立了在党的领导下人民法院依法独立行使审判权、公开审判、人民陪审、司法调解、刑事辩护、审判监督，人民检察院依法行使法律监督权等社会主义司法原则，确保人民在法律面前人人平等。1954 年《宪法》《人民法院组织法》《人民检察院组织法》等确认了这一改革成果，顺利实现了从《共同纲领》体制下的新民主主义司法制度向《宪法》体制下的社会主义司法制度的变革，并为社会主义司法制度的完善和发展创造和积累了有益的经验。"文化大革命"结束之后，适应重建社会主义法律秩序、引导和保障经济和社会发展以及解决历史遗留问题的急需，党领导了重建性司法改革，在较短时间内恢复了司法体制，重建了社会主义司法制度。恢复不是简单复原，重建也不是复制原样，而是包含了许多制度创新。在恢复重建过程中，开始探索有中国特色的社会主义司法制度。这一时期的司法改革成果在 1982 年《宪法》、1979 年《人民法院组织法》《人民检察院组织法》以及这期间先后制定的三大诉讼法当中得以确认和巩固。进入 20 世纪 90 年代，在深入推进经济体制改革、建立社会主义市场经济，积极稳妥推进政治体制改革、发展社会主义民主政治的基础上，党的十五大作出了依法治国、建设社会主义法治国家的重大战略部署，同时明确提出："推进司法改革，从制度上保证司法机关独立公正地行使审判权和检察权"。党的十六大进一步明确提出："推进司法体制改革……进一步健全权责明确、相互配合、相互制约、高效运行的司法体制。"从此，党领导了体制性司法改革。党的十七大提出"深化司法体制改革"，十八大提出"进一步深化司法体制改革"。根据中央关于司法体制改革的决定和主张，国家立法机关修订了有关司法的一系列法律，完善了司法法律体系。国家司法机关按照中央政法委的统一部署,扎实推进司法体制机制改革。历经 15 年,具有中国特色的社会主义司法制度基本确立。十八届三中全会部署的司法改革属于进一步深化司法体制的改革。

新一轮司法体制改革,可以用"一个目标""两去""四化"来概括。

一个目标,即"加快建设公正高效权威的社会主义司法制度,维护人民权益,让人民群众在每一个司法案件中都感受到公平正义"。建设公正高效权威的社会主义司法制度是党的十七大报告提出的司法改革目标,十八大报告虽然没有在文字上重申这一目标,但是提出"进一步深化司法体制改革,坚持和完善中国特色社会主义司法制度",其内涵大体一致。十八大之后,习近平总书记多次讲话重申了建设公正高效权威的社会主义司法制度。建设公正高效权威的社会主义司法制度的直接目的,一是确保人民法院、人民检察院依法独立公正行使审判权和检察权;二是"维护人民权益,让人民群众在每一个司法案件中都感受到公平正义";三是提升司法公信力,习近平总书记指出:"这些年来,群众对司法不公的意见比较集中,司法公信力不足很大程度上与司法体制和工作机制不合理有关。"[96]这也说明了司法改革与提升司法公信力的关联性。

"两去",就是司法去地方化和去行政化。

关于司法去地方化。这些年来,由于历史、经济、政治、国家治理体系等原因,我国司法呈现出明显的地方性特征,司法地方化倾向加剧,严重损害了司法公正和社会公平正义。进入 20 世纪 90 年代,随着市场经济的发展,地方政府的经济利益和利益集团的利益对司法产生了前所未有的影响,地方保护主义对司法施加的压力日趋加重,构成对司法统一、司法公正的巨大挑战。基于此,《决定》把去地方化作为司法改革的首要任务,通过改革司法管理体制和司法管辖制度来破解司法地方化,具体举措包括"推动省以下地方法院、检察院人财物统一管理”,“探索建立与行政区划适当分离的司法管辖制度”,等等。[97]

司法去地方化,是为了确保司法机关依法独立行使审判权、检察权。就人民法院而言,也可以说就是“审判权独立行使”。所谓审判权独立行使,就是国家的审判权只能由各级人民法院统一行使,其他机关、团体和个人都无权行使此项权力;人民法院依照法律规定独立行使审判权,不受行政机关、社会团体和个人的非法干涉;人民法院审理案件必须严格依照法律规定,统一正确适用法律,也就是说,司法机关审理案件只服从法律。审判权独立行使是防范和抵制地方保护主义和部门保护主义的制度要求。

关于司法去行政化。目前各行各业行政化趋势普遍增强,法院的行政化倾向也日趋严重。法官和法院工作人员按照行政机关“官本位”层级模式定级,法官群体因被划分为不同等级而存在上下级隶属关系,院长对副院长、副院长对庭长、庭长对法官是一种领导与被领导、支配与被支配的关系。这就为法院各级领导影响和干预法官办案留下了制度空间。由于来自外部的党政机关干预和利益集团的影响主要是通过法院内部各级“领导”施加的,所以,审判庭庭长、分管副院长甚至院长直接插手合议庭和法官审理案件、干预合议庭和法官裁决的情况时有发生,在一些法院甚至常规化,人情案、关系案由此发生。由于领导行政式地干预办案,法官审判的责任心有所下降,审判质量不高。特别是有些法院的审判委员会代替合议庭作出裁判决定或指导意见,判审分离的情况相当普遍。

司法行政化不仅表现在一个法院内部,也表现在法院系统内部。上级法院过多地干预下级法院的审判工作,事前干预、审理过程干预、审判之后继续干预,也有扩大的趋势。超越法律规定的各种名堂的“内审”,不仅拖延了审判期限,而且滋生司法腐败。上级法院对下级法院行政化绩效考核中的改判率、发回重审率等指标,也迫使下级法院(法官)不得不经常“请示”上级法院(法官),以避免改判或发回重审。

针对司法行政化的弊端和危害,《决定》采取了多项司法去行政化措施。其中包括:“健全司法权力运行机制。”“改革审判委员会制度,完善主审法官、合议庭办案责任制,让审理者裁判、由裁判者负责。明确各级法院职能定位,规范上下级法院审级监督关系。”[98]司法去行政化,是为了确保法官独立办案、独立负责地作出裁判,更好地提高法官的司法能力和水平。

“四化”,一是推进司法公开化,二是推进司法人权保障法治化,三是推进司法职权配置科学化,四是推进司法职业化。

一是推进司法公开化。司法公开是人民对国家权力运行的知情权、监督权、参与权的内在要求,是司法民主的必然要求,也是提升司法公信力的必要条件。对此,《决定》出台了多项保证司法公开的措施,其中包括:“推进审判公开、检务公开,录制并保留全程庭审资料。增强法律文书说理性,推动公开法院生效裁判文书。严格规范减刑、假释、保外就医程序,强化监督制度。广泛实行人民陪审员、人民监督员制度,拓宽人民群众有序参与司法渠道。”[99]

二是推进司法人权保障法治化。从国家尊重和保障人权的宪法原则和法治理念出发,《决定》把“完善人权司法保障制度”作为重大的司法改革任务,这是我国司法改革史上前所未有的。在司法领域,严重侵犯人权的现象集中表现在对公民人身权利和自由的侵害,以及对公民财产权利的侵害两个方面。《决定》十分明确地宣告“严禁刑讯逼供、体罚虐待”。[100]一般而言,刑讯逼供和体罚虐待是为了获得犯罪嫌疑人的口供。针对这种情况,《决定》强调“健全错案防止、纠正、责任追究机制,……严格实行非法证据排除规则”。[101]在一些案件当中,随意违法违规处置犯罪嫌疑人的财产、赃款赃物不随案移送,因此当刑事被告人被宣告无罪时,被查封、扣押的财产却往往渺无踪影。在一些民事案件中,超标的查封和扣押当事人的财产,严重影响当事人的正常经营和生活的情况也大量存在。对此,《决定》要求“进一步规范查封、扣押、冻结、处理涉案财物的司法程序”。[102]为了在司法领域为保障人权提供法律援助,《决定》提出要“完善法律援助制度”,“发挥律师在依法维护公民和法人合法权益方面的重要作用”。[103]

值得注意的是,《决定》提出“逐步减少适用死刑罪名”,[104]并把它作为完善人权司法保障制度的重点问题之一提出来。把死刑问题与人权保障联结起来,这在党的文件当中可能是首次。还有,《决定》把“废止劳动教养制度”也作为完善司法人权保障制度的一项内容,使这项改革的意义显得更加重要。2013 年 12 月 28 日,全国人大常委会决定废止执行了 56 年的劳动教养制度,可谓中国人权保障的又一亮点。

《决定》把司法机关和社会呼吁多年的“健全国家司法救助制度,完善法律援助制度”作为司法改革的项目,回应了社会的期待,也破解了司法实践制约“案结事了”的一个瓶颈问题。

上述改革虽然不是司法人权保障的全部,却是司法领域人权保障面对的突出问题。所以,《决定》关于完善司法人权保障的改革举措有的放矢、深得人心。

三是推进司法职权配置科学化。自党的十七大提出优化司法职权配置的任务以来,有关司法改革的方案都涉及优化司法职权配置这个问题。《决定》从“健全司法权力运行机制”的新角度再次关注司法职权优化问题。《决定》指出:“优化司法职权配置,健全司法权力分工负责、互相配合、互相制约机制,加强和规范对司法活动的法律监督和社会监督。”[105]优化司法职权配置,形成在党的领导下,在宪法法律的制度框架内,司法机关(含具有部分司法职能的机关,如公安机关、司法行政机关)之间既互相制约监督又有效协同配合的法治局面。优化司法职权当以首先保证人民法院依法独立公正行使审判权为要义。在全部司法案件中,人民法院直接受理的民事、行政诉讼案件约占90%；在刑事诉讼案件中，人民法院担负着最终定罪量刑、惩恶扬善的职责。所以，从司法权运行规律出发，必须确立以审判权为中心的科学理念，必须树立审判权应有的权威。司法改革不能以牺牲或弱化审判权为代价。然而，近20多年，我们看到的却是审判权持续弱化，审判权运行空间被不适当地压缩，人民法院缺乏应有的尊严，司法公正得不到应有的认可和维护：行政诉讼案件立案难、审理难、执行难；法院的民事判决经常得不到当事人自觉履行和有效执行；大量涉府执行案件执行不能、执行不力；针对法院的涉诉信访居高不下，法院疲于应对缠访、闹访、反复访、群体访；法院难以依法理直气壮地排除非法证据等。新一轮司法体制改革强调“健全司法权力分工负责、互相配合、互相制约机制”，[106]强调“严格实行非法证据排除规则”，[107]强调“把涉法涉诉信访纳入法治轨道解决，建立涉法涉诉信访依法终结制度”。[108]

优化司法职权配置尚有很大的制度空间。例如，看守所可否由公安机关移交给司法行政机关管理，以更好地避免刑讯逼供、体罚虐待；检察机关自侦案件的批捕权可否移交给法院，以加强人权保障和制约监督；法院的民事执行权可否由法院移交给司法行政机关，由司法行政机关统一执行审判机关的刑事裁判和民事裁判，以使人民法院集中精力做好审判工作。

四是推进司法职业化。司法职业的特点非常明显。然而，由于历史与现实的多种原因，我国司法职业化程度低于世界平均水平，这表现在：第一，一些没有受过法律职业教育、没有法律工作经历的领导干部，因为提拔晋级的通盘考虑而被安排到法院院长、检察院检察长的岗位上。第二，对法官、检察官与对党政机关的公务员无区别地管理，选任法官、检察官除了通过司法考试外，还要参加公务员考试。第三，违背司法职业特点实施司法干部人事管理。很多地方把法官、检察官当作普通“干警”，“一刀切”地按照公安警察的管理方式来管理法官、检察官。第四，司法职业共同体没有形成，法官、检察官、律师互相交流渠道不畅。第五，法官、检察官的职业保障制度存在缺陷，时常发生坚持法律底线、抵制非法干预的法官、检察官被打击报复，被随意调离司法工作岗位的情况。为了提高司法职业化水平，加强司法职业保障，《决定》要求："建立符合职业特点的司法人员管理制度，健全法官、检察官、人民警察统一招录、有序交流、逐级遴选机制，完善司法人员分类管理制度，健全法官、检察官、人民警察职业保障制度。"[109]同时，"完善律师执业权利保障机制和违法违规执业惩戒制度，加强职业道德建设"。[110]

三、在全面深化改革中加快推进法治中国建设

党的十八大在十五大、十六大、十七大提出依法治国基本方略的基础上，作出了全面推进依法治国的战略部署，开创了中国法治建设的新局面。十八大以来，习近平总书记就法治建设发表了一系列重要讲话，提出了许多新的科学观点、命题和论断，特别是十分明确地提出了建设"法治中国"。《决定》进一步把"法治中国"作为法治建设的目标。"法治中国"这一概念的提出，是习近平同志在地方工作期间提出的"法治浙江"命题的合乎逻辑的延伸与发展。法治中国与富强中国、民主中国、公正中国、文明中国、和谐中国、美丽中国、平安中国等要素相辅相成，共同编织出中国梦。中国梦是雄壮而和谐的交响乐，在中国梦中加入法治中国篇，是极其必要和完美的。

关于法制（法治）建设目标，20 世纪 50 年代，董必武同志曾提出"有法可依、有法必依"。改革开放之后，邓小平同志在此基础上加了两句话"执法必严、违法必究"，于是有了法制建设的"十六字方针"。党的十一届三中全会强调社会主义民主的法律化、制度

化，法制民主化、民主法制化。之后，关于法制建设的表述几乎没有大的变化，直到 1996 年 2 月，江泽民同志提出“依法治国，建设社会主义法制国家”。同年 3 月，八届全国人大四次会议把“依法治国，建设社会主义法制国家”写入《中华人民共和国国民经济和社会发展“九五”计划和 2010 年远景目标纲要》。1997 年，党的十五大进一步明确提出“依法治国，建立社会主义法治国家”，用“法治国家”取代了此前提出的“法制国家”。至此，我国法治建设有了纲领性目标。1999 年 3 月，九届全国人大第一次会议对 1982 年《宪法》进行了第四次修改，明确规定：“中华人民共和国实行依法治国，建设社会主义法治国家。”党所提出的依法治国、建设社会主义法治国家的纲领进一步上升为国家的宪法原则和全国人民的奋斗目标。十五大以来，围绕依法治国、建设社会主义法治国家，党中央阐述了一系列重要、重大理论观点，使法治建设的指导思想不断丰富和发展。诸如，党的领导、人民当家作主、依法治国的有机统一；以依法治国、执法为民、公平正义、服务大局和党的领导为主要内容的社会主义法治理念；依法执政，党既严格守法又领导立法、保证执法和司法的有机统一，支持权力机关、行政机关、司法机关依法独立行使职权；作为政治文明的依法治国与作为精神文明的以德治国有机结合，现代法治与新型德治相辅相成；科学立法、民主立法，建立中国特色社会主义法律体系；以人为本、立法为民、执法为民、司法为民；人民依法规范与监督政府权力，政府依法行政，执法为民，建设法治政府；全面落实依法治国基本方略，加快建设社会主义法治国家；权利公平、机会公平、规则公平、司法公正；法治是治国理政的基本方式，运用法治思维和法治方式治国理政；等等。《决定》在党和国家重要文献中首次正式使用“法治中国”概念，提出“建设法治中国”。“法治中国”概念的正式使用和推进以“坚持依法治国、依法执政、依法行政共同推进，坚持法治国家、法治政府、法治社会一体建设”作为主要内容的法治中国建设的战略部署,指明了社会主义法治建设的方向和道路,顺应了人民群众对法治建设的关切和期待,必将呈现中国法治建设的“升级版”。

在新的历史起点上,法治中国建设的着力点在于:

(一)法治建设要进一步加快和提速

进一步增强建设法治中国的紧迫感和使命感,确立“加快思维”。党的十七大首次提出要“全面落实依法治国基本方略,加快建设社会主义法治国家”。十八大再次提出要“加快建设社会主义法治国家,发展社会主义政治文明”,“全面推进依法治国”,“加快推进社会主义民主政治制度化、规范化、程序化,从各层次各领域扩大公民有序政治参与,实现国家各项工作法治化”。《决定》同样以时不待我的紧迫感对待法治中国建设,提出“加快推进社会主义民主政治制度化、规范化、程序化,建设社会主义法治国家”;[111]“推进法治中国建设”;[112]“加快建设公正高效权威的社会主义司法制度”;[113]“推进国家治理体系和治理能力现代化”;“推进社会领域制度创新”;[114]“推动人民代表大会制度与时俱进”,“推进人民代表大会制度理论和实践创新”;[115]“推进协商民主广泛多层制度化发展”,“推进政治协商、民主监督、参政议政制度化、规范化、程序化”;[116]“推进基层协商制度化”;[117]“推动省以下地方法院、检察院人财物统一管理”;[118]“推进审判公开、检务公开”,“推动公开法院生效裁判文书”;[119]“全面推进平安中国建设,维护国家安全,确保人民安居乐业、社会安定有序”;[120]“推动国有企业完善现代企业制度”;[121]“推动农村产权流转交易公开、公正、规范运行”;[122]等等。之所以要“加快”“全面推进”“推动”,乃是因为我国的法治建设还不够快,需要进一步提速;还存在许多缺陷,需要进一步全面推动。

(二)要紧紧围绕国家治理体系和治理能力现代化,推进法治现代化

《公报》把“完善和发展中国特色社会主义制度,推进国家治理

体系和治理能力现代化”作为全面深化改革的总目标。习近平总书记指出:“国家治理体系和治理能力是一个国家制度和制度执行能力的集中体现。国家治理体系是在党领导下管理国家的制度体系，包括经济、政治、文化、社会、生态文明和党的建设等各领域体制机制、法律法规安排，也就是一整套紧密相连、相互协调的国家制度；国家治理能力则是运用国家制度管理社会各方面事务的能力，包括改革发展稳定、内政外交国防、治党治国治军等各个方面。国家治理体系和治理能力是一个有机整体，相辅相成，有了好的国家治理体系才能提高治理能力，提高国家治理能力才能充分发挥国家治理体系的效能。”“推进国家治理体系和治理能力现代化，就是要适应时代变化，既改革不适应实践发展要求的体制机制、法律法规，又不断构建新的体制机制、法律法规，使各方面制度更加科学、更加完善，实现党、国家、社会各项事务治理制度化、规范化、程序化。要更加注重治理能力建设，增强按制度办事、依法办事意识，善于运用制度和法律治理国家，把各方面制度优势转化为管理国家的效能，提高党科学执政、民主执政、依法执政水平。”[123]这些论述深刻地解释了推进国家治理体系和治理能力现代化与法治的关系。国家治理体系和治理能力的现代化最后必然要表现为法治现代化，表现为法治作为治国理政的基本方式，体现在运用法治思维和法治方法深化改革、推动发展、化解矛盾、维护稳定上。既然推进国家治理体系和治理能力现代化是全面深化改革的总目标，那么，推进法治中国建设，就要把法治作为治理体系和治理能力的核心来抓。

国家治理体系包括政治治理、经济治理、社会治理、文化治理、生态治理等。治理能力包括执政党科学执政、民主执政、依法执政的能力，政府科学理政(行政)、民主理政(行政)、依法理政(行政)的能力，社会组织参与公共治理和依法自治的能力，党和国家领导人以及各级领导干部深化改革、推动发展、化解矛盾、维护稳定的能力。所有这些治理领域和治理能力，都离不开法治，离不开法治思维和法治方法。围绕国家治理体系和治理能力现代化推进法治现代化，法治现代化就不再是抽象之物，而变得更加具体，更有抓手。

（三）法治中国建设要坚持依法治国、依法执政、依法行政共同推进，坚持法治国家、法治政府、法治社会一体建设

《决定》关于推进"法治中国"建设的方针比我们党此前提出的建设"法治国家"的方针内涵更加丰富、思想更加深刻、形式更加生动。法治国家主要是国家层面的法治，而法治中国则不仅包括国家层面的法治，而且包括政府层面、社会层面的法治，是全方位、立体化的法治概念。建设法治中国，除了建设法治国家外，还要建设法治政府、法治社会。关于依法治国、建设法治国家，依法行政、建设法治政府，学术界已经研究得相当深入。本文着重就依法治理社会和社会依法自治、建设法治社会的问题，略作论述。

法治社会是与法治国家互为依存、相辅相成的。我们既需要建设一个法治的国家，也需要建设一个法治的社会。如果说法治国家表征"公域"之治，那么，法治社会则表征"私域"之治。在法治国家范畴内，法治意味着民主的法律化、制度化，意味着将公共权力纳入法治的轨道，实现共产党作为执政党依法执政，各民主党派作为参政党依法参政；人民代表大会依宪立法、民主立法、科学立法，依法决定国家大事，依法实施对行政权、司法权和其他国家权力运行的监督，保障宪法和法律实施；各级人民政府切实尊重和保障人权，切实合法有效地行使公共管理权力，做到依法行政；司法机关为民司法、公正司法、高效司法、廉洁司法、和谐司法，维护社会公平正义、促进社会和谐稳定，保障经济社会科学发展。

在法治社会的范畴内，法治首先意味着法治精神、法律规则和法治方式融入社会生活领域，无论是公民，还是法人，都必须尊重

法律,维护法律的尊严和权威。其次意味着全体公民和法人学法懂法尊法用法守法护法,树立社会主义民主法治、自由平等、公平正义、诚实守信等理念。最后意味着广泛的社会自治。社会自治为社会主体通过自我协商、平等对话解决社会自身的问题留有广阔空间。社会自治的内容十分丰富、形式无限多样。诸如,工会、共青团、妇联、法学会等人民团体依照法律和各自章程独立自主地开展工作,各种各样的非政府组织诸如城市的居民委员会、农村的村民委员会、受国家机关委托代行某种社会公共管理职能的中介组织(如消费者协会、律师协会、会计师协会等)日益扮演着公共治理的角色,各种各样的"民间法"、"软法"、社团规范、乡规民约、道德习俗、纪律政策等发挥着法律无法替代的作用。根据社会自治理论和社会治理创新的客观规律,凡是法律规定属于社会自治的事务、领域和地方,政府尽可能不去介入;已经介入的要尽可能及早退出来。《决定》在多处强调了社会自治以及作为社会自治的基层民主。"发展基层民主。畅通民主渠道,健全基层选举、议事、公开、述职、问责等机制。开展形式多样的基层民主协商,推进基层协商制度化,建立健全居民、村民监督机制,促进群众在城乡社区治理、基层公共事务和公益事业中依法自我管理、自我服务、自我教育、自我监督。健全以职工代表大会为基本形式的企事业单位民主管理制度,加强社会组织民主机制建设,保障职工参与管理和监督的民主权利。"[124]"改进社会治理方式。坚持系统治理,加强党委领导,发挥政府主导作用,鼓励和支持社会各方面参与,实现政府治理和社会自我调节、居民自治良性互动。坚持依法治理,加强法治保障,运用法治思维和法治方式化解社会矛盾。坚持综合治理,强化道德约束,规范社会行为,调节利益关系,协调社会关系,解决社会问题。坚持源头治理,标本兼治、重在治本,以网格化管理、社会化服务为方向,健全基层综合服务管理平台,及时反映和协调人民群众各方面各层次利益诉求。"[125]"激发社会组织活力。

正确处理政府和社会关系，加快实施政社分开，推进社会组织明确权责、依法自治、发挥作用。适合由社会组织提供的公共服务和解决的事项，交由社会组织承担。支持和发展志愿服务组织。限期实现行业协会商会与行政机关真正脱钩。”[126]

法治国家与法治社会的关系可以表述为：法治国家引领法治社会，法治社会为依法治国构筑坚实的社会法治基础。一个以民主和法治为基础的平等、自由和协商的社会领域的存在，始终是法治国家的根基所在，因为法治秩序在结构上是社会同国家协调的产物——社会赢得的是自主的空间，得以自由地缔约和结社建构自身；国家和政府则作为社会公共领域在制度上的一种延伸，成为维护法律秩序的手段，本身不得任意侵入、压制或并吞社会的制度空间，否则，法治也就蜕变成赤裸裸的专制。

建设法治国家和法治社会，政府依法行政、建设法治政府是关键，党依法执政是根本。1999 年，国务院发布《关于全面推进依法行政的决定》，正式导入“依法行政原理”。2004 年，国务院发布《全面推进依法行政实施纲要》，正式确立了“法治政府原理”，并提出 2010 年基本建成法治政府。该纲要将法治政府之下的依法行政内涵凝练为六项要求：合法行政、合理行政、程序正当、高效便民、诚实守信和权责统一。建成法治政府的纲要与目标在于：转变政府职能，深化行政管理体制改革；建立健全科学民主决策机制；提高制度建设质量；理顺行政执法体制，加快行政程序建设，规范行政执法行为；积极探索高效、便捷和成本低廉的防范、化解社会矛盾的机制；完善行政监督制度和机制，强化对行政行为的监督；不断提高行政机关工作人员依法行政的观念和能力；提高认识，明确责任，切实加强对推进依法行政工作的领导。党的十八大报告提出了“法治政府时间表”——到 2020 年“法治政府基本建成”。《决定》在多处重申依法行政、建设法治政府，并把这一目标与加快转变政府职能、简政放权、严格执法等紧密相连。这意味着法治政府建设目标更为切实。

中国共产党既是执政党,又是领导党。建设法治中国,实现法治中国梦,关键在党,在于党科学而有效地依法执政,不断提高依法执政的能力和水平,通过依法执政实践,把党建设成为依法执政、善于运用法治思维和法治方式处理改革发展稳定以及国际关系等执政事务的政党,带头守法、在宪法法律范围内活动的政党,坚守宪法至上、维护法律尊严和权威的政党,坚守人权神圣、尊重和保障人权、促进社会公平的政党,支持和监督国家机关依法行使国家各项权力的政党,实现党的领导工作和执政活动的法治化。

(四)法治中国建设要着力依法管权、强化权力运行制约和监督体系

在任何国家,法治的重心都是制约和控制权力,防止其滥用和异化。当下,我国权力运行中的突出问题包括:一是权力授予和运行缺乏公开、透明、规范的程序。一些国家权力(公共权力),包括常规权力和非常规权力的授予和运行缺乏法律程序。例如,一些地方存在大量在宪法和法律上根本找不到依据的“临时机构”“协调机构”,它们或者是完全独立的,或者是相对独立的,实际权力都很大,实际掌握着各种资源的配置、各种项目的审批、各种计划的决策,但是在宪法和法律上却没有任何明确的法定授权,更谈不上权力运行的程序性规定,无法保证权力运行的公开性、透明性、规范性等基本要求,也就无法接受国家权力和公众的监督,很容易导致权力滥用。二是权力边界不清。许多国家机构和公共机构,它们到底有什么权力,哪些事情该管、哪些事情不该管,并不甚清晰,权力之间存在过多交叉,导致有利的事情各个机关一哄而上,乱作为;不利的事情各个机构事不关己,都不作为,由此导致多头执法、重复执法、执法扰民、执法坑民。权力边界不清还表现在,一些地方政府自恃掌握着编制、人事、财政大权,往往把司法机关当作自

己的下属部门,行政权力堂而皇之地介入和插手司法权力的运行,导致严重的司法地方保护主义和部门保护主义,损害司法公正和司法权威。三是权力没有边界。比权力边界不清更危险的,是权力根本没有边界,或者说事实上没有边界。这突出表现在,一些地方党政不分,在"一元化领导"惯性思维下,某些地方、某些单位的党委书记大权独揽,权力过分集中,插手项目审批、资源配置、人事安排、土地出让、工程指挥,看起来和做起来都很"合法"。许多成为腐败分子的领导干部,问题就出现在这里。由于"一把手"监督制度的缺失,在一些地方实际上形成了以"一把手"为主导的"管理层内部控制"问题,逐渐实现了对区域内从经济资源、文化资源、社会资源到政治资源的全面垄断和控制,"一把手"成为腐败的高发岗位。四是权力自由裁量权过大,特别是行政执法自由裁量权过大。自由裁量权过大,时常导致权力被滥用。人们常说,恣意的权力与绝对的权力一样导致腐败。当前腐败现象得不到有效遏制,在很大程度上与行政自由裁量权幅度过宽、过大直接关联。一些政府机关及其工作人员,利用自由裁量权空间,在行政审批、资源配置等方面以权谋私、徇私枉法,进行权钱交易、权色交易等;一些行政机关及其工作人员,在行政处罚中显失公平,畸轻畸重,为所欲为,引发社会矛盾;一些行政机关及其工作人员在行政征收中乱摊派、乱收费;一些国有企业的负责人甚至动用巨额资金为腐败分子的政绩"涂金"。五是对权力的制约弱化、监督不力、追责不严,一些制约监督机制形同虚设,尤其是对"一把手"的监督和制约往往是形同虚设、软弱无力、无能为力。

针对这种情况,我国法治建设的着力点之一就是依法管权,建立并不断完善依法管权的法律制度。依法管权包括依法授权、依法限权、依法治权等。《决定》提议设立权力清单制度,就是依法管权的创新举措。《决定》强调"规范各级党政主要领导干部职责权限,科学配置党政部门及内设机构权力和职能,明确职责定位和工作任务”，“推行地方各级政府及其工作部门权力清单制度，依法公开权力运行流程”。[127]建立权力清单制度，完善依法授权，明确哪些是党政机关依法可以做的、能够做的，在权力清单之外行使权力就是越权，就是滥用职权，就是违法行为。由此，把权力关进了制度的笼子里。

要完善和强化对权力的监督制约。国家权力，尤其是政府权力运行的效应是双重的，它既会对社会带来利益，也可能对社会造成危害；它既可能维护和保障人民的权利和自由，也可能侵犯人民的权利和自由以致制造奴役和恐怖。就一般情况来说，没有界限和不受制约的权力对社会造成危害的可能性极大。“权力在社会关系中代表着能动而易变的原则。在权力未受到控制时，可以将它比作自由流动、高涨的能量，而其结果往往具有破坏性。权力的行使，常常以无情的和不可忍受的压制为标志；在权力统治不受制约的地方，它极易造成紧张、摩擦和突变。再者，在权力可以通行无阻的社会制度中，发展趋势往往是社会上的权势者压迫或剥削弱者。”[128]出于对权力本性的这种深刻的历史考察和理性分析，近代以来的思想家始终不渝地告诫人们要对权力保持着高度的戒备心理，牢固树立防范意识，采取坚强有效的制约措施。对权力的制约机制是各种各样的。通行的做法有：法律上规定权力的界限，把权力的行使控制在安全范围内；实行权力之间的制约——立法权、行政权、司法权、监督权等各种权力之间的制约，中央与地方逐级分权，防止权力过分集中和垄断；以舆论为主导的社会监督，把权力置于阳光之下。除了上述这些机制外，还应当重视用权利制约和监督权力。权力与权利的关系是：权力来源于权利，权力服务于权利，权力应以权利为界限，权力必须由权利制约。用权利制约权力的具体方法可包括：把权力分散或分解为权利，使尽可能多的权力权利化。把权力权利化，是制约和监督权力的有效方法，也是民主政治的优越所在。

制约和监督权力,必然要求权力运行公开透明。对此,《决定》作出了一系列规定。“完善党务、政务和各领域办事公开制度,推进决策公开、管理公开、服务公开、结果公开。”[129]“优化政府机构设置、职能配置、工作流程,完善决策权、执行权、监督权既相互制约又相互协调的行政运行机制。”[130]“加强和规范对司法活动的法律监督和社会监督”。[131]“探索推进国有企业财务预算等重大信息公开。”[132]“构建公开透明的国家科研资源管理和项目评价机制”。[133]“实施全面规范、公开透明的预算制度。”[134]“推进审判公开、检务公开”。[135]“推行新提任领导干部有关事项公开制度试点。”[136]“政府定价范围主要限定在重要公用事业、公益性服务、网络型自然垄断环节,提高透明度,接受社会监督。”[137]

要大力推进反腐败斗争法治化。在世界范围内,腐败主要指权力腐败。腐败首先是利用公共权力谋取私利,其次是侵害公共利益和群众利益。当下中国,腐败已成为侵犯人权、损害公共利益和人民群众利益、危害国家安全、社会和谐的首位政治祸害,是人民群众深恶痛绝并强烈要求从严治理的突出问题。权力腐败集中表现为权钱交易、权色交易、权权交易、权力寻租、权力暴征。当下中国,权力腐败呈现出一定的普遍性,而不是单一的权力腐败,其中包括行政权力的腐败、司法权力的腐败、立法权力的腐败、决策权力的腐败、执行权力的腐败、人事权力的腐败等。权力腐败源于权力滥用,而权力滥用则源于制度缺陷,缺乏权力不易腐败、不能滥用、不敢滥用的监督制约制度和预防惩治机制。要从法律上完善权力不能腐败、不易腐败的制度,从源头上管控权力滥用;要强化监督,形成授权者、掌权者、行权者不愿、不敢、不能滥用职权的环境,预防和减少权力滥用。还有,要把权力关进笼子里。对于如何把权力这只“老虎”关进笼子里,使其不能被滥用、不能腐败,《决定》指出:“坚持用制度管权管事管人,让人民监督权力,让权力在阳光下运行,是把权力关进制度笼子的根本之策。必须构建决策科学、执行坚决、监督有力的权力运行体系，健全惩治和预防腐败体系，建设廉洁政治，努力实现干部清正、政府清廉、政治清明。”[138]

通过强化权力运行制约监督，防范权力异化，使权力真正为人民服务，以此提升党的公信力、政府公信力、司法公信力。

（五）加强宪法法律实施

由于历史与现实的多重原因，在我国，有法不依的现象普遍存在，这导致我国法制缺乏应有的尊严，并缺乏必要的权威性和实效性。无论在直观上，还是在统计数据上，我国法律被遵守的情况都低于世界的平均水平。不把宪法和法律当回事的实例比比皆是。巨大的反差使我们不得不把维护法律体系的尊严和权威，确保宪法法律有效实施作为当前和今后相当长时期法治中国建设的重中之重。

宪法和法律都有不被遵守的情况。我国宪法和《立法法》都明确规定，涉及个人财产之征收，只能通过制定法律或全国人大常委会授权国务院制定行政法规来实施，但是一些省市 2009 年以后纷纷出台房产税规定。对这种显然违宪和违法的行为，却没有机构来审查和制止。直到全国政协委员和全国人大代表大声疾呼，房产税热才降下来。《决定》明确强调“落实税收法定原则”，[139]维护了社会主义法制的尊严。

违法强拆、暴力强迁事件持续不断发生，《物权法》形同虚设。新闻报道中常有这样的镜头：政府官员手持《城市房屋拆迁管理条例》作为强拆依据，被拆迁人则拿着《物权法》据理力争。然而，《物权法》并非可以当然担负起拆迁纠纷终结者的角色，因为早在《物权法》之前，《宪法》就已经确认了国家保护公民合法私有财产的责任，重庆市民顾建清在九龙坡区劳动和社会保障局当门卫 11 年，单位一直没有给他买社会保险。他每月工资仅有 350 元，远远低于法定最低工资标准。而且自 2001 年以来，单位再没跟他签订劳动合同。如此违反《劳动法》和《劳动合同法》的事情,居然发生在主管这一业务的执法部门,可谓法律莫大的尴尬与悲哀。

严格执法成为例外,成为美谈。山西省浑源县交警毛丽因拒绝为"特权车"开"绿灯"被称为"恒山脚下最美女交警"。[140]本是正常的执法行为为何能得到人们的盛赞?因为不对领导开罚单似乎成为交警的潜规则,人们见惯了权大于法,见惯了有法不依、执法不严、违法不究,严格执法便显得难能可贵。

针对这种情况,在继续完善和发展中国特色社会主义法律体系的同时,要更加重视宪法法律的实施,保证有法必依、执法必严、违法必究,加快形成不敢违法、不能违法、不愿违法的良好法治文化环境。为此,《决定》强调,"维护宪法法律权威……要进一步健全宪法实施监督机制和程序,把全面贯彻实施宪法提高到一个新水平。建立健全全社会忠于、遵守、维护、运用宪法法律的制度。坚持法律面前人人平等,任何组织或者个人都不得有超越宪法法律的特权,一切违反宪法法律的行为都必须予以追究"。[141]

注　释

1 在《决定》当中,除了作为一般概念的权利和权力之外,还包括大量×权、××权、×××权等概念和术语。这些概念和术语分别表意权利或权力,本文对它们逐一进行了分析和归类,将人权、产权、股权、私有权、版权、经营权、担保权、继承权、用益物权、合法权益、生产要素权益、权益保障、自主权、碳排放权、排污权、水权(交易制度)、林权、确权、律师执业权等归入"权利"范围,而将政权、立法权、执法权、审判权、检察权、执行权、(国家)监督权、管理权、执法自由裁量权、公共权力、(中央、地方)事权、职权、权责一致、权责交叉、放权、授权、权限等归入"权力"范围。

2 《中共中央关于全面深化改革若干重大问题的决定》,人民出版社 2013 年版,第 4 页。

3 《中共中央关于全面深化改革若干重大问题的决定》,人民出版社 2013 年版,第 31－32 页。

4 《中共中央关于全面深化改革若干重大问题的决定》,人民出版社 2013 年版,第

32 页。

5 《中共中央关于全面深化改革若干重大问题的决定》，人民出版社 2013 年版，第 12 页。

6 《中共中央关于全面深化改革若干重大问题的决定》，人民出版社 2013 年版，第 49 页。

7 《中共中央关于全面深化改革若干重大问题的决定》，人民出版社 2013 年版，第 51 页。

8 《中共中央关于全面深化改革若干重大问题的决定》，人民出版社 2013 年版，第 54 页。

9 《中共中央关于全面深化改革若干重大问题的决定》，人民出版社 2013 年版，第 34 页。

10 《中共中央关于全面深化改革若干重大问题的决定》，人民出版社 2013 年版，第 23 页。

11 《中共中央关于全面深化改革若干重大问题的决定》，人民出版社 2013 年版，第 30 页。

12 《中共中央关于全面深化改革若干重大问题的决定》，人民出版社 2013 年版，第 35 页。

13 《中共中央关于全面深化改革若干重大问题的决定》，人民出版社 2013 年版，第 48 页。

14 《中共中央关于全面深化改革若干重大问题的决定》，人民出版社 2013 年版，第 50 页。

15 《中共中央关于全面深化改革若干重大问题的决定》，人民出版社 2013 年版，第 23 页。

16 《中共中央关于全面深化改革若干重大问题的决定》，人民出版社 2013 年版，第 8 页。

17 《中共中央关于全面深化改革若干重大问题的决定》，人民出版社 2013 年版，第 46 页。

18 《中共中央关于全面深化改革若干重大问题的决定》，人民出版社 2013 年版，第 12 页。

19 《中共中央关于全面深化改革若干重大问题的决定》，人民出版社 2013 年版，第 36 页。

20 《中共中央关于全面深化改革若干重大问题的决定》，人民出版社 2013 年版，第

3 页。

21 《中共中央关于全面深化改革若干重大问题的决定》,人民出版社 2013 年版,第 4 页。

22 《中共中央关于全面深化改革若干重大问题的决定》,人民出版社 2013 年版,第 4 页。

23 《中共中央关于全面深化改革若干重大问题的决定》,人民出版社 2013 年版,第 6 页。

24 《中共中央关于全面深化改革若干重大问题的决定》,人民出版社 2013 年版,第 8 页。

25 《中共中央关于全面深化改革若干重大问题的决定》,人民出版社 2013 年版,第 10 页。

26 《中共中央关于全面深化改革若干重大问题的决定》,人民出版社 2013 年版,第 11 - 12 页。

27 《中共中央关于全面深化改革若干重大问题的决定》,人民出版社 2013 年版,第 12 页。

28 《中共中央关于全面深化改革若干重大问题的决定》,人民出版社 2013 年版,第 21 页。

29 《中共中央关于全面深化改革若干重大问题的决定》,人民出版社 2013 年版,第 23 页。

30 《中共中央关于全面深化改革若干重大问题的决定》,人民出版社 2013 年版,第 32 页。

31 《中共中央关于全面深化改革若干重大问题的决定》,人民出版社 2013 年版,第 33 页。

32 《中共中央关于全面深化改革若干重大问题的决定》,人民出版社 2013 年版,第 40 页。

33 《中共中央关于全面深化改革若干重大问题的决定》,人民出版社 2013 年版,第 42 页。

34 《中共中央关于全面深化改革若干重大问题的决定》,人民出版社 2013 年版,第 43 页。

35 《中共中央关于全面深化改革若干重大问题的决定》,人民出版社 2013 年版,第 46 页。

36 《中共中央关于全面深化改革若干重大问题的决定》,人民出版社 2013 年版,第

4 页。

37 《中共中央关于全面深化改革若干重大问题的决定》，人民出版社 2013 年版，第 6 页。

38 《中共中央关于全面深化改革若干重大问题的决定》，人民出版社 2013 年版，第 60 页。

39 《中共中央关于全面深化改革若干重大问题的决定》，人民出版社 2013 年版，第 28 页。

40 《中共中央关于全面深化改革若干重大问题的决定》，人民出版社 2013 年版，第 58 页。

41 《中共中央关于全面深化改革若干重大问题的决定》，人民出版社 2013 年版，第 29 页。

42 《中共中央关于全面深化改革若干重大问题的决定》，人民出版社 2013 年版，第 31 页。

43 《中共中央关于全面深化改革若干重大问题的决定》，人民出版社 2013 年版，第 3 页。

44 《中共中央关于全面深化改革若干重大问题的决定》，人民出版社 2013 年版，第 29－31 页。

45 《中共中央关于全面深化改革若干重大问题的决定》，人民出版社 2013 年版，第 32 页。

46 《中共中央关于全面深化改革若干重大问题的决定》，人民出版社 2013 年版，第 5－6 页。

47 《中共中央关于全面深化改革若干重大问题的决定》，人民出版社 2013 年版，第 8 页。

48 《中共中央关于全面深化改革若干重大问题的决定》，人民出版社 2013 年版，第 8－9 页。

49 《中共中央关于全面深化改革若干重大问题的决定》，人民出版社 2013 年版，第 9－10 页。

50 《中共中央关于全面深化改革若干重大问题的决定》，人民出版社 2013 年版，第 11 页。

51 《中共中央关于全面深化改革若干重大问题的决定》，人民出版社 2013 年版，第 11－12 页。

52 《中共中央关于全面深化改革若干重大问题的决定》，人民出版社 2013 年版，第

12 页。

53 《中共中央关于全面深化改革若干重大问题的决定》，人民出版社 2013 年版，第 13 页。

54 《中共中央关于全面深化改革若干重大问题的决定》，人民出版社 2013 年版，第 17 页。

55 《中共中央关于全面深化改革若干重大问题的决定》，人民出版社 2013 年版，第 18 页。

56 《中共中央关于全面深化改革若干重大问题的决定》，人民出版社 2013 年版，第 20－21 页。

57 《中共中央关于全面深化改革若干重大问题的决定》，人民出版社 2013 年版，第 21 页。

58 《中共中央关于全面深化改革若干重大问题的决定》，人民出版社 2013 年版，第 22 页。

59 《中共中央关于全面深化改革若干重大问题的决定》，人民出版社 2013 年版，第 23 页。

60 《中共中央关于全面深化改革若干重大问题的决定》，人民出版社 2013 年版，第 23 页。

61 《中共中央关于全面深化改革若干重大问题的决定》，人民出版社 2013 年版，第 27 页。

62 《中共中央关于全面深化改革若干重大问题的决定》，人民出版社 2013 年版，第 7 页。

63 《中共中央关于全面深化改革若干重大问题的决定》，人民出版社 2013 年版，第 4 页。

64 《中共中央关于全面深化改革若干重大问题的决定》，人民出版社 2013 年版，第 30 页。

65 《中共中央关于全面深化改革若干重大问题的决定》，人民出版社 2013 年版，第 19 页。

66 《中共中央关于全面深化改革若干重大问题的决定》，人民出版社 2013 年版，第 29 页。

67 《中共中央关于全面深化改革若干重大问题的决定》，人民出版社 2013 年版，第 36 页。

68 《中共中央关于全面深化改革若干重大问题的决定》，人民出版社 2013 年版，第

39 - 40 页。

69 《中共中央关于全面深化改革若干重大问题的决定》，人民出版社 2013 年版，第 12 页。

70 《中共中央关于全面深化改革若干重大问题的决定》，人民出版社 2013 年版，第 52 页。

71 《中共中央关于全面深化改革若干重大问题的决定》，人民出版社 2013 年版，第 52 页。

72 《中共中央关于全面深化改革若干重大问题的决定》，人民出版社 2013 年版，第 53 页。

73 《中共中央关于全面深化改革若干重大问题的决定》，人民出版社 2013 年版，第 53 页。

74 《中共中央关于全面深化改革若干重大问题的决定》，人民出版社 2013 年版，第 53 - 54 页。

75 《中共中央关于全面深化改革若干重大问题的决定》，人民出版社 2013 年版，第 54 页。

76 《中共中央关于全面深化改革若干重大问题的决定》，人民出版社 2013 年版，第 32 页。

77 《中共中央关于全面深化改革若干重大问题的决定》，人民出版社 2013 年版，第 29 页。

78 《中共中央关于全面深化改革若干重大问题的决定》，人民出版社 2013 年版，第 29 页。

79 《中共中央关于全面深化改革若干重大问题的决定》，人民出版社 2013 年版，第 29 页。

80 《中共中央关于全面深化改革若干重大问题的决定》，人民出版社 2013 年版，第 32 页。

81 《中共中央关于全面深化改革若干重大问题的决定》，人民出版社 2013 年版，第 32 页。

82 《中共中央关于全面深化改革若干重大问题的决定》，人民出版社 2013 年版，第 32 页。

83 《中共中央关于全面深化改革若干重大问题的决定》，人民出版社 2013 年版，第 32 页。

84 《中共中央关于全面深化改革若干重大问题的决定》，人民出版社 2013 年版，第

32－33页。

85 《中共中央关于全面深化改革若干重大问题的决定》,人民出版社2013年版,第33页。

86 《中共中央关于全面深化改革若干重大问题的决定》,人民出版社2013年版,第33页。

87 《中共中央关于全面深化改革若干重大问题的决定》,人民出版社2013年版,第33页。

88 《中共中央关于全面深化改革若干重大问题的决定》,人民出版社2013年版,第33页。

89 《中共中央关于全面深化改革若干重大问题的决定》,人民出版社2013年版,第33页。

90 《中共中央关于全面深化改革若干重大问题的决定》,人民出版社2013年版,第33页。

91 《中共中央关于全面深化改革若干重大问题的决定》,人民出版社2013年版,第33页。

92 《中共中央关于全面深化改革若干重大问题的决定》,人民出版社2013年版,第33页。

93 《中共中央关于全面深化改革若干重大问题的决定》,人民出版社2013年版,第54页。

94 《中共中央关于全面深化改革若干重大问题的决定》,人民出版社2013年版,第51页。

95 《中国共产党第十八届中央委员会第三次全体会议公报》,人民出版社2013年版,第12页。

96 习近平:《关于〈中共中央关于全面深化改革若干重大问题的决定〉的说明》,载《人民日报》2013年11月16日,第1版。

97 《中共中央关于全面深化改革若干重大问题的决定》,人民出版社2013年版,第33页。

98 《中共中央关于全面深化改革若干重大问题的决定》,人民出版社2013年版,第33－34页。

99 《中共中央关于全面深化改革若干重大问题的决定》,人民出版社2013年版,第34页。

100 《中共中央关于全面深化改革若干重大问题的决定》,人民出版社2013年版,第

34 页。

101 《中共中央关于全面深化改革若干重大问题的决定》，人民出版社 2013 年版，第 34 页。

102 《中共中央关于全面深化改革若干重大问题的决定》，人民出版社 2013 年版，第 34 页。

103 《中共中央关于全面深化改革若干重大问题的决定》，人民出版社 2013 年版，第 35 页。

104 《中共中央关于全面深化改革若干重大问题的决定》，人民出版社 2013 年版，第 34 页。

105 《中共中央关于全面深化改革若干重大问题的决定》，人民出版社 2013 年版，第 33－34 页。

106 是“互相制约”而不是“单向制约”。《中共中央关于全面深化改革若干重大问题的决定》，人民出版社 2013 年版，第 34 页。

107 这等于给了法院一把“尚方宝剑”。《中共中央关于全面深化改革若干重大问题的决定》，人民出版社 2013 年版，第 34 页。

108 这是给法院“松绑”“减压”。《中共中央关于全面深化改革若干重大问题的决定》，人民出版社 2013 年版，第 51 页。

109 《中共中央关于全面深化改革若干重大问题的决定》，人民出版社 2013 年版，第 33 页。

110 《中共中央关于全面深化改革若干重大问题的决定》，人民出版社 2013 年版，第 35 页。

111 《中共中央关于全面深化改革若干重大问题的决定》，人民出版社 2013 年版，第 4 页。

112 《中共中央关于全面深化改革若干重大问题的决定》，人民出版社 2013 年版，第 31 页。

113 《中共中央关于全面深化改革若干重大问题的决定》，人民出版社 2013 年版，第 32 页。

114 《中共中央关于全面深化改革若干重大问题的决定》，人民出版社 2013 年版，第 3－4 页。

115 《中共中央关于全面深化改革若干重大问题的决定》，人民出版社 2013 年版，第 28 页。

116 《中共中央关于全面深化改革若干重大问题的决定》，人民出版社 2013 年版，第

29－30 页。

117 《中共中央关于全面深化改革若干重大问题的决定》,人民出版社 2013 年版,第 31 页。

118 《中共中央关于全面深化改革若干重大问题的决定》,人民出版社 2013 年版,第 33 页。

119 《中共中央关于全面深化改革若干重大问题的决定》,人民出版社 2013 年版,第 34 页。

120 《中共中央关于全面深化改革若干重大问题的决定》,人民出版社 2013 年版,第 49 页。

121 《中共中央关于全面深化改革若干重大问题的决定》,人民出版社 2013 年版,第 9 页。

122 《中共中央关于全面深化改革若干重大问题的决定》,人民出版社 2013 年版,第 23 页。

123 习近平:《切实把思想统一到党的十八届三中全会精神上来》,载《人民日报》2014 年 1 月 1 日,第 2 版。

124 《中共中央关于全面深化改革若干重大问题的决定》,人民出版社 2013 年版,第 31 页。

125 《中共中央关于全面深化改革若干重大问题的决定》,人民出版社 2013 年版,第 49－50 页。

126 《中共中央关于全面深化改革若干重大问题的决定》,人民出版社 2013 年版,第 50 页。

127 《中共中央关于全面深化改革若干重大问题的决定》,人民出版社 2013 年版,第 36 页。

128 [美]E. 博登海默:《法理学:法律哲学与法律方法》,邓正来译,中国政法大学出版社 1999 年版,第 360 页。

129 《中共中央关于全面深化改革若干重大问题的决定》,人民出版社 2013 年版,第 36 页。

130 《中共中央关于全面深化改革若干重大问题的决定》,人民出版社 2013 年版,第 18 页。

131 《中共中央关于全面深化改革若干重大问题的决定》,人民出版社 2013 年版,第 34 页。

132 《中共中央关于全面深化改革若干重大问题的决定》,人民出版社 2013 年版,第

10－11 页。

133 《中共中央关于全面深化改革若干重大问题的决定》，人民出版社 2013 年版，第 15 页。

134 《中共中央关于全面深化改革若干重大问题的决定》，人民出版社 2013 年版，第 19 页。

135 《中共中央关于全面深化改革若干重大问题的决定》，人民出版社 2013 年版，第 34 页。

136 《中共中央关于全面深化改革若干重大问题的决定》，人民出版社 2013 年版，第 37 页。

137 《中共中央关于全面深化改革若干重大问题的决定》，人民出版社 2013 年版，第 13 页。

138 《中共中央关于全面深化改革若干重大问题的决定》，人民出版社 2013 年版，第 35 页。

139 《中共中央关于全面深化改革若干重大问题的决定》，人民出版社 2013 年版，第 29 页。

140 参见《“恒山脚下最美女交警”半年给领导公车开出 138 张罚单》，载《重庆晚报》2011 年 4 月 19 日，第 22 版。

141 《中共中央关于全面深化改革若干重大问题的决定》，人民出版社 2013 年版，第 32 页。

全面推进依法治国的伟大纲领

——对十八届四中全会精神的认知与解读 *

导语——解读十八届四中全会《决定》的方法论

深刻理解和学习贯彻十八届四中全会精神,从方法论上说要做到三个结合:

一是要与深入学习贯彻习近平总书记关于法治的系列重要讲话和批示结合起来。十八大以来,习近平总书记发表了至少10篇有关法治的专题讲话,其中包括:2012年12月4日《在首都各界纪念现行宪法公布施行30周年大会上的讲话》、2013年2月23日《在十八届中央政治局第四次集体学习时的讲话》、2014年1月7日《在中央政法工作会议上的讲话》、2014年2月17日《在省部级主要领导干部学习贯彻十八届三中全会精神全面深化改革专题研讨班上的讲话》、2014年9月5日《在庆祝全国人民代表大会成立60周年大会上的讲话》、2014年9月21日《在庆祝中国人民政治协商会议成立65周年大会上的讲话》、2013年11月15日《关于〈中共中央关于全面深化改革若干重大问题的决定〉的说明》、2013年

---

* 本文发表于《法制与社会发展》2015年第1期。

11月12日在十八届三中全会上的讲话、2014年10月28日《关于〈中共中央关于全面推进依法治国若干重大问题的决定〉的说明》、2014年10月23日在十八届四中全会上的讲话。此外，习近平总书记还对宪法宣传、法治建设、政法工作等作出了一系列重要批示。这些讲话和批示形成了习近平法治思想，发展了中国特色社会主义法治理论，四中全会《决定》是在习近平法治思想指导下制定出来的。

二是与深入学习贯彻十八大和十八届三中全会精神结合起来。十八届三中全会作出了全面深化改革的重大决定，十八届四中全会作出全面推进依法治国的重大决定。这两次全会是全面建成小康社会同一主题在时间轴上的顺序展开，两个决定堪称姊妹篇。由此，中国的社会主义现代化呈现出改革与法治"双轮驱动"的新局面。无论是准确理解四中全会精神，还是深刻理解三中全会精神，都一定要把两次全会、两个决定结合起来。特别是对四中全会精神的理解一定要结合三中全会精神，并以三中全会《决定》为前提，这是因为：第一，四中全会《决定》既是贯彻落实十八大精神，也是接续三中全会《决定》。全面推进依法治国是全面深化改革的重要方面和重大任务，中央强调要在全面深化改革的总体框架内、以推进国家治理体系和治理能力现代化为大目标加快建设中国特色社会主义法治体系。第二，法治建设的一些重要问题在三中全会《决定》中已经作出顶层设计的，四中全会《决定》不再重复。在三中全会《决定》中，有关法治改革和法治中国建设的思想和部署，既集中体现在《决定》的第九部分"推进法治中国建设"，又贯穿《决定》的始终，是十八届三中全会的精华之一。例如，关于"建立科学的法治建设指标体系和考核标准"、关于司法改革的一些重要规定等。

三是与总结法治经验、分析法治问题、谋划法治建设工作结合起来。四中全会是坚持以问题为导向作出全面推进依法治国的重大决定，而不是从某个抽象的法治模式或者一整套泛泛的法治理念出发进行顶层设计。正如习近平总书记所说："坚持改革方向、问题导向，适应推进国家治理体系和治理能力现代化要求，直面法治建设领域突出问题，回应人民群众期待，力争提出对依法治国具有重要意义的改革举措。""全会决定应该旗帜鲜明就法治建设的重大理论和实践问题作出回答，既充分肯定我国社会主义法治建设的成就和经验，又针对现实问题提出富有改革创新精神的新观点新举措；既抓住法治建设的关键，又体现党和国家事业发展全局要求；既高屋建瓴、搞好顶层设计，又脚踏实地、做到切实管用；既讲近功，又求长效。"[1]四中全会为我们树立了坚持问题导向的示范。四中全会《决定》指出："必须清醒看到，同党和国家事业发展要求相比，同人民群众期待相比，同推进国家治理体系和治理能力现代化目标相比，法治建设还存在许多不适应、不符合的问题，主要表现为：有的法律法规未能全面反映客观规律和人民意愿，针对性、可操作性不强，立法工作中部门化倾向、争权诿责现象较为突出；有法不依、执法不严、违法不究现象比较严重，执法体制权责脱节、多头执法、选择性执法现象仍然存在，执法司法不规范、不严格、不透明、不文明现象较为突出，群众对执法司法不公和腐败问题反映强烈；部分社会成员尊法信法守法用法、依法维权意识不强，一些国家工作人员特别是领导干部依法办事观念不强、能力不足，知法犯法、以言代法、以权压法、徇私枉法现象依然存在。这些问题，违背社会主义法治原则，损害人民群众利益，妨碍党和国家事业发展，必须下大气力加以解决。"[2]四中全会《决定》提出的 190 项改革举措正是针对这些突出问题的。

当然，学习十八届四中全会精神要集中研读《决定》文本和习近平总书记关于《决定》的说明。不能把学习的精力放在阅读各种各样的辅导、问答材料上。各种各样的辅导、问答材料，都只能作为参考。

一、新起点：在新的历史起点上全面推进依法治国

十八届四中全会是在坚实的法治实践基础和充分的法治理论准备基础上召开的，可以说是水到渠成。社会主义法治建设既有的成就和经验是全面推进依法治国的新起点，四中全会《决定》则是新起点的标识。

新中国成立前夕，中国共产党即将作为全国范围内的执政党的时候，就把宪法法律作为治国理政的重要工具。1949 年 9 月，制定了具有临时宪法作用的《中国人民政治协商会议共同纲领》（以下简称《共同纲领》）。根据《共同纲领》，组建了中央人民政府，并规定了中央人民政府及其各个构成部分的职权和行使职权的基本程序，为新中国的国家政权提供了合法性依据。1954 年 9 月，在毛泽东同志的主持下，制定了《中华人民共和国宪法》，完成了立宪大业。这部《宪法》以人民民主和社会主义两大原则为统领，规定了我国的国体、政体、国家机构、公民基本权利和义务等。根据《宪法》制定了《全国人民代表大会组织法》《国务院组织法》《人民法院组织法》《人民检察院组织法》《地方各级人民代表大会和地方各级人民委员会组织法》等一批基本法律和重要法规，基本实现了人民民主和社会主义民主的法律化制度化，确立了社会主义中国的基本政治制度、立法体制、司法体制以及社会主义法制的基本原则，用毛泽东同志的话说，就是确立了社会主义制度的“四梁八柱”。1956 年，党的八大强调，随着革命暴风雨时期的结束和社会主义建设时期的到来，应着手系统地制定比较完备的法律，健全国家的法制，法制建设出现良好开局。但令人痛心的是，1957 年以后，由于受“左”的思想影响和国际国内复杂形势的严重干扰，党对社会基本矛盾发生误判，提出了以阶级斗争为纲的错误路线。1958 年北戴河中央政治局扩大会议上，否定法治的错误认识和意志占

据上风，从此，我国法制建设停滞不前，甚至倒退，到了“文化大革命”期间，更是遭到了惨重的破坏。

粉碎“四人帮”，结束“文化大革命”之后，经过对这十年的深刻反思，党回到了建设法制、实行法治的正确道路上。改革开放以来，我们党始终高度重视法治。有这样几个重要的历史节点。

1978 年，党的十一届三中全会明确提出“发展社会主义民主、健全社会主义法制”的纲领和“有法可依、有法必依、执法必严、违法必究”的法制工作基本方针。

1979 年 7 月 1 日，五届人大二次会议一天通过了 7 部法律，包括《刑法》《刑事诉讼法》《地方各级人民代表大会和地方各级人民政府组织法》《全国人民代表大会和地方各级人民代表大会选举法》《人民法院组织法》《人民检察院组织法》《中外合资经营企业法》等。同年 9 月 9 日，中共中央发出《关于坚决保证刑法、刑事诉讼法切实实施的指示》，首次提出，要实行社会主义法治。

1982 年，五届人大五次会议完成了对《宪法》的修改，颁布并实施新《宪法》，即现行《宪法》。

1997 年，党的十五大提出，依法治国、建设社会主义法治国家，提出到 2010 年形成中国特色社会主义法律体系。

2002 年，党的十六大提出，发展社会主义民主政治最根本的是要把坚持党的领导、人民当家作主和依法治国有机统一起来。“三统一”的提出和阐述，更加突出了法治在社会主义民主政治和政治文明中的地位和作用。

2007 年，党的十七大在依法治国基本方略实施十年之后，强调要全面落实依法治国基本方略，加快建设社会主义法治国家。

2012 年，党的十八大强调，法治是治国理政的基本方式，要更加注重发挥法治在国家治理和社会管理中的重要作用，并作出全面推进依法治国的战略部署，强调要科学立法、严格执法、公正司法、全民守法。

2013 年，十八届三中全会在《中共中央关于全面深化改革若干重大问题的决定》中提出“推进法治中国建设”；强调依法治国、依法执政、依法行政共同推进，法治国家、法治政府、法治社会一体建设，并对立法体制改革、执法体制改革、司法体制改革作出了宏观部署。

经过 60 多年的不懈探索和实践，我国的社会主义法治建设取得了历史性成就——中国特色社会主义法律体系形成，依法执政、依法行政、公正司法、全民守法稳步推进，法治基础更加坚实，全社会法治观念明显增强，法治经验更加丰富，这就使我们有充分的实践基础提出全面推进依法治国和加快法治国家建设。

在积极开展法治实践探索的同时，我们党不断总结新中国成立以来法治建设的成功经验，深刻反思偏离法治轨道的惨痛教训，并将这些经验和反思上升为理论，为十八届四中全会做了充分的理论准备。特别是党的十八大以来，习近平总书记发表了一系列有关法治的专题讲话，创造性地发展了中国特色社会主义法治理论体系。在总结经验、反思教训、研判趋势、创新理论的基础上，全党深刻地认识到：全面推进依法治国，是解决党和国家事业发展面临的一系列重大问题，解放和增强社会活力、促进社会公平正义、维护社会和谐稳定、确保党和国家长治久安的根本要求。全面推进依法治国是关系我们党执政兴国、关系人民幸福安康、关系党和国家长治久安的重大战略问题，是完善和发展中国特色社会主义制度、推进国家治理体系和治理能力现代化的重要方面。我们要全面深化改革，全面建成小康社会，实现中华民族伟大复兴的中国梦，就必须在全面推进依法治国上作出总体部署、采取切实措施、迈出坚实步伐。在这样的实践基础和理论准备的历史背景下，党的十八届四中全会对全面推进依法治国作出了系统论述和总体部署，勾画出法治建设的新蓝图，实现了党在法治事业上继往开来、改革创新、跨越发展。由此，我国法治建设步入了崭新的历史阶段，站在了新的历史起点上，在更高的历史起点上开启新的征程。新起点、高起点判断的理据和标志是：

第一，十八届四中全会是中国共产党执政历史上首次以法治为主题的中央全会，四中全会《决定》是中国社会主义建设史上也是世界社会主义发展史上第一部就社会主义法治建设的根本性、全局性、长远性问题作出深入阐述和顶层设计的纲领性文献，体现了我们党全面推进依法治国、加快建设法治国家、推进法治中国建设的坚强意志和决心，回应了全国人民对法治的强烈需求和对依法治国的热切期待，在社会主义法治发展史上具有划时代意义。

第二，四中全会《决定》推出并阐述了一系列法治新概念、新命题、新论断、新观点、新思想，例如，社会主义法治体系、法治实施体系、法治监督体系、法治保障体系、党内法规制度体系，总体国家安全观，立法和改革决策相衔接，消除权力设租寻租空间，行政裁量权基准制度，阳光司法，以审判为中心的诉讼制度，党的政策和国家法律互联互动，谁执法谁普法的普法责任制，法治工作队伍，党规党纪严于国家法律，依法治军、从严治军，提高国防和军队建设法治化水平，依法保障"一国两制"实践和推进祖国统一，加强涉外法律工作，等等。四中全会《决定》还提出了一系列内涵丰富、思想深刻的社会主义法治建设理论，例如，"党的领导和社会主义法治是一致的，社会主义法治必须坚持党的领导，党的领导必须依靠社会主义法治"的观点；"法治是国家治理体系和治理能力的重要依托"的观点；"法律是治国之重器，良法是善治之前提"的观点；"公正是法治的生命线"的观点；"人民是依法治国的主体和源泉，法律为人民所掌握、所遵守、所运用"的观点，"人民权益要靠法律保障，法律权威要靠人民维护"的观点，"一手抓法治、一手抓德治"的观点，"健全事实认定符合客观真相、办案结果符合实体公正、办案过程符合程序公正的法律制度"的观点，"法律红线不可逾越、法律底线不可碰触"的观点，等等。上述新概念、新命题、新论断、新观点、新思想、新理论深刻回答了法治中国建设的重大理论问题，推动了中国特色社会主义法治理论体系的形成，使我国法治建设在一个更加成熟、更加定型、更加科学的法治理论指导下全面推进。中国特色社会主义法治理论体系的创新发展也推进了中国特色社会主义法治话语体系的基本形成。这个法治话语体系凝聚着法治的中国经验，饱含着法治的中国元素，彰显了法治的中国精神，描绘了法治的中国道路。中国特色社会主义法治理论体系和话语体系的形成，必将打破西方法治话语体系的支配地位，消解西方法治中心主义的影响，不仅有利于增强亿万人民对社会主义法治的道路自信、理论自信、制度自信，也有利于提升中国在国际社会的法治话语权和影响力。

第三，四中全会《决定》系统阐述了当代中国法治的核心价值和价值体系。四中全会《决定》广泛凝聚了全党全社会的法治价值共识，首次明确提出人民主体这一当代中国法治的核心价值，强调法治为了人民、依靠人民、造福人民、保护人民，由此延伸出来若干法治的核心价值，诸如尊重和保障人权、促进社会公平正义、维护社会和谐稳定、保证国家长治久安、保障经济持续发展、增进人的全面自由与福祉等，进而派生出其他具体价值，例如，以民为本、立法为民、科学立法、民主立法的立法理念，公开公正、廉洁高效、守法诚信的执法理念，公平正义、严格公正司法、人权保障的司法理念，规则意识、契约精神、自治自律、公序良俗等社会法治意识。社会主义法治核心价值的阐发与法治价值体系的建构，释放出厉行法治的巨大动力源泉，亿万人民正在形成中国共产党是“真搞法治、搞真法治”的共识。可以预见，一个以人民为主体、以保障和发展人民利益为出发点和落脚点，并由人民所掌握、所遵守、所运用的法治必将得到全国人民的高度认同、广泛参与和全力支持，由此，中国法治将实现从“政府推进型”向“党政与人民共同推进型”的重大转变。

第四,四中全会《决定》对新时期新阶段的中国法治建设作出了全新部署,确定了全面推进依法治国的指导思想、总目标、总路线和重大任务,推出了190项重大改革举措,涉及依法治国的各个方面、各个环节。四中全会《决定》不仅提出了许多新任务、新指标,例如,建设中国特色社会主义法治体系,建设法治社会,依法依规管党治党,依法治军,开展涉外法律工作,而且对既有的法治建设任务提出了更高的标准,例如,在依法执政,法律法规立改废释,宪法法律实施,依法行政、建设法治政府,司法改革等方面都提出了新的指标。新的部署、新的任务、新的指标必将推动中国法治在更高起点上科学发展,推动社会主义法治现代化,加快从建设法律体系到建设法治体系的升级,从法律大国到法治强国的升级,从规则本位的法律之治到权利本位的良法善治的升级,从“摸着石头过河”到顶层设计、科学布局的升级。因此,四中全会《决定》的贯彻落实,必将开启依法治国的新征程,谱写法治中国新篇章。

二、总目标:建设社会主义法治体系,建设社会主义法治国家

四中全会《决定》指出:“全面推进依法治国,总目标是建设中国特色社会主义法治体系,建设社会主义法治国家。”在两个建设中,建设中国特色社会主义法治体系是四中全会首次提出,所以在四中全会《决定》中是上了标题的(第一部分的标题是“坚持走中国特色社会主义法治道路,建设中国特色社会主义法治体系”),是习近平总书记关于四中全会《决定》的说明中着重阐述的重大问题。所以,本文重点解读建设中国特色社会主义法治体系这个目标。

(一)法治体系的概念

社会主义法治体系是法学理论的新概念,建设中国特色社会

主义法治体系是法治建设的新思维、新纲领。法治体系的形成是一个国家法治现代化和国家治理现代化的重要标志，建设中国特色社会主义法治体系，就是要大力推进中国法治现代化和国家治理现代化。

全面推进依法治国，涉及立法、执法、司法、守法、法治监督、法治保障、法学教育，涉及依法治国、依法执政、依法行政共同推进，涉及法治国家、法治政府、法治社会一体建设，涉及国家法治、政府法治、地方法治、社会法治（社会软法体系）统筹互动、协调发展，因而需要一个思想含量更丰富、理论概括更精准的统领性概念，“中国特色社会主义法治体系”无疑就是这样一个比较好的统领性概念。

“法治体系”既是一个描述一国法治运行与操作规范化有序化程度、表征法治运行与操作各个环节彼此衔接、结构严整、运转协调状态的概念，也是一个规范法治运行与操作，使之充分体现和有效实现法治核心价值和价值体系的概念。与“法律体系”作为中性概念不同，法治体系概念包括保障人权、制约公权、促进公正、维护稳定、推动发展等价值内涵。

“法治体系”是与“法律体系”和“法制体系”不同的法学理论概念。法律体系，是指由一国现行的全部法律规范按照不同的法律部门分类组合而形成的一个体系化的有机联系的统一整体。例如，我国现行法律体系包括七大部分、五个层次。法律体系是法治体系的组成部分，又是法治体系存在和运行的基础和前提。但是，法律体系不同于法治体系，法律体系是法律的规范体系，法治体系则是法律的运行体系，一个是静态，另一个是动态。法治体系不仅包括立法、执法、司法、守法等法律实施环节，而且包括保证法律体系运行的保障机制和监督机制，体现了全面推进依法治国的整体要求。

法制体系，亦即法律制度体系，是指由法律法规构建起来的制度体系。我国现行法律制度体系包括规范和保障社会主义民主政治的法律制度、尊重和保障人权的法律制度、规范和保障市场经济秩序的法律制度、保护环境资源和生态文明的法律制度、行政管理法律制度、司法与诉讼法律制度、劳动与社会保障法律制度、涉外法律制度等。在这些制度之下,又有许多更为具体的法律制度。例如,诉讼制度之下包括刑事诉讼制度、民事诉讼制度、行政诉讼制度;在刑事诉讼制度之下又包括证据制度、辩护制度等。由于每一个具体的法律制度分别是由一组或多或少的法律规范构成的,所以,法制体系实质上也就是法律规范体系。

与法治体系相邻的概念还有"法治系统"。1979 年 10 月,著名科学家钱学森在一次规模空前的系统工程学术盛会上发表重要演讲。在演讲中,他提出,在现代这样一个高度组织起来的社会里,复杂的系统几乎是无所不在的,任何一种社会活动都会形成一个系统,这个系统的组织建立、有效运转就成为一项系统工程。社会主义法治需要一系列法律、法规、条例,从国家宪法直到部门法的规定,集总成为一个法治的体系、严密的科学体系,这也是系统工程,法治系统工程。之后,1985 年 4 月,钱学森出席了在北京召开的"全国首届法制系统科学讨论会",并发表了题为《现代科学技术与法学研究和法制建设》的重要讲话。此后,"法治(法制)系统""法治系统工程"的概念进入法学概念体系,并成为一个时期法学研究的热点之一。法治系统、法治系统工程概念中的某些认知与法治体系的认知比较接近,但其核心理念差距较大,法治体系着眼于全面推进依法治国,而法治系统(法制系统)则着眼于用系统工程的科学技术方法对法律的制定和实施进行系统构建和工程化探索。

中国特色社会主义法治体系不同于一般意义的法治体系。它是在中国共产党的领导下,坚持中国特色社会主义制度,以中国特色社会主义法治理论为指导建构起来的,其基石是《中华人民共和国宪法》,支柱是依宪执政和依宪治国。

(二)建设中国特色社会主义法治体系的主要任务

在全面推进依法治国、建设社会主义法治国家,推进法治中国建设,推进国家治理现代化的历史新阶段,建设中国特色社会主义法治体系,就是要形成“五个体系”,促成“五种局面”。

形成“五个体系”,即形成完备的法律规范体系、高效的法治实施体系、严密的法治监督体系、有力的法治保障体系、完善的党内法规体系。

1. 形成完备的法律规范体系

2011 年 3 月 10 日,吴邦国委员长在十一届全国人大四次会议第二次全体会议上宣布,中国特色社会主义法律体系已经形成。法律体系形成并不意味着法律规范体系已经完备。事实上,我国法律规范体系中还存在许多缺项,一些该有的法律规范还没有制定出来,在国家政治生活、经济生活、文化生活、社会生活、生态生活中仍然存在不少无法可依的空间,特别是在改革的重点领域,法律缺项更多;有些法律法规未能全面反映客观规律和人民意愿;有些法律法规针对性、可操作性不强;有些法律法规由于是部门利益或地方利益博弈的结果,带有严重的部门化、地方化倾向,致使实践中争权诿责现象较为突出;有些法律规范互相冲突,致使公民、法人乃至执法者和司法者无所适从。针对这种情况,十八届四中全会要求,深入推进科学立法、民主立法,提高立法效率,加强重点领域立法,加快完善体现权利公平、机会公平、规则公平的法律制度,保障公民人身权、财产权、基本政治权利等各项权利不受侵犯,保障公民经济、文化、社会等各方面权利得到落实;实现立法和改革决策相衔接,做到重大改革于法有据、立法主动适应改革和经济社会发展需要。要坚持上下有序、内外协调、科学规范、运行有效的原则完善和发展法律规范体系,各部门法之间、各种不同渊源的规范性法律文件之间彼此衔接、和谐统一；更加注重立改废释并举，实现从粗放型立法向集约型立法的转变；进一步加强科学立法和民主立法，让法律法规立得住、行得通、真管用。

2. 形成高效的法治实施体系

法律的生命在于实施，法律的权威在于实施，法律的伟力也在于实施。无论在直观上，还是参照国内外法治评估数据，我国法律实施的情况都低于世界的平均水平。不把宪法和法律当回事的实例比比皆是；有法不依、执法不严、违法不究的现象在很大范围内司空见惯，有些地方以权谋私、徇私枉法、破坏法治的问题还很严重，人民群众对这些问题意见还很大。为了克服这些现象，保证法律有效实施，必须建立高效的法治实施体系。完善法治实施体系，最重要的是健全宪法实施体系机制。习近平总书记指出："宪法是国家的根本法。法治权威能不能树立起来，首先要看宪法有没有权威。必须把宣传和树立宪法权威作为全面推进依法治国的重大事项抓紧抓好，切实在宪法实施和监督上下功夫。"[3]为此，四中全会《决定》提出了一系列保障宪法实施的措施，包括：完善全国人大及其常委会宪法监督制度，健全宪法解释程序机制；加强备案审查制度和能力建设，依法撤销和纠正违宪违法的规范性文件；将每年12月4日（现行《宪法》颁布实施的日期）确定为国家宪法日；建立宪法宣誓制度等。法治实施体系的核心是执法和司法，严格执法和公正司法是法律实施的关键。与此同时，还必须强调执法和司法的效率。

3. 形成严密的法治监督体系

法治监督是指对法律实施情况的监督。我国现实的法治监督存在诸多突出问题，如监督的目的不清晰；监督范围不明确、监督程序不健全、监督手段和方式不充分、监督机制不完善；监督法治化、体系化、常态化程度较低，致使各种监督方式之间缺乏协同性；监督的权威性和执行力不高，许多监督裁决被束之高阁，甚至被不屑一顾;监督机构和监督人员也存在不敢监督、不愿监督、不会监督的问题。针对这种状况,四中全会《决定》提出,建立由党内监督、人大监督、民主监督、行政监督、司法监督、审计监督、社会监督、舆论监督等构成的更加严密的监督体系,形成强大的监督合力,同时强调监督工作规范化、程序化、制度化,形成对法治运行全过程全方位的法治化监督体系,督促科学立法、严格执法、公正司法、全民守法的实现,确保党和国家机关及其工作人员按照法定权限和程序正确行使权力,真正做到法定授权必须为、法无授权不得为。

4. 形成有力的法治保障体系

法治保障体系是个新概念,就宏观目标而言,法治保障体系包括政治保障、制度保障、思想保障、组织保障、运行保障等。坚持党的领导是社会主义法治的政治保障,保障社会主义法治的政治方向;坚持中国特色社会主义制度是社会主义法治的制度保障,保障社会主义法治立足于社会主义民主政治制度的基础上;贯彻中国特色社会主义法治理论是社会主义法治的思想保障,保障社会主义法治的科学发展;建设宏大的法治工作队伍是社会主义法治的组织和人才保障,保障法治的尊严、权威和有效实施;建立科学的法治建设指标体系和考核标准并有效实施是社会主义法治的运行保障,保障全面推进依法治国各项任务的细化和落实。继十八届三中全会提出建立科学的法治建设指标体系和考核标准之后,四中全会《决定》再次明确地“把法治建设成效作为衡量各级领导班子和领导干部工作实绩重要内容,纳入政绩考核指标体系。把能不能遵守法律、依法办事作为考察干部重要内容”。法治建设评估应作为考核各级党委、政府工作的重要方面。作为法治保障体系的组成部分,法治建设指标体系应涵盖依法执政、科学立法、依法行政、严格执法、公正司法、全民守法等各个领域各个方面。考评标准要考虑可操作性,把决策和行为是否合法、人民群众是否满意、法治利民惠民的实效作为重要的标准。这五条是从宏观上建构的法治保障体系，具体到立法、执法、司法、守法等法治环节，还要有的放矢地创建和完善保障体系，例如，为了保证司法机关依法独立公正地行使审判权和检察权，就要推进以去地方化为目标的省以下司法管理体制改革，探索建立与行政区划适当分离的司法管辖制度，建立跨行政区域的司法机关；推进以去行政化为核心的司法权运行机制改革，以审判权为中心优化司法职权配置、完善诉讼制度，改革审判委员会和检察委员会制度，完善主审法官、合议庭、主任检察官、主办侦查员办案责任制，加强对司法活动的监督，建立健全法官检察官履行职责保护机制，等等。

5. 形成完善的党内法规体系

依法执政、依法治国，不仅要有完善的国家法律体系，而且必须有健全的党内法规体系，特别是中央层面的党内法规体系。“党内法规”的通用含义是指党的中央组织以及中央纪律检查委员会、中央各部门和省、自治区、直辖市党委制定的规范党组织的工作、活动和党员行为的规章制度的总称。根据十八届四中全会精神，要根据全面推进依法治国和依规管党治党的总体部署，以“宪法为上、党章为本”为基本原则，全面建成内容科学、程序严密、配套完备、运行有效的党内法规制度体系。党内法规实际上分为两类，一类仅适用于党内，如《中国共产党纪律处分条例》；另一类不只适用于党内，而且主要用以调整党委与立法机关、政法机关、人民团体的关系，例如，有关加强党对立法工作的领导的规范性文件，规范的是党中央和地方党委与立法机构的关系，确保法律法规充分体现党的路线方针政策，体现人民的意志和利益。党中央制定的规章制度既是党依法执政的基本遵循，也是党治国理政的根本保障，因而是中国特色社会主义法治体系的重要组成部分。完善党内法规体系，也包括促进党法党规与国家法律体系内在统一、协调一致、相得益彰。

促成“五种局面”包括：

1. 促成科学立法、严格执法、公正司法、全民守法、人才强法全面推进的局面

科学立法是全面推进依法治国的前提，严格执法是全面推进依法治国的关键，公正司法是全面推进依法治国的重点，全民守法是全面推进依法治国的基础，人才强法是全面推进依法治国的保障。

(1)科学立法

建设法治体系，实行依法治国，科学立法是基础。强调科学立法，是为了提高立法质量。越是强调法治，越是要提高立法质量。提高立法质量，关键在于：一要尊重和体现经济、政治、文化、社会、生态建设与发展客观规律，使法律准确适应改革发展稳定需要，积极回应人民期待，更好协调利益关系；二要坚持问题导向，切实提高法律的针对性、及时性、系统性、协调性，发挥立法凝聚共识、统一意志、引领公众、推动发展的作用；三要注重增强法律的可执行性和可操作性，努力使每一项立法都符合宪法精神、反映人民意愿、得到人民拥护；四要坚持立改废释并举，全方位推进立法工作；五要坚持民主立法、科学立法，完善立法体制和程序，提高立法效率。

(2)严格执法

党的十八大报告、三中全会《决定》、四中全会《决定》和习近平总书记的系列讲话始终强调严格执法。习近平总书记指出：法令行则国治，法令弛则国乱。我国现实生活中出现的很多问题，往往同执法失之于宽、失之于松有很大关系。有的执法人员执法随意性大，粗放执法、变通执法、越权执法比较突出，要么有案不立、有罪不究，要么违规立案、越权管辖；有的刑讯逼供、滥用强制措施；有的办关系案、人情案、金钱案，甚至徇私舞弊、贪赃枉法；等等。对违法行为必须严格尺度、依法处理、不能迁就，否则就会产生“破

窗效应”。为了确保严格执法,四中全会《决定》提出,探索建立检察机关提起公益诉讼制度,检察机关在履行职责中发现行政机关违法行使职权或者不行使职权的行为,应该督促其纠正,必要时可向人民法院提出行政公益诉讼。

(3)公正司法

公正是法治的生命线。司法是维护社会公平正义的最后一道防线。司法公正对社会公正具有重要引领作用,司法不公对社会公正具有致命的破坏作用。所以,司法必须公正。所谓公正司法,就是受到侵害的权利一定会得到保护和救济,违法犯罪活动一定要受到制裁和惩罚,人民群众在每一个司法案件中都能感受到公平正义。如果人民群众通过司法程序不能保障自己的合法权利,司法就没有公信力,人民群众也不会相信司法。司法是定分止争的最后一道防线。要做到定分止争,司法必须公正,如果司法不公、人心不服,不仅难以定分止争、化解矛盾,甚至可能激化和聚集矛盾。司法还是维护法律尊严和权威的最后一道防线。要发挥维护法律尊严和权威的作用,司法必须公正、公开、公平,司法机关必须有足够的尊严和权威、有极高的公信力。为此,必须完善司法管理体制和司法权力运行机制,规范司法行为,加强对司法活动的监督,努力让人民群众在每一个司法案件中感受到公平正义。

(4)全民守法

全面推进依法治国,必然要求全民守法。全民守法,就是全国各族人民、一切国家机关和武装力量、各政党和各社会团体、各企业事业组织,都必须以宪法和法律为根本活动原则,并负有维护宪法和法律尊严、保证宪法和法律实施的职责。任何组织或者个人,都不得有超越宪法和法律的特权。一切违反宪法和法律的行为,都必须予以追究。任何公民、社会组织、国家机关、政党(包括执政党),都要依照宪法和法律行使权利或权力、履行义务或职责。在社会转型、矛盾凸显的当前形势下,要引导全体人民通过法律程序来合理表达诉求、依法维护权利、文明解决纷争;要努力培育社会主义法治文化,在全社会形成学法尊法守法用法的良好氛围。守法是一个积极的概念,不仅要重视履行义务,更要认真行使权利。守法的前提是学法、懂法,因此,要深入开展法治宣传教育。

(5)人才强法

人才强法是人才强国的重要组成部分。科学立法、严格执法、公正司法、全民守法都离不开高素质的法治工作队伍。建设一支优秀的法治工作队伍,才能实现良法善治、法正民安。社会主义法治建设的主体是人民,人民是推进依法治国的根本动力和力量源泉。但同时也要看到,法治工作的核心是依法治理国家和社会,处理公共事务,化解社会矛盾纠纷,实现权利救济,尊重和保障人权,维护社会公平正义,促进社会和谐稳定,因而具有很强的政治性、思想性、智慧性、专业性、技术性,需要高级专门人才去担当。特别是进入 21 世纪之后,随着科学技术进步、社会转型和利益格局的巨变,新型案件、疑难案件、涉外案件、知识产权案件层出不穷,征地拆迁、土地承包纠纷、社会保险、教育医疗、消费者权益等涉及民生问题和群体性利益的案件逐年增加,与人格权、生存权、环境权、发展权等人权问题关联的诉讼也呈现攀升趋势。这就需要大批受过良好专业训练并具有实践理性和实践经验的法律专家。

2. 促成依法治国、依法执政、依法行政共同推进的局面

依法治国是党领导人民治理国家的基本方略,依法执政是中国共产党执政的基本方式,依法行政是依法治国的核心内容。

(1)依法治国

依法治国就是人民在党的领导下,依照法治原则和法律规定,通过各种途径和形式管理国家事务,管理经济文化事业,管理社会事务,使国家各项工作法治化,使社会主义民主制度和法律不因领导人的改变而改变,不因领导人看法和注意力的改变而改变。

（2）依法执政

全面推进依法治国，建设中国特色社会主义法治体系和法治国家，关键在于党科学又有效地依法执政。依法执政的基本内涵是：党依照宪法和法律执掌国家政权、领导国家政权、运用国家政权，实现党的执政宗旨、执政目标和执政任务；依法支持和督促国家机关依法行使国家权力、履行国家职能，以确保国家机关活动的民主性、合法性、公正性、权威性；依法治国理政，如审议重要立法，审议人大常委会和政府工作报告，制定国防外交基本方针，以及管理属于党和国家机关共同负责的事项等。坚持依法执政，各级领导干部要带头遵守法律，带头依法办事，不得违法行使权力，更不能以言代法、以权压法、徇私枉法。健全党领导依法治国的制度和工作机制，完善保证党确定依法治国方针政策和决策部署的工作机制和程序，加强对全面推进依法治国统一领导、统一部署、统筹协调，完善党委依法决策机制。各级人大、政府、政协、审判机关、检察机关的党组织要领导和监督本单位模范遵守宪法法律，坚决查处执法犯法、违法用权等行为。为了做到依法执政，首要任务是完善党依法执政的体制机制和法律法规，确保党在宪法和法律范围内活动，依照宪法、法律和党内法规制度行使执政权和领导权；确保党既严格守法，又能科学有效地领导立法、保证执法和司法；提高各级党委及其领导干部运用法治思维和法治方式治国理政的能力和水平。尤其要强调的是，通过长期依法执政实践，把党建设成为坚持宪法至上、维护法律尊严和权威、在宪法法律范围内活动的执政党，尊重和保障人权、促进社会公平的执政党，领导、支持和监督国家机关依法行使国家权力的执政党，实现党的执政方式和执政活动法治化。

（3）依法行政

依法行政，就是各级政府在党的领导下，在法治轨道上开展工作，创新执法体制，完善执法程序，推进综合执法，严格执法责任，建立权责统一、权威高效的依法行政体制。特别是要牢固树立权力来自人民、权力源于法律授予的政府理念，坚持职权法定原则，做到法定职责必须为、法无授权不可为。

3. 促成法治国家、法治政府、法治社会一体建设的局面

(1) 法治国家

什么样的国家是法治国家呢？一个成熟的法治国家通常包括这样五方面的要素：第一，法律之治。法治成为治国理政的基本方式，基本的政治关系、经济关系、社会关系等纳入法律调整和法治轨道，实现民主政治法治化、市场经济法治化、社会管理法治化。第二，程序之治。在国家政治生活中，程序问题至关重要。程序给人信心，程序保证效率，程序减少失误。正如美国著名大法官威廉姆斯·道格拉斯所言："正是程序决定了法治与恣意的人治之间的基本区别。"[4]第三，人民主体，法治为了人民、依靠人民、造福人民、保护人民，法律为人民所掌握、所遵守、所运用。第四，有限政府，即职能和权力受到限制的政府。第五，良法善治，这是法治国家的最高境界。

(2) 法治政府

法治政府要求政府依照宪法法律组成，政府的权力由宪法授予，政府依法行政、严格执法，违法担责。在任何国家，法治的重心都是制约和控制行政权力，防止其滥用和异化，因为行政权力"无所不在、无所不能"。2004 年国务院发布的《全面推进依法行政实施纲要》，正式确立了"法治政府原理"。四中全会《决定》更加明确地提出"加快建设职能科学、权责法定、执法严明、公开公正、廉洁高效、守法诚信的法治政府"。

(3) 法治社会

法治社会与法治国家是互为依存、相辅相成的。我们既需要建设一个法治的国家，也需要建设一个法治的社会。法治社会建设是法治中国建设的重要组成部分，是创新社会治理的内在要求，

是人民安居乐业、社会安定有序的重要保障。法治社会的基本标志,一是党和政府依法治理社会,健全依法维权和化解纠纷机制,建立健全社会矛盾预警机制、利益表达机制、协商沟通机制、救济救助机制,畅通群众利益协调、权益保障法律渠道。完善立体化社会治安防控体系,保障人民生命财产安全。二是社会依法自治,基层组织和部门、行业依法治理,各类社会主体自我约束、自我管理,市民公约、乡规民约、行业规章、团体章程等社会规范在社会治理中有效发挥作用。三是全体人民自觉守法,法治精神和法治文化蔚然成风,全社会厉行法治的积极性和主动性普遍增强,形成守法光荣、违法可耻的社会氛围,广大公民争当社会主义法治的忠实崇尚者、自觉遵守者、坚定捍卫者。建设法治社会,必须正确处理政府与社会、自治与他治、维权与维稳、活力与秩序、法律规范与其他社会规范的关系。

4. 促成国家法治主导下的政府法治、地方法治、社会法治(软法治理)协调发展的局面

我国是单一制社会主义国家,法制统一、宪法至上是与人民代表大会制度同样重要的根本制度。在这个前提下,发挥中央、地方、社会、各级人大、各级政府、各种组织的法治积极性,推进政府法治、地方法治、社会法治(软法治理)三者功能互补、协调发展,是全面推进依法治国、建设法治国家的题中应有之义。

(1)政府法治

政府法治在法治体系当中具有特殊的地位和作用。在法律体系中,行政法规和规章不仅数量多,而且调整范围广;在法律运行中,政府扮演执法者的角色,直接决定着法律实施的状态,决定着依法治国的成效,从而决定着法治的命运。因此,四中全会《决定》强调,加强和改进政府立法制度建设,完善行政法规、规章制定程序,完善公众参与政府立法机制;重要行政管理法律法规由政府法制机构组织起草;对部门间争议较大的重要立法事项,由决策机关

引入第三方评估，不能久拖不决。同时，四中全会《决定》强调，政府作为执法主体要严格规范公正文明执法。

(2)地方法治

地方法治是国家统一的社会主义法治的重要组成部分。地方法治既是实施国家宪法法律所必需，也是建立符合地方省情市情的法律秩序、保障地方经济发展、社会管理和公共治理的需要，地方法治建设还是国家法律制度创新的基础和来源。我国改革开放过程中涌现出来的许多重大法律制度创新，包括农村土地承包经营制度、国有土地有偿使用制度、所有权与经营权分离、基层群众民主自治等，都起源于地方自发的改革创新实践，然后由中央政府总结成功经验并由立法加以确认。地方和基层在长期的改革创新实践中所积累起来的大量新规则、新制度，为国家立法提供了可资利用的丰富的本土资源。在全面推进依法治国的新时期，中央更加重视地方法治建设，四中全会《决定》进一步扩大地方立法权，依法授予设区的市地方立法权，这对于发挥地方积极性和能动性，完善地方法制体系，推动地方工作法治化，将产生深远的作用。这意味着全国233个还没有立法权的设区的城市将逐步依法获得立法权，在法定的权限和范围内，制定地方性法规，推进地方工作法治化。

(3)社会法治(软法治理)

社会法治在这里是狭义上的，主要是指市民公约、乡规民约、行业规章、团体章程等多种形式的社会规范及其社会治理，学者们把这些社会规范称为"软法""软法治理"。社会软法规范对于其效力所及的组织和个人具有重要的规范、指引和约束作用，也是治理公共事务的重要依据。在软法体系当中，行业法制非常重要，它们是社会自治的重要规范，也是依法治国的重要保障。当各个行业都有健全的规范体系(或者是由国家制定的，或者是由行业自己制定)时，整个法律体系和法治体系就有坚实的社会基础。四中全会

《决定》强调发挥各种社会规范(软法)在法治社会建设中的积极作用,将极大地增强中国法治的社会活力和可持续性。

5. 促成党的领导、人民当家作主、依法治国有机统一的局面

党的领导、人民当家作主、依法治国有机统一是中国特色社会主义法治体系最鲜明的本质特征。“三统一”是我国法治建设的基本经验,也是今后法治建设的根本遵循。依法治国,建设法治国家,坚持党的领导是最根本的保证,把党的领导贯彻到依法治国全过程和各方面,是我国社会主义法治建设的一条基本经验。只有在党的领导下依法治国、厉行法治,人民当家作主才能充分实现,国家和社会生活法治化才能有序推进。保证人民当家作主是前提和目标,人民当家作主,既是法治的前提和基础,也是法治的本质和动力。依法治国是实现党的领导和人民当家作主的基本途径。人民代表大会制度是实现党的领导、人民当家作主、依法治国有机统一的根本制度载体。促成“三统一”就要积极探索如何在宪法的统领下把党的领导、人民当家作主、依法治国统一于人民代表大会制度。

应当指出,建设中国特色社会主义法治体系和建设社会主义法治国家,仍然是法治建设的阶段性目标,终极目标、更长远的目标,是建设法治中国。正如四中全会《决定》第一部分即有关总目标、总路线的这一部分的最后一段话所言:“全面推进依法治国是一个系统工程,是国家治理领域一场广泛而深刻的革命,需要付出长期艰苦努力。全党同志必须更加自觉地坚持依法治国、更加扎实地推进依法治国,努力实现国家各项工作法治化,向着建设法治中国不断前进。”也正如四中全会《决定》全篇的最后一段话所言:“全党同志和全国各族人民要紧密团结在以习近平同志为总书记的党中央周围,高举中国特色社会主义伟大旗帜,积极投身全面推进依法治国伟大实践,开拓进取,扎实工作,为建设法治中国而奋斗!”[5]

三、总路线：坚定不移地坚持中国特色社会主义法治道路

实现总目标要坚持正确的路线，选择正确的道路，道路问题是最根本的问题，道路决定命运，道路决定前途。中国特色社会主义法治道路就是全面推进依法治国的唯一正确路线，是全面推进依法治国、加快建设法治中国的总路线，也可以说是法治建设的基本路线。正如习近平总书记所强调的：中国特色社会主义法治道路，是社会主义法治建设成就和经验的集中体现，是建设社会主义法治国家的唯一正确道路。对这一点，要理直气壮讲、大张旗鼓讲。要向干部群众讲清楚我国社会主义法治的本质特征，做到正本清源、以正视听。四中全会《决定》和习近平总书记的讲话向全党全国人民释放出正确而明确的信号，指明了全面推进依法治国的正确方向，这对于进一步统一全党全国人民的认识和行动具有十分重要的意义。

四中全会《决定》高屋建瓴，将中国特色社会主义法治道路进一步凝练为"三个核心要义""五个坚持"。

"三个核心要义"：坚持中国共产党的领导，坚持党的领导是法治的根本保证。坚持中国特色社会主义制度，关键是坚持人民代表大会制度，不搞三权分立；坚持中国共产党领导的多党合作与政治协商，不搞多党竞选，轮流执政。贯彻中国特色社会主义法治理论，确保法治建设始终在科学理论指导下前行，不走弯路，减少曲折。

"五个坚持"：坚持中国共产党的领导，坚持人民主体地位，坚持法律面前人人平等，坚持依法治国和以德治国相结合，坚持从中国实际出发。

坚持中国共产党的领导。党的领导是中国特色社会主义最本

质的特征,是社会主义法治最根本的保证。把党的领导贯彻到依法治国全过程和各方面,是我国社会主义法治建设的一条基本经验。我国宪法确立了中国共产党的领导地位。坚持党的领导,是社会主义法治的根本要求,是党和国家的根本所在、命脉所在,是全国各族人民的利益所系、幸福所系,是全面推进依法治国的题中应有之义。党的领导和社会主义法治是一致的,社会主义法治必须坚持党的领导,党的领导必须依靠社会主义法治。只有在党的领导下依法治国、厉行法治,人民当家作主才能充分实现,国家和社会生活法治化才能有序推进。必须坚持党领导立法、保证执法、支持司法、带头守法,把依法治国基本方略同依法执政基本方式统一起来,把党总揽全局、协调各方同人大、政府、政协、审判机关、检察机关依法依章程履行职能、开展工作统一起来,把党领导人民制定和实施宪法法律同党坚持在宪法法律范围内活动统一起来,善于使党的主张通过法定程序成为国家意志,善于使党组织推荐的人选通过法定程序成为国家政权机关的领导人员,善于通过国家政权机关实施党对国家和社会的领导,善于运用民主集中制原则维护中央权威、维护全党全国团结统一。坚持依法执政,既要求党依据宪法法律治国理政,也要求党依据党内法规管党治党。

坚持人民主体地位。中国特色社会主义法治与西方资本主义法治最根本的区别就在于:西方法治本质上是由资本所控制、所运用,体现资产阶级意志,首先为资产阶级根本利益服务;而我们始终坚持法治建设为了人民、依靠人民、造福人民、保护人民,以保障人民根本权益为出发点和落脚点,保证人民依法享有广泛的权利和自由、承担应尽的义务,维护社会公平正义,促进共同富裕;始终坚持保证人民在党的领导下,依照法律规定,通过各种途径和形式管理国家事务,管理经济文化事业,管理社会事务。法律为人民所掌握、所遵守、所运用,法律是全体公民必须遵守的行为规范,法律更是保障自身权利的有力武器。

坚持法律面前人人平等。平等是社会主义法律的基本属性之一，在法治的范畴内，平等主要包括权利平等、机会平等、规则平等。社会主义法律的基本属性还包括国家强制性、权威性、连续性、稳定性等。把平等性从各种属性当中抽取出来作为中国特色社会主义法治的基本原则，有其鲜明的针对性，即针对特权思想、特权人物、特权阶层，针对权大于法、钱大于法、关系大于法，它们构成厉行法治的障碍与阻力。四中全会《决定》强调指出：坚持法律面前人人平等，就是要求任何组织和个人都必须尊重宪法法律权威，都必须在宪法法律范围内活动，都必须依照宪法法律行使权力或权利、履行职责或义务，都不得有超越宪法法律的特权。必须维护国家法制统一、尊严、权威，切实保证宪法法律有效实施，绝不允许任何人以任何借口任何形式以言代法、以权压法、徇私枉法。尤其是要以规范和约束公权力为重点，加大监督力度，做到有权必有责、用权受监督、违法必追究，坚决纠正有法不依、执法不严、违法不究行为。坚持法律面前人人平等，还要反对形形色色的歧视。

坚持依法治国和以德治国相结合。依法治国是政治文明的标志，以德治国是精神文明的标志。法治与德治的关系问题，历来是政治学、法学的基本问题。党的十五大以来，党中央总结古今中外治国的成功经验，明确提出了依法治国与以德治国相结合的治国思想。在2001年全国宣传部长会议上，江泽民同志深刻指出："我们在建设有中国特色社会主义、发展社会主义市场经济的过程中，要坚持不懈地加强社会主义法制建设，依法治国；同时也要坚持不懈地加强社会主义道德建设，以德治国……我们要把法制建设与道德建设紧密结合起来，把依法治国与以德治国紧密结合起来。"[6]党的十六大报告将依法治国与以德治国相结合确定为党领导人民建设中国特色社会主义必须坚持的基本经验，并把依法治国纳入政治文明的范畴，在政治建设部分加以论述，把以德治国纳入精神文明的范畴，在文化建设部分加以论述。这表明依法治国属于政治建设和政治文明的范畴；以德治国属于思想建设和精神文明的范畴。十六大报告关于依法治国与以德治国的深刻论述，突破了法治、德治水火不容的传统思维定式，阐明了一种现代法治和新型德治相结合的治国新思路。按照这种治国新思路，依法治国与以德治国并不是彼此对立、矛盾的，而是相互补充、促进的。依法治国属于政治文明范畴，是治理国家的主要方式。以德治国属于精神文明范畴，是思想建设的主要方式，主要是以德教民、以德化民、以德育人。这样，在立法、执法、司法、法律监督、法律解释等政治法律活动中，必须严格遵循法治的精神、原则和方法，不得以德治取代或冲击法治。而在相当广泛的社会生活领域和精神文明建设中，必须强调德治的精神、原则和方法，不能一味地用法律的强制手段解决思想道德问题，要注重弘扬和培育民族精神，提高全民族的思想道德素质。四中全会《决定》和习近平总书记在四中全会上的讲话进一步强调“必须坚持一手抓法治、一手抓德治”，同时深入地阐述了依法治国与以德治国的关系，指出：国家和社会治理需要法律和道德共同发挥作用，既重视发挥法律的规范作用，又重视发挥道德的教化作用，以法治体现道德理念、强化法律对道德建设的促进作用，以道德滋养法治精神、强化道德对法治文化的支撑作用，实现法律和道德相辅相成、法治和德治相得益彰。

坚持从中国实际出发。就是从坚持中国法治国情出发。国情是一门大学问，每个学科讲国情都有自己的关注点，从而形成了经济国情、政治国情、文化国情、生态国情、历史国情等，法学要关注的是法治国情。我们的法治国情如何？首先，中国是世界上文明发达最早的国家之一，法制文明是中国古代文明的重要构成和明显标志。中国古代法制文明中有许多超越时空、具有普遍价值的因素。例如，注重法律的人文精神，强调以人为本，以民为本，社会和合；善于通过人文精神对社会成员心理和观念世界的整合与引领，来维系和范导整个社会；注重礼法互补，主张德治与法治并存，强调明德慎刑;注重法律的教育功能,主张以法为教,强调法律的任务不仅是“禁暴惩奸”,而且要“弘风阐化”,仁义礼乐者,皆出于法;注重治国者、执法者的道德品质以及对国家的责任感和使命感,主张为官者、执法者要清正廉洁,光明正大,发挥以吏为师的榜样作用;注重法律的综合意义,主张对法律条文和典籍从天理、国法、人情的有机结合上予以解释和注释,法律的实施不能就事论事;注重变法促进,强调通过变法革新来解决社会深层次矛盾,保持社会稳定,推动社会发展。全面推进依法治国、建设法治国家,就要加强法律文化研究,对中华传统法律文化的丰富资源进行梳理和甄别,在此基础上,对其进行现代化的改造和扬弃,把那些能够与以科学、理性、民主、自由、公平、人权、法治、和平、秩序、效率为内容的时代精神融为一体的文化传统融入社会主义法治体系之中,使中国特色社会主义法治体系的民族精神和时代精神浑然一体。其次,现代法治起源于西方,西方法治文明是人类法治文明的一部分。近代以来,基于启蒙思想而形成的依法而治(法治国)、权力制约、人权至上、法律面前人人平等、契约自由、罪刑法定、正当程序等法治理念,反映了人类治理国家和社会的智慧和经验,反映了人类社会法治文明发展的一般规律,具有普遍意义。在建设中国特色社会主义法治体系中,我们应当认真分析西方法治文明要素并理性地借鉴和吸纳,把这些具有普遍意义的法治文明成果体现在我国的立法、执法和司法活动之中。也就是说,我们以古为今用、洋为中用、中西合璧、与时俱进的法治建设成就,彰显中国社会主义法治的民族性、开放性、包容性和进步性。再次,我们是在全球化时代建设社会主义法治国家。我们生存的这个世界正在发生着历史性变迁,全球化正在有力地改变着人类的生产方式、生活样式和生存状态,也在深刻地影响着人类社会的经济、政治、法律制度及其变迁。在这样一个全球化时代,无论是观察和处理经济问题、文化教育科技问题,还是观察和处理政治问题、军事问题、外交问题,我们都必须有全球意识、全球视野、全球眼光、全球思维,要有全球化的问题意识,应对全球化的战略意识。同样,全面推进依法治国、建设法治国家、推进法治中国建设的一些根本性问题也必须在全球化的背景中和全球治理结构中加以研究和解决。我们必须以开放的眼界统筹国内法治与国际法治两个大局,而不能封闭僵化,关起门来搞法治建设,要主动参与全球法治,构建全球化时代的涉外法治体系、推进国际关系法治化、构建国际法治新秩序,为中华民族伟大复兴创造更加良好的外部法治环境。正如习近平总书记所强调的:中国坚持走和平发展道路,同时也将推动各国共同坚持和平发展,构建民主法治、公正合理、合作共赢的国际经济政治新秩序。中国将大力推进国际关系民主化法治化,与各国共同维护人类良知和国际公理,在世界和地区事务中主持公道、伸张正义,更加积极有为地参与热点问题的解决,既通过维护世界和平来发展自己,又以自身发展促进世界和平。最后,我们是发展中的社会主义大国,仍处于社会主义法治建设的初级阶段,现阶段的经济社会发展、治国理政的法治需求,社会法治文化发展水平,法治专门人才队伍的总体素质,执法司法的精神成本和社会成本,决定了法治建设的指标体系不能脱离实际,不能盲目拔高;更不能照抄照搬他国的法治模式和法治体系,尤其是不能盲目地照搬照抄西方国家的法治模式,否则,就会水土不服,会“画虎不成反类犬”。

在坚持中国特色社会主义法治道路的同时,还要与时俱进、改革创新,不断丰富“三个核心要义”“五个坚持”的具体内容,拓展中国特色社会主义法治道路。四中全会《决定》就是拓展中国特色社会主义法治道路的范例。

注　释

1　习近平:《关于〈中共中央关于全面推进依法治国若干重大问题的决定〉的说明》,

载《人民日报》2014 年 10 月 29 日,第 2 版。

2 《中共中央关于全面推进依法治国若干重大问题的决定》,载《人民日报》2014 年 10 月 29 日,第 1 版。

3 习近平:《关于〈中共中央关于全面推进依法治国若干重大问题的决定〉的说明》,载《人民日报》2014 年 10 月 29 日,第 2 版。

4 Opinion of Justice William Orville Douglas' s Comment in Joint Anti Fascist Refugee Comm. v. McGrath, see United States Supreme Court Reports, The Lawyers Co – operative Publishing Company, 1951, p. 858.

5 《中共中央关于全面推进依法治国若干重大问题的决定》,载《人民日报》2014 年 10 月 29 日,第 1 版。

6 《江泽民文选》(第 3 卷),人民出版社 2006 年版,第 200 页。

坚定不移走中国特色社会主义法治道路*

中国特色社会主义法治道路，是我国社会主义法治建设成就和经验的集中体现，是新时代建设中国特色社会主义法治体系和社会主义法治国家、推进法治中国建设、实现法治强国梦的唯一正确道路。习近平总书记深刻指出："全面推进依法治国，必须走对路。如果路走错了，南辕北辙了，那再提什么要求和举措也都没有意义了。"全面推进依法治国、建设法治中国，必须遵循中国特色社会主义法治道路，确保中国特色社会主义法治的制度属性、制度优势和正确方向。

习近平总书记指出，走中国特色社会主义法治道路是一个重大课题，有许多东西需要深入探索，但基本的东西必须长期坚持。这些基本的东西，归结起来，就是坚持党的领导、坚持中国特色社会主义制度、贯彻中国特色社会主义法治理论，它们构成了习近平总书记所概括的这一道路的核心要义。深刻理解、全面把握这"三个核心要义"，对于坚持中国特色社会主义法治道路、全面依法治国、建设法治中国具有方向性、战略性、全局性意义。

---

* 本文发表于《党建研究》2020 年第 4 期。

一、坚持中国共产党的领导

中国共产党是马克思主义政党，是我国最高政治领导力量，是社会主义中国的执政党。党的领导是中国特色社会主义最本质的特征，是中国特色社会主义制度的最大优势，是中国特色社会主义法治最根本的保证。把党的领导贯彻到依法治国全过程和各方面，是我国社会主义法治建设的一条基本经验，也是全党全国各族人民的广泛共识。坚持党的领导，是依宪治国、依宪执政的根本体现，是全面推进依法治国的题中之义和根本保证。加强党对全面依法治国的领导，是实现党的领导、人民当家作主、依法治国有机统一的必然要求。三者有机统一，最根本的是坚持党的领导。坚持党的领导，就是要支持人民当家作主，实施好依法治国这个党领导人民治理国家的基本方略。党的领导和社会主义法治是一致的，只有坚持党的领导，人民当家作主才能充分实现，国家和社会生活制度化、法治化才能有序推进。全面推进依法治国，要有利于加强和改善党的领导，有利于巩固党的执政地位、完成党的执政使命，绝不是要削弱党的领导。任何时候都不能把坚持党的领导同人民当家作主、依法治国对立起来，更不能用人民当家作主、依法治国来动摇和否定党的领导。

坚持党的领导，要加强党对依法治国的战略谋划和顶层设计，要加强党对法治建设和法治改革的全面领导，要推进党的领导制度化、法治化，要正确处理好社会主义法治必须坚持党的领导、党的领导必须依靠社会主义法治的辩证关系，要坚持党依宪执政、领导立法、保证执法、支持司法、带头守法。

二、坚持中国特色社会主义制度

中国特色社会主义制度是中国共产党领导人民在不断探索和

实践的基础上形成和发展起来的。在中国建立什么样的国家和社会制度,是近代以来中国人民面临的一个历史性课题。中国共产党自成立之日起就致力于建设人民当家作主的新社会新政权新制度,以马克思主义国家学说为指导,提出了关于未来国家制度的主张,并领导人民为之进行斗争、探索和实践。新中国成立之初,我们先后制定了具有临时宪法作用的《中国人民政治协商会议共同纲领》《中华人民共和国宪法》,确立了工人阶级(经过共产党)领导的、以工农联盟为基础的人民民主专政的社会主义国家的国体,以民主集中制为根本原则的人民代表大会制度的政体,共产党领导的多党合作和政治协商的基本政治制度和民族区域自治的基本政治制度,铸就了新中国社会主义制度的"四梁八柱",实现了从几千年封建专制政治向人民民主的伟大飞跃。其后,经过社会主义革命和对生产资料私有制的社会主义改造,确立了以公有制为基础的社会主义基本经济制度。社会主义根本政治制度和基本经济制度的确立为当代中国的一切发展和进步奠定了制度基础。改革开放以来,我们党奋力推进经济体制改革、政治体制改革、思想文化领域改革,开辟了中国特色社会主义道路,形成了中国特色社会主义理论,发展了中国特色社会主义制度。特别是党的十八大以来,以习近平同志为核心的党中央以巨大的政治勇气和高超智慧,提出全面深化改革总目标是完善和发展中国特色社会主义制度、推进国家治理体系和治理能力现代化,着力以抓好重大制度创新为"牛鼻子",全面深化党的建设制度和经济、政治、文化、社会、生态文明体制的改革,使中国特色社会主义制度更加完善,国家治理体系和治理能力现代化水平显著提高,全社会发展活力和创新能力明显增强。中国特色社会主义制度是人类制度文明史上的伟大创造,具有显著优越性和强大生命力,为政治稳定、经济发展、文化繁荣、民族团结、社会安宁、国家统一提供了有力保障,为经济快速发展、社会长期稳定两大奇迹的形成营造了良好的制度环境。

习近平总书记指出:“我国社会主义制度保证了人民当家作主的主体地位,也保证了人民在全面推进依法治国中的主体地位。这是我们的制度优势,也是中国特色社会主义法治区别于资本主义法治的根本所在。”在建设社会主义现代化法治强国的新时代,我们要科学把握中国特色社会主义制度体系,深刻理解制度和治理概念及其内涵,精准把握坚持和巩固什么、完善和发展什么,在坚定制度自信的前提下,不断完善和发展支撑中国特色社会主义制度的根本制度、基本制度、重要制度,使各项制度的显著优势更好转化为全面依法治国的实践效能。

三、贯彻中国特色社会主义法治理论

中国特色社会主义法治理论是对中国社会主义法治实践的经验总结和理论表达,是中国特色社会主义理论体系的重要组成部分,是中国法治建设的指导思想和学理支撑。在近百年的革命、建设、改革伟大实践中,我们党先后创立了毛泽东法律思想、中国特色社会主义法治理论。党的十八大以来,以习近平同志为核心的党中央在全面依法治国、建设法治中国新的伟大实践中,创造性地发展了中国特色社会主义法治理论,形成了具有鲜明时代特征、理论风格和实践面向的习近平全面依法治国新理念新思想新战略。习近平全面依法治国新理念新思想新战略深刻阐述了法治的本质、法治的普遍规律、现代法治的一般原理及社会主义法治的本质特征、内在要求、价值功能、基本原则、发展方向、遵循道路等重大问题,科学回答了如何在新时代坚持和实践全面依法治国基本方略、建设中国特色社会主义法治体系和社会主义法治国家、如何在法治轨道上推进国家治理体系和治理能力现代化等重大战略问题,成为党和人民处理新时代法治问题的基本立场、观点和方法,为全面依法治国、建设法治中国提供了科学的理论指导和根本的行动遵循。

走中国特色社会主义法治道路，建设中国特色社会主义法治体系、建设社会主义法治国家，还必须坚持人民主体地位，坚持法律面前人人平等，坚持依法治国和以德治国相结合，坚持依法治国与依规治党有机统一，坚持从中国国情和实际出发。坚持人民主体地位，就是以人民为中心，法治建设为了人民、依靠人民、造福人民、保护人民，以保障人民根本权益为出发点和落脚点，保证人民依法享有广泛的权利和自由、承担应尽的义务，维护社会公平正义，促进共同富裕，让法律为人民所掌握、所遵守、所运用；坚持法律面前人人平等，切实做到权利平等、机会平等、规则平等，任何国家机关、政党、社会组织和公民个人都必须尊重宪法法律权威，依照宪法法律行使权力或权利、履行职责或义务，绝不允许任何人以任何借口任何形式以言代法、以权压法、徇私枉法；坚持依法治国和以德治国相结合，既重视发挥法律的规范作用，又重视发挥道德的教化作用，一手抓法治、一手抓德治，实现法律和道德相辅相成、法治和德治相得益彰、制度文明和精神文明优势互补；坚持依法治国与依规治党有机统一，推进党内法规与国家法律有效衔接，促进党的制度优势与国家制度优势相互转化，产生治国理政的合力和效能，提高党的执政能力和领导水平；坚持从中国国情和实际出发，就是要立足社会主义初级阶段的国情，注重总结社会主义法治建设的成功经验，注重对中华优秀法治文化传统进行创造性转化、创新性发展，注重借鉴世界法治文明成果，努力探索符合法治规律和中国国情的法治模式，突出中国特色、时代特色和实践特色。

在坚持中国特色社会主义法治道路的同时，还要与时俱进，推进理论创新、制度创新、实践创新，不断拓展中国特色社会主义法治道路。党的十八大以来，以习近平同志为核心的党中央以新的理论和新的实践全面拓展了中国特色社会主义法治道路。在中央全面依法治国委员会第一次会议上，习近平总书记提出了全面依法治国必须牢牢把握的“十个坚持”，丰富、深化和夯实了中国特色社会主义法治道路的理论基础。党的十九届四中全会通过的《中共中央关于坚持和完善中国特色社会主义制度、推进国家治理体系和治理能力现代化若干重大问题的决定》把法治贯通于制度建设和国家治理的各个方面，充分体现了法治是治国理政的基本方式、依法治国是坚持和发展中国特色社会主义的基本方略、在法治的轨道上推进国家治理体系和治理能力现代化，进一步拓展了中国特色社会主义法治道路。我们坚信，在以习近平同志为核心的党中央坚强领导下，中国特色社会主义法治道路必将越走越宽广、越走越坚定，中国特色社会主义法治事业必将从胜利走向胜利。

坚持加强党对全面依法治国的领导*

中国共产党的领导是社会主义法治之魂。离开党的领导，社会主义法治就会失去其政治优势；党的领导不强，社会主义法治就难葆其生命活力。加强党对全面依法治国的领导，就是要健全党领导全面依法治国的制度和工作机制，把党的领导贯彻到依法治国全过程和各方面，更好落实全面依法治国基本方略。这既是我国社会主义法治建设的一条基本经验，又是全党全民的广泛共识，更是中国共产党行使领导权和执政权的必然要求。“党的领导”和“全面依法治国”不是历史的偶遇，而是实践必然性、时代现实性和法理正当性的逻辑连接，我们在任何时候都不能否认、不能放弃、不能置疑。

2019 年 2 月 16 日，《求是》第 4 期以《加强党对全面依法治国的领导》为题，刊发了习近平总书记在中央全面依法治国委员会第一次会议上的讲话（节选）。这个标题的凝练充分表明，加强党对全面依法治国的集中统一领导正是总书记这篇讲话的总基调，也是全面依法治国这项历史任务的总前提。在中央全面依法治国委员会第一次会议上的讲话中，习近平总书记明确提出了“全面依法治国新理念新思想新战略”的科学命题，并将其科学内涵和核心要

---

* 本文发表于《法制日报》2019 年 5 月 15 日。

义概括为“十个坚持”，而首条就是“坚持加强党对依法治国的领导”，更表明了党的领导在全面依法治国事业中的统领性、全局性、决定性地位。值得一提的是，这是中国共产党历史上第一次组建中央全面依法治国委员会，并且是在严格控制机构设置和压缩编制的情况下由党中央决定的，深刻表达了党中央对集中统一领导、全面统筹推进依法治国的决心、信心和用心，具有特别重大的现实意义和极为深远的历史意义。

加强党对全面依法治国的领导，是全面依法治国的性质所决定的。党的十八大以来，习近平总书记多次指出：“全面推进依法治国是一个系统工程，是国家治理领域一场广泛而深刻的革命。”“全面推进依法治国是一项长期而重大的历史任务，也必然是一场深刻的社会变革和历史变迁。”“全面依法治国是国家治理的一场深刻革命”“全面依法治国是一项复杂系统工程”，这些论语恰恰蕴含了对全面依法治国之本质的伟大洞见。之所以是“深刻革命”，是因为全面依法治国绝不是小打小闹、东修西补，而是牵一发而动全身，不仅关乎我国法治事业的成败，而且也关乎中国特色社会主义在新时代的前景。而“系统工程”更预示着全面依法治国的复杂性、长期性、艰巨性，它涉及经济建设、政治建设、文化建设、社会建设、生态文明建设、国防军队建设、党的建设等各领域，涉及改革发展稳定、内政外交国防、治党治国治军等各个方面，必须从整体上统筹协调、总体设计、宏观布局，从而有效克服全面依法治国进程中的诸多问题和挑战。从这个意义上讲，只有发挥党总揽全局、协调各方的领导作用，才能吹响全面依法治国这一“深刻革命”的总号角，才能完成全面依法治国这一“系统工程”的总规划，才有希望实现全面依法治国、建设法治中国的奋斗目标。

加强党对全面依法治国的领导，是中国特色社会主义本质所要求的。党的领导是中国特色社会主义事业不断发展、国家和社会长治久安的“定海神针”。改革开放以来，我国经济持续繁荣发展、社会保持长期稳定、政治安定有序、国家和社会治理能力显著提升,根本的一条就是我们始终坚持中国共产党领导。历史的经验告诉我们,办好中国的事情,关键在党,而要把全面依法治国这件大事办好,最关键的也是要坚持党的领导。我国宪法明确规定“中国共产党的领导是中国特色社会主义最本质的特征”,而新时代坚持和发展中国特色社会主义更要牢牢把握这一本质特征。当前,我国正处于实现“两个一百年”奋斗目标的历史交汇期,“四个全面”战略布局有序铺开,党的领导是核心也是动力。只有坚持党的领导,才能形成“四个全面”相辅相成、相得益彰的局面;只有加强党对全面依法治国的领导,才能更好地发挥全面依法治国在“四个全面”战略布局中基础性、保障性作用,彰显法治固根本、稳预期、利长远的独特价值,为全面建成小康社会、全面深化改革、全面从严治党提供长期稳定的法治保障。

加强党对全面依法治国的领导,是实现党的领导、人民当家作主、依法治国有机统一的必然要求和题中之义。党的领导、人民当家作主、依法治国有机统一,是社会主义法治和民主政治的本质特征。习近平总书记指出:“我们强调坚持党的领导、人民当家作主、依法治国有机统一,最根本的是坚持党的领导。坚持党的领导,就是要支持人民当家作主,实施好依法治国这个党领导人民治理国家的基本方略。党的领导和社会主义法治是一致的,只有坚持党的领导,人民当家作主才能充分实现,国家和社会生活制度化、法治化才能有序推进。不能把坚持党的领导同人民当家作主、依法治国对立起来,更不能用人民当家作主、依法治国来动摇和否定党的领导。那样做在思想上是错误的,在政治上是十分危险的。”从根本上讲,正是由于党的领导,民主才是真正的人民当家作主;正是基于党的领导,法治才可能走向良法善治;正是有了党的领导,民主与法治的统一才能成为现实。

加强党对全面依法治国的领导,也是统筹推进国内法治与国际法治所需要的。全面依法治国就是要走中国特色社会主义法治道路,这一道路根植于中国大地,却有着不同寻常的世界意义。我们不仅要为人类社会的法治文明提供中国方案,而且要参与到全球法治的发展和探索中来,推动全球治理规则、治理体系和治理体制变革,构建民主化、法治化、公正化、合理化的国际关系,构建人类命运共同体。党的领导是中国特色社会主义法治道路的核心要义,它引领着这条道路的方向,也保持了这条道路的定力,更展示出这条道路的优越。我们要在国际法治的舞台上发声,要坚定中国法治的道路自信、理论自信、制度自信、文化自信,要积极主动地推动全球治理变革,就必然离不开党的领导。

"加强党对全面依法治国的领导",不只是一个政治判断或战略原则,更是一条意涵丰富的法理命题。当前,最主要的是要把握以下几个方面。

一是加强党对依法治国的战略谋划和顶层设计。党对依法治国的领导首先是战略上、道路上的领导,即确立依法治国的纲领、路线和方针。改革开放以来,党中央在每一个历史节点都为依法治国奠定了理论基础,指明了前进方向,确定了任务书、路线图、时间表。改革开放伊始,我们党就提出推进"社会主义民主制度化、法律化""健全社会主义法制",并提出"有法可依、有法必依、执法必严、违法必究"的十六字方针。党的十五大正式提出"依法治国,建设社会主义法治国家",强调依法治国是党领导人民治理国家的基本方略。党的十七大提出"全面落实依法治国基本方略,加快建设社会主义法治国家"。党的十八大强调法治是治国理政的基本方式,做出"全面推进依法治国"的战略决策,提出"科学立法、严格执法、公正司法、全民守法"新十六字方针。十八届三中全会提出"推进法治中国建设",强调依法治国、依法执政、依法行政共同推进,法治国家、法治政府、法治社会一体建设。党的十八届四中全会作出《中共中央关于全面推进依法治国若干重大问题的决定》,

明确了中国特色社会主义法治道路的核心要义，即坚持党的领导、坚持中国特色社会主义制度、贯彻中国特色社会主义法治理论，明确了全面推进依法治国的总目标、总抓手，即建设中国特色社会主义法治体系，建设社会主义法治国家。十九大报告进一步把“全面依法治国”提升为新时代坚持和发展中国特色社会主义的基本方略之一，并就全面深化依法治国实践作出了新的顶层设计和近中期安排。十九大之后，中央全面依法治国委员会正抓紧制定法治中国建设规划纲要和法治社会建设实施纲要，出台了全面推进依法治国的新举措、新抓手。改革开放以来的实践证明，我国法治建设之所以能够取得一系列重大成就，根本原因就在于坚持了党的领导，遵循了党的依法治国理论和方略。

二是加强党对法治建设和法治改革的全面领导。加强党对全面依法治国的领导，不只是政治纲领、战略部署和根本原则，而且还要有实实在在的抓手。习近平总书记指出：“坚持党的领导，不是一句空的口号，必须具体体现在党领导立法、保证执法、支持司法、带头守法上”，即体现为党对科学立法、严格执法、公正司法、监督守法等环节的集中统一领导和对法治改革的统筹推进上。党通过领导立法，把党的主张通过法定程序转变为国家意志，从制度上、法律上保证党的路线方针政策的贯彻实施；通过保证执法，建立权责统一、权威高效的依法行政体制，建设职能科学、权责法定、执法严明、公开公正、廉洁高效、守法诚信的法治政府，维护法律权威、尊严和统一；通过支持司法，确保司法权依法独立公正行使，优化司法职权配置，规范司法行为，保证公正司法，维护社会公平正义；通过带头守法，引领全民守法，使各级党员领导干部做尊法学法守法用法的模范，成为中国特色社会主义法治的建设者、捍卫者，以实际行动营造全社会尊法学法守法用法护法的良好风尚；通过统筹推进法治领域的重大改革，实现从人治到法治、从法制到法治、从形式法治到良法善治的革命性变革。

三是推进党的领导制度化、法治化。加强党对全面依法治国的领导，必须创新党领导法治的体制、制度和工作机制。党中央决定成立中央全面依法治国委员会、地方各级党委成立相应的机构（依法治省委员会等），就是为了更好地发挥党对法治建设总揽全局、协调各方的领导核心作用而做出的体制改革、制度和工作机制创新。我国现行宪法第五次修改时在宪法序言已经确定党的领导地位的基础上，又在总纲中明确规定中国共产党领导是中国特色社会主义最本质的特征，就是党的领导制度化、法治化的最重要举措。今后要进一步推进党的领导制度化、法治化，要把依法治国基本方略同依法执政基本方式统一起来，把依法治国与依规治党统一起来，把党总揽全局、协调各方同支持人大、政府、政协、监察机关、审判机关、检察机关依法依章程履行职能、开展工作统一起来，把党领导人民制定和实施宪法法律同坚持党在宪法法律范围内活动统一起来，提高党领导依法治国的能力和水平。

四是正确认识和处理好党法关系。加强党对全面依法治国的领导，必须划清社会主义法治与西方资本主义法治的本质界限，澄清模糊认识，抵制错误思潮。必须破除“党大还是法大”的伪命题，识破其政治陷阱的要害所在。对于这一点，我们绝不能含糊其辞、语焉不详，要明确予以回答。一些人故意把党和法治对立起来，其目的就是企图从“法治”问题上打开缺口，达到搞乱人心、否定党的领导和社会主义法治的目的。要旗帜鲜明地反对否定党的领导的一切错误言行，抵制和批判西方“宪政民主”“三权鼎立”“司法独立”等错误思潮和观点，坚定中国特色社会主义法治的道路自信、理论自信、制度自信、文化自信。在党法关系上，习近平总书记做了最深刻的回答：“党的领导是中国特色社会主义法治之魂，是我们的法治与西方资本主义法治最大的区别。”“坚持中国特色社会主义法治道路，最根本的是坚持中国共产党的领导。”“全面推进依法治国，要有利于加强和改善党的领导，有利于巩固党的执政地位、完成党的执政使命,决不是要削弱党的领导。”我们必须始终牢记习近平总书记的这些深切教导,坚定不移跟党走中国特色社会主义法治道路。

全面依法治国的战略定位与意义 *

党的十八大确立了到2020年全面建成小康社会的奋斗目标。十八大之后,党中央深入探索全面建成小康社会的战略举措,以及全面建成小康社会后我国经济社会持续发展、党和国家长治久安的一系列重大问题,形成了全面建成小康社会、全面深化改革、全面依法治国、全面从严治党的战略布局。

一、在“四个全面”战略布局中,全面依法治国有着极其重要的定位和作用

(一)全面依法治国是全面建成小康社会的重要目标与任务

全面建成小康社会必然要求全面依法治国。党的十八大在确立全面建成小康社会战略目标的同时提出了小康社会的法治目标:“依法治国基本方略全面落实,法治政府基本建成,司法公信力不断提高,人权得到切实尊重和保障。”强调法治是治国理政的基

* 本文系张文显教授为《全面依法治国:迈向国家治理新境界》(党建读物出版社2016年版)作的序言。

本方式,要更加注重发挥法治在国家治理和社会管理中的重要作用,善于运用法治思维和法治方式深化改革、推动发展、化解矛盾、维护稳定,为此要全面推进科学立法、严格执法、公正司法、全民守法。可见,全面小康社会是包括全面依法治国在内的“全面”。

(二)全面依法治国是全面深化改革的重要保障

党的十八届三中全会作出了《中共中央关于全面深化改革若干重大问题的决定》(以下简称十八届三中全会《决定》),党的十八届四中全会作出了《中共中央关于全面推进依法治国若干重大问题的决定》(以下简称十八届四中全会《决定》)。两个《决定》接续出台彰显出改革与法治内在联系,正如习近平总书记所说,“改革和法治如鸟之两翼、车之两轮”。[1]同时,两个《决定》也把改革与法治的关系,即破与立的对立统一关系置于更加突出的位置。许多改革举措涉及现行法律制度,致使改革与法治的关系十分敏感,如何正确认识和处理改革与法治的关系,是在法治轨道上有序推进改革,还是突破宪法法律制度乱改革,既是对改革的考验,也是对法治的挑战。习近平总书记和党中央明确要求改革不能以牺牲法制的统一、尊严和权威为代价,指出凡属重大改革要于法有据,确保在法治轨道上推进改革,需要修改法律的可以先修改法律,先立后破,有序进行;有的重要改革措施,需要得到法律授权的,要按法定程序进行,不得超前推进,防止违反宪法法律的“改革”对宪法法律秩序造成严重冲击,避免违法改革对法治的“破窗效应”。总而言之,要善于以法治凝聚改革共识,以法治引领改革方向,以法治规范改革程序,以法治确保和巩固改革成果。

(三)全面依法治国与全面从严治党是相辅相成的

中国共产党是执政党,又是国家和社会的领导党,拥有宪法和法律规定的执政权和领导权。党的领导是我国政治体系的核心。

因而,全面从严治党是全面依法治国的根本保证。首先,从国家治理体系看,管党治党与依法治国是相辅相成的。在我国,国家治理体系是由一整套制度构成的,其中包括以宪法为统领的国家法律制度体系、以中国共产党章程为统领的党内法规制度体系、以党的基本路线和基本国策为统领的党和国家政策制度体系。三者之间具有内在统一性和互补性。我们党治国理政,推进国家治理体系现代化,不仅要有完善的国家法律制度体系,而且必须有健全的党内法规制度体系,特别是中央层面的、全党统一的党内法规体系。从某种意义上来说,完善党内法规制度体系,推进党内法规制度现代化,是完善和发展国家治理体系,推进国家治理体系现代化的必然要求。所以,要根据管党治党和依法治国的总体部署,以“宪法为上、党章为本”为基本原则,不断完善党内法规制度体系。其次,从管党治党与依法治国的内在要义看,二者也是相辅相成的。依法治国的“国”,先是国家机器意义上的“国”,然后才是国度意义上的“国”。马克思主义经典作家认为,国家作为政治机器,是代表统治阶级管理社会的公共权力,是包括立法权、行政权、司法权、军事权等在内的权力体系。因此,依法治国实质上就是依法治权。由于中国共产党是执政党,即掌握和运用国家政权的党,党通过自己的党员,特别是领导干部执掌和运行国家权力。所以,依法治权合乎逻辑地要求从严管党治党。从这种内在逻辑出发,要始终把规范和控制国家权力作为主要目标,确保国家权力属于人民、为了人民、接受人民监督;要始终把从严管党治党作为全面落实依法治国基本方略实现党和国家各项工作法治化的奠基工程。最后,管党治党与依法治国的相辅相成,必然要求把以法治思维和法治方式反对腐败与以党性思维和党纪方式反对腐败有机结合起来,把严肃执纪与严格执法统一起来,完善执纪与执法有效衔接的程序。

综上所述,从“四个全面”战略布局来看,全面依法治国意义十分重大。“没有全面依法治国,我们就治不好国、理不好政,我们的战略布局就会落空。”所以，我们“要把全面依法治国放在‘四个全面’的战略布局中来把握，深刻认识全面依法治国同其他三个‘全面’的关系，努力做到‘四个全面’相辅相成、相互促进、相得益彰”。[2]

二、全面依法治国有着重大的现实意义、深远的历史意义和广阔的世界意义

党的十一届三中全会以来，我们党始终重视法治建设，把依法治国确定为党领导人民治理国家和社会的基本方略，把依法执政确定为党治国理政的基本方式。党的十八大进一步作出了全面推进依法治国的战略部署，强调要科学立法、严格执法、公正司法、全民守法。十八大之后，习近平总书记发出“建设法治中国”的伟大号召，2013 年，十八届三中全会《决定》明确提出“推进法治中国建设”，强调依法治国、依法执政、依法行政共同推进，法治国家、法治政府、法治社会一体建设。2014 年，十八届四中全会《决定》对全面推进依法治国的总体目标、基本原则、法治建设和法治改革的重大任务作出全方位的部署，号召全党和全国人民坚定不移走中国特色社会主义法治道路，为建设法治中国而奋斗。我们党之所以以如此坚强的意志和勇气、以如此坚韧不拔的精神，领导全国人民奋力推进法治建设，是因为依法治国对于中华民族和中国特色社会主义事业具有重大的现实意义和深远的历史意义，对于人类社会的文明进步亦具有重大意义。

（一）全面依法治国是推进中国政治文明和社会现代化的必由之路

习近平总书记指出：“法治和人治问题是人类政治文明史上的一个基本问题，也是各国在实现现代化过程中必须面对和解决的一个重大问题。综观世界近现代史，凡是顺利实现现代化的国家，

没有一个不是较好解决了法治和人治问题的。相反，一些国家虽然也一度实现快速发展，但并没有顺利迈进现代化的门槛，而是陷入这样或那样的'陷阱'，出现经济社会发展停滞甚至倒退的局面。后一种情况很大程度上与法治不彰有关。"[3]他还指出，一些国家在一定时期经济获得较快发展，但是由于没有解决好法治和人治的关系，很快就陷入停滞或衰败境地。新中国成立以后，我们党和国家很多重大的失误，也都是人治惹的祸。《中共中央关于建国以来党的若干历史问题的决议》深刻分析了这一教训，指出："种种历史原因又使我们没有能把党内民主和国家政治社会生活的民主加以制度化、法律化，或者虽然制定了法律，却没有应有的权威"，这"就使党和国家难以防止和制止'文化大革命'的发动和发展"。所以，"为了保障人民民主，必须加强社会主义法制，使民主制度化、法律化，使这种制度和法律具有稳定性、连续性和极大的权威"。根据对国内外经验教训的考察分析，习近平总书记指出：人类社会发展的事实证明，依法治理是最可靠、最稳定的治理，"法治兴则国家兴，法治衰则国家乱"，"全面推进依法治国，是深刻总结我国社会主义法治建设成功经验和深刻教训作出的重大抉择"。[4]

我们党之所以摒弃人治、选择法治，是因为人治有致命的弊端，法治有巨大的优越性。人治的典型特征在于统治者个人或者极少数人说了算，这种治理方式除了出错率高之外，往往导致人亡政息、难以为继。有鉴于此，邓小平同志反复告诫党和人民，人治"危险得很"，人治"靠不住"。他曾在同几位中央负责同志的谈话中指出："一个国家的命运建立在一两个人的声望上面，是很不健康的，是很危险的。不出事没问题，一出事就不可收拾。""还是要靠法制，搞法制靠得住些。"[5]相对于人治，法治则具有多方面明显的优越性。其最大优越性在于，它能够保持执政党的执政理念、执政路线、执政方针的连续性、稳定性、权威性，不因领导人的改变而改变，不因领导人看法和注意力的改变而改变，真正做到"不动摇"

“不折腾”。

（二）全面依法治国是发展社会主义市场经济、建构现代市场体系的根本要求和重要保障

当今世界有两种生产资料所有制形式，我们坚持和不断完善公有制为主体、多种所有制经济共同发展的基本经济制度。坚持以公有制为主体，发展壮大国有经济，国有经济控制国民经济命脉，对于发挥社会主义制度的优越性，增强我国的经济实力、国防实力和民族凝聚力，具有关键性作用；对于全体社会成员享有基本的生活需要和最低限度的社会平等，最终走向共同富裕的道路，也是极其重要的制度保障。而个体经济、私营经济、合资或外资等非公有制经济是社会主义市场经济的重要组成部分，它们的发展对于充分调动社会各方面的积极性、加快生产力发展、增加社会就业具有重要作用。

当今世界有两种资源配置的基本方式，一是计划经济，二是市场经济。我们告别了僵化的计划经济，选择了自由的市场经济。事实证明，市场经济是当今世界最有效率的经济运行机制。党的十四大把建立社会主义市场经济体制作为我国经济体制改革的总体目标，具有伟大的现实意义和极其深远的历史意义。党的十四大以来，我们在建立社会主义市场经济体制方面的理论研究和实践探索，更加明确了社会主义市场经济体制的建设目标。党的十八届三中全会进一步作出“加快完善现代市场经济体系”的决定，提出“建立统一开放、竞争有序的市场体系，是使市场在资源配置中起决定性作用的基础。必须加快形成企业自主经营、公平竞争，消费者自由选择、自主消费，商品和要素自由流动、平等交换的现代市场体系”。

建立社会主义市场经济体制和现代市场体系，需要法治的引领和保障。在建立社会主义市场经济体制和现代市场体系的过程

中必须同步完善社会主义市场经济的法律体系和法治体系。这是因为市场经济内在地需要法律和法治,没有法律和法治就没有市场经济,市场经济必然是也必须是法治经济。

适应社会主义市场经济体制和现代市场体系运行的内在需要,法治在市场经济体制和市场体系中至少有着以下几个方面不可或缺的作用。第一,保障作用。通过为市场经济提供良好的外部法律环境,为市场经济体制的建立和市场经济的发展创造稳定的政治局面、安居乐业的社会秩序和切实有效的社会保障体系。这方面的作用犹如为市场经济"护航"。第二,引领作用。引领作用旨在通过规定社会主义市场经济的发展方向、价值目标、基本政策和利益关系,指引市场经济沿着正确、合法、高效和安全的路线破浪前进。这一方面的作用犹如为市场经济"引航"。第三,服务作用。由于市场经济法治化,经济交往的过程无不同时也是法律交往的过程,加上法律越来越专门化、技术化、信息化和国际化,市场经济对法律服务的需求和依赖也越来越大。律师、公证、法律咨询等法律职业和法律服务体系的发展就是为了满足这方面的需要。法律服务的范围将从主要是诉讼代理扩大到法律顾问、法律评价和法律审定,并从国内扩大到国外。第四,规制作用。市场经济具有二重性。一方面,发展社会主义市场经济有利于解放和发展社会生产力,增强国家的综合国力,提高人民的生活水平,也有利于增强人们的自立意识、竞争意识、效率意识、民主法治意识和开拓创新精神,使社会主义的活力和优越性进一步发挥出来。但另一方面,市场自身也存在一些弱点和消极方面,如可能扩大贫富差别,导致两极分化,也会使一些人利用市场机制的空档而见利忘义、唯利是图、搞假冒伪劣,在两种经济体制转轨过程中出现混乱和无序,等等。法律将对市场经济的消极方面予以规制,以充分发挥市场经济的积极作用,克服其弱点和消极因素。第五,推进经济体制改革的作用。主要表现为把改革纳入法治的轨道,用法律法规引导和规范改革，用法律确认和巩固改革的成果。

（三）全面依法治国是发展社会主义民主政治、切实保障人权的根本要求和重要保障

法治与民主政治有着内在的必然联系，社会主义民主政治本质上是法治化政治。

首先，民主政治在运作上是代议民主或间接民主。这种体制意味着在政治权力的持有与政治权力的行使之间存在某种程度的分离。这种分离可能引起政治失控和权力异化。以权谋私、贪污腐化、权钱交易、弄权渎职等政治腐败行为都是权力失控和异化的现象。为了防止政治权力的失控和异化，要有一部宪法，庄严地宣布一切权力属于人民，公民与生俱来的权利和自由不受非法剥夺；严格地规定国家代表机关（立法机关）、行政机关、司法机关及其他国家机关的职权范围和行使职权的程序，同时建立有效的监督体系和制约机制。在制定宪法之后，还需制定出一系列法律法规，以制约国家权力，有效地保障人民当家作主。

其次，民主政治是程序性政治。民主政治要求各政治主体必须依照既定的规则和程序参与政治（行使政治权力和权利）。随着法律知识的丰富和法治意识的增强，公民对规则的要求和对一切政治活动必须符合宪法法律的要求会越来越强烈，从而推动政治活动的法制化、有序化。

再次，民主政治是自由和平等的政治。自由、平等的政治体制为各种政见、决策和立法建议的表达和交流，各政治主体影响和参与决策提供了机会，使立法政策和法律既能真实地反映广大人民群众的根本利益和共同意志，又能够获得人民群众的拥护和遵守。但如果没有一定法律的引导、规范和制约，人们就无法进行愿望和政见的交流，更不可能在平等地、自由地发言和讨论的基础上形成社会共识或多数人的意志，并根据共识或多数人的意志制定出法

律和政策。

最后,民主政治应当是高效的政治体制,而高效的政治体制必须是法制化的体制。政治体制的效率取决于多种因素,其中法制化是一个基本因素。若没有法制的引领和保障,政治决策中的"权力任性""瞎指挥""瞎折腾"就不可避免。在一切无效率的事情中,最无效率的莫过于"瞎折腾"。若没有法制对政治主体权利和权力的宣告和保障,政治生活、经济生活、社会生活就难以充满活力。

社会主义民主政治不仅具备以上特征,它还体现为充分而切实的人权宣言和人权保障。因此,发展人民民主,就要保障人民享有广泛的权利和自由。正如习近平总书记所强调的:社会主义法治必须坚持人民主体地位,即"必须坚持法治为了人民、依靠人民、造福人民、保护人民。要保证人民在党的领导下,依照法律规定,通过各种途径和形式管理国家事务,管理经济和文化事业,管理社会事务。要把体现人民利益、反映人民意愿、维护人民权益、增进人民福祉落实到依法治国全过程,使法律及其实施充分体现人民意志"。[6]

(四)全面依法治国是建设社会主义和谐社会、实现党和国家长治久安的根本要求和重要保障

我们党在全面推进小康社会建设的过程中,提出构建社会主义和谐社会,强调指出:社会和谐是中国特色社会主义的本质属性,构建社会主义和谐社会是贯穿中国特色社会主义事业全过程的长期历史任务,是在发展的基础上正确处理各种社会矛盾的历史过程和社会结果,要按照民主法治、公平正义、诚信友爱、充满活力、安定有序、人与自然和谐相处的总要求和共同建设、共同享有的原则,着力解决人民最关心、最直接、最现实的利益问题,努力形成全体人民各尽其能、各得其所而又和谐相处的局面,为发展提供良好社会环境。2012 年,党的十八大进一步重申"社会和谐是中国

特色社会主义的本质属性”，把“和谐”作为社会主义核心价值观第一层面的核心要素，提出“开创社会和谐人人有责、和谐社会人人共享的生动局面”，并发出“建设富强、民主、文明、和谐的社会主义现代化国家”的伟大号召。

社会和谐是中国特色社会主义的本质属性。在社会主义和谐社会的所有科学内涵和基本特征中，第一条也是最重要的一条，就是民主法治。民主法治在和谐社会的全部内涵和基本特征中具有统揽全局、支撑全局的作用，而不仅仅是其中的某一方面、某一部分。和谐社会与法治社会是互为表征的，和谐社会必然是法治社会，法治社会当然是和谐社会；只有在一个崇信民主、奉行法治的社会，构建和谐社会的其他要素才能够得到真正的实现；和谐社会的其他要素特征都包含着对法治的需求和依赖，人与社会、人与自然的许多问题最终都归结于法治问题，需要通过法治来解决。法治在构建社会主义和谐社会中具有至关重要的作用，因而必须依靠法治来推动和谐社会的构建，依靠法治来引导社会的和谐发展，依靠法治来保障和谐社会的实现。为此，构建社会主义和谐社会必须建立和不断完善一系列法治机制，诸如，尊重和保障权利和人权的法治机制，激发活力和创造的法治机制，公正合理协调利益的法治机制，重建确保社会信用的法治机制，维护生态平衡、天人和谐的法治机制，保证舆论引导和舆论监督的法治机制，反腐倡廉、守护认同的法治机制，定分止争、化解纠纷的法治机制，建构合作共赢的和谐世界的法治机制，等等。

（五）全面依法治国、建设法治强国，是实现中华民族伟大复兴中国梦的必然要求和必经过程

习近平总书记指出：“全面推进依法治国，是着眼于实现中华民族伟大复兴中国梦、实现党和国家长治久安的长远考虑。对全面推进依法治国作出部署，既是立足于解决我国改革发展稳定中

的矛盾和问题的现实考量，也是着眼于长远的战略谋划。”[7]“我们提出全面推进依法治国，坚定不移厉行法治，一个重要意图就是为子孙万代计、为长远发展谋。”[8]“全面建成小康社会、实现中华民族伟大复兴的中国梦……就必须在全面推进依法治国上作出总体部署、采取切实措施、迈出坚实步伐。”[9]“‘国无常强，无常弱。奉法者强则国强，奉法者弱则国弱。’我们必须把依法治国摆在更加突出的位置，把党和国家工作纳入法治化轨道，坚持在法治轨道上统筹社会力量、平衡社会利益、调节社会关系、规范社会行为，依靠法治解决各种社会矛盾和问题，确保我国社会在深刻变革中既生机勃勃又井然有序。”[10]“历史是最好的老师。经验和教训使我们党深刻认识到，法治是治国理政不可或缺的重要手段。法治兴则国家兴，法治衰则国家衰。什么时候重视法治、法治昌明，什么时候就国泰民安；什么时候忽视法治、法治松弛，什么时候就国乱民怨。”[11]可见，依法治国，建设法治中国、法治强国，与中国梦、强国梦是一脉相承的。法治中国是中国梦的重要组成部分，法治中国与富强中国、民主中国、文明中国、和谐中国、美丽中国、公平中国、平安中国、健康中国、海洋强国等核心要素相辅相成，共同编织成中国梦的美好愿景。

中国梦，既是复兴梦，又是强国梦。在当今世界，一个强大的国家，必定是法治上的强国。全面推进依法治国，对于实现从法律大国到法治强国的转型升级，实现近代以来中国人民孜孜以求的法治梦，具有深远的历史意义。截至 2014 年 12 月，我国已制定现行宪法和有效法律 243 部，现行有效的行政法规 739 部、地方性法规 9200 多部。就成文法的数量而言，我国已经成为一个“法律大国”，但还远不是一个“法治强国”。法治强国的标准是：法治成为国家与社会的核心价值，成为国家治理和社会治理的根本方式，成为支撑国家兴旺发达的强大力量；全社会尊重法治、信仰法治、坚守法治；宪法具有极大权威，法律具有普遍的实效，任何个人和组织都必须在宪法和法律的范围内活动;在国际关系和全球治理中拥有平等的话语权、规则的制定权、执法权和司法权。根据这些核心指标的判断,我国正处在从法律大国向法治强国转型升级的路上。在推进国家治理体系现代化和法治化的进程中,人民期盼着建设法治强国,实施法治强国战略。只有实现了法治强国,中国才有可能成为名副其实的强国。

(六)全面依法治国是实现国家治理体系和治理能力现代化的必然要求

厉行法治,依法治国,是国家治理现代化的内在要求。正如习近平总书记所指出的:“依法治国是坚持和发展中国特色社会主义的本质要求和重要保障,是实现国家治理体系和治理能力现代化的必然要求。我们要实现经济发展、政治清明、文化昌盛、社会公正、生态良好,必须更好发挥法治的引领和规范作用。”[12]全面依法治国“是完善和发展中国特色社会主义制度、推进国家治理体系和治理能力现代化的重要方面”。[13]

现代法治的核心要义是“良法”,国家治理现代化的核心要义是“善治”。“立善法于天下,则天下治;立善法于一国,则一国治。”[14]正是现代法治为国家治理注入了良法的基本价值,提供了善治的创新机制。就国家治理体系而言,“良法”(善法)就是良好的制度。国家治理是不是良法之治,关键看国家治理制度体系贯彻什么样的价值观和价值标准。以国家治理现代化的世界元素和中国标准而言,秩序、公平、人权、效率、和谐、诚信、自由等当属其基本价值。

法治不仅为国家治理注入良法的基本价值,而且构成国家治理体系和治理能力的重要依托。“法律是治国之重器,法治是国家治理体系和治理能力的重要依托。”[15]“法治体系是国家治理体系的骨干工程。”所谓“依托”,就是制度载体,制度化设计。由于中国特色社会主义法治体系的基石是宪法，支柱是依宪执政、依宪治国，所以宪法和依宪执政、依宪治国也就构成了国家治理体系的基石和支柱。所谓“骨干工程”，就是说推进依法治国、推进国家治理法治化是实现国家治理现代化的重中之重的工程，只有在法治的轨道上才能顺利实现国家治理现代化。国家治理体系和治理能力现代化实质上就是国家治理法治化。

（七）全面依法治国是解决我国发展中面临的一系列重大问题的根本要求

习近平总书记指出：“全面推进依法治国，是解决党和国家事业发展面临的一系列重大问题，解放和增强社会活力、促进社会公平正义、维护社会和谐稳定、确保国家长治久安的根本要求。”[16]他还指出：“我国改革发展稳定形势总体是好的，但发展中不平衡、不协调、不可持续的问题依然突出，人民内部矛盾和其他社会矛盾凸显，党风政风也存在一些不容忽视的问题，其中大量矛盾和问题与有法不依、执法不严、违法不究相关。解决制约持续健康发展的种种问题，克服部门保护主义和地方保护主义、维护市场秩序、保护知识产权、化解产能过剩、打击假冒伪劣产品、保护生态环境、保障人民民主、维护社会主义法制权威和尊严、克服执法不严和司法不公，解决人民最关心的教育、就业、收入分配、社会保障、医药卫生、住房等方面的突出问题，解决促进社会公平正义、完善互联网管理、加强安全生产、保障食品药品安全、改革信访工作制度、创新社会治理体制、维护社会和谐稳定等方面的难题，克服公器私用、以权谋私、贪赃枉法等现象，克服形式主义、官僚主义、享乐主义和奢靡之风，反对特权现象、惩治消极腐败现象等，都需要密织法律之网、强化法治之力。”[17]

总之，面对改革发展稳定的艰难任务和矛盾风险的巨大挑战，依法治国地位更加突出、作用更加重大。要破解改革发展稳定的困境,“要推动我国经济社会持续健康发展,不断开拓中国特色社会主义事业更加广阔的发展前景,就必须全面推进社会主义法治国家建设,从法治上为解决这些问题提供制度化方案”。[18]

(八)全面依法治国有利于推进国际关系法治化和世界法治文明

进入21世纪之后,法治越来越成为文明国家的基本共识和人类社会的普遍价值,成为我们这个时代的主旋律。我们正在走入一个法治的时代,国际社会正在呈现出一种法治化的趋势。正如当前国内的很多问题已经纳入法治的轨道,国家之间、区域之间乃至世界范围内的很多问题也越来越多地纳入法治轨道。这些年,联合国积极推动建设国际法治,取得了不少成绩。2005年《世界首脑会议成果文件》将法治作为一项价值观和基本原则,呼吁在国家和国际两级全面实行法治。联合国大会及其第六委员会和国际法委员会,致力于国际条约的制定和国际法的编纂,为“国际立法”作出了积极贡献。安全理事会积极预防和解决地区冲突,设立特设刑事法庭,把违反国际人道法和人权法的个人绳之以法,通过法治手段,维护国际和平与安全。国际法院通过司法手段解决国际争端,其判决和咨询意见阐明了国际法的有关原则和规则,丰富和发展了国际法。从2006年开始,联合国大会第六委员会开始讨论国家和国际两级法治的问题。对于这个问题的研讨不仅具有重要的现实意义,有利于扩大各国在加强法治方面的共识,而且体现出世界各国共同努力建设一个法治世界的愿望。在这样的时代背景下,推进依法治国、建设法治中国,毫无疑问是顺应历史潮流的正确选择。同时,应当看到,中国作为一个负责任的大国,中国执政党和政府依法治国、厉行法治,是推动国际关系法治化的强大力量和坚实基础。当中国在法治中和平崛起,在法治中走向富强、民主、文明、和谐,在全面依法治国进程中成为一个法治强国的时候,世界秩序将随之变得更加公正、更加合理、更加文明、更加稳定。

注 释

1 习近平:《在省部级主要领导干部学习贯彻党的十八届四中全会精神全面推进依法治国专题研讨班上的讲话》(2015 年 2 月 2 日),载中共中央文献研究室编:《习近平关于全面依法治国论述摘编》,中央文献出版社 2015 年版,第 14 页。

2 习近平:《在省部级主要领导干部学习贯彻党的十八届四中全会精神全面推进依法治国专题研讨班上的讲话》(2015 年 2 月 2 日),载中共中央文献研究室编:《习近平关于全面依法治国论述摘编》,中央文献出版社 2015 年版,第 15 页。

3 习近平:《在中共十八届四中全会第二次全体会议上的讲话》(2014 年 10 月 23 日),载中共中央文献研究室编:《习近平关于全面依法治国论述摘编》,中央文献出版社 2015 年版,第 12 页。

4 习近平:《在中共十八届四中全会第二次全体会议上的讲话》(2014 年 10 月 23 日),载中共中央文献研究室编:《习近平关于全面依法治国论述摘编》,中央文献出版社 2015 年版,第 8 页。

5 《邓小平文选》(第 3 卷),人民出版社 1993 年版,第 311、379 页。

6 习近平:《加快建设社会主义法治国家》(2014 年 10 月 23 日),载中共中央文献研究室编:《习近平关于全面依法治国论述摘编》,中央文献出版社 2015 年版,第 29 页。

7 习近平:《在中共十八届四中全会第二次全体会议上的讲话》(2014 年 10 月 23 日),载中共中央文献研究室编:《习近平关于全面依法治国论述摘编》,中央文献出版社 2015 年版,第 11 页。

8 习近平:《在中共十八届四中全会第二次全体会议上的讲话》(2014 年 10 月 23 日),载中共中央文献研究室编:《习近平关于全面依法治国论述摘编》,中央文献出版社 2015 年版,第 12 – 13 页。

9 习近平:《关于〈中共中央关于全面推进依法治国若干重大问题的决定〉的说明》(2014 年 10 月 20 日),载中共中央文献研究室编:《习近平关于全面依法治国论述摘编》,中央文献出版社 2015 年版,第 7 页。

10 习近平:《在中共十八届四中全会第二次全体会议上的讲话》(2014 年 10 月 23 日),载中共中央文献研究室编:《习近平关于全面依法治国论述摘编》,中央文献出版社 2015 年版,第 11 页。

11 习近平:《在中共十八届四中全会第二次全体会议上的讲话》(2014 年 10 月 23 日),载中共中央文献研究室编:《习近平关于全面依法治国论述摘编》,中央文献出版社 2015 年版,第 8 页。

12 习近平:《在中共十八届四中全会第一次全体会议上关于中央政治局工作的报告》(2014 年 10 月 20 日),载中共中央文献研究室编:《习近平关于全面依法治国论述摘编》,中央文献出版社 2015 年版,第 4 – 5 页。

13 习近平:《关于〈中共中央关于全面推进依法治国若干重大问题的决定〉的说明》(2014 年 10 月 20 日),载中共中央文献研究室编:《习近平关于全面依法治国论述摘编》,中央文献出版社 2015 年版,第 7 页。

14 (宋)王安石:《临川先生文集》,中华书局 1959 年版,第 678 页。

15 习近平:《关于〈中共中央关于全面推进依法治国若干重大问题的决定〉的说明》(2014 年 10 月 20 日),载中共中央文献研究室编:《习近平关于全面依法治国论述摘编》,中央文献出版社 2015 年版,第 6 页。

16 习近平:《在中共中央召开的党外人士座谈会上的讲话》(2014 年 8 月 19 日),载中共中央文献研究室编:《习近平关于全面依法治国论述摘编》,中央文献出版社 2015 年版,第 6 页。

17 习近平《在中共十八届四中全会第二次全体会议上的讲话》(2014 年 10 月 23 日),载中共中央文献研究室编:《习近平关于全面依法治国论述摘编》,中央文献出版社 2015 年版,第 10 – 11 页。

18 习近平:《关于〈中共中央关于全面推进依法治国若干重大问题的决定〉的说明》(2014 年 10 月 20 日),载中共中央文献研究室编:《习近平关于全面依法治国论述摘编》,中央文献出版社 2015 年版,第 6 页。

新时代全面依法治国战略布局和重大任务*

党的十九大宣布:“经过长期努力,中国特色社会主义进入了新时代,这是我国发展新的历史方位。”伴随着中国特色社会主义新时代的前进步伐,我国社会主义法治也进入新时代,踏上新征程。站在新的历史方位,应如何深刻把握法治中国建设的实践依据、理论依据和基本特征,如何深刻把握新时代法治建设的主题、目标和任务,如何在中国特色社会主义法治道路上建设中国特色社会主义法治体系和法治国家?站在新时代的历史方位,如何回应人民在民主、法治、公平、正义、安全、环境、发展等方面日益增长和不断提高的要求,如何为党和人民提出既振奋人心又贴近实际的法治建设战略布局和重大任务?以习近平同志为核心的党中央进行了一系列创造性的探索,作出了科学论证和顶层设计,形成并不断完善全面依法治国的战略布局和重大任务。

对新时代全面依法治国的战略布局和重大任务进行概述、梳理,主要有三个基本依据。

一是党的十八届四中全会通过的《中共中央关于全面推进依

---

* 本文系作者 2018 年 9 月 26 日在中国法学会主办的“第十三届中国法学家论坛”上的主旨报告的节选。

法治国若干重大问题的决定》。

党的十八大提出全面推进依法治国，加快建设社会主义法治国家。为了全面推进依法治国，十八届四中全会作出了《中共中央关于全面推进依法治国若干重大问题的决定》，首次明确提出，全面推进依法治国的总目标是建设中国特色社会主义法治体系，建设社会主义法治国家，并把建设中国特色社会主义法治体系作为全面依法治国的“总抓手”。这就是，在中国共产党领导下，坚持中国特色社会主义制度，贯彻中国特色社会主义法治理论，形成完备的法律规范体系、高效的法治实施体系、严密的法治监督体系、有力的法治保障体系。

在这个总目标、总抓手之下，十八届四中全会明确了全面推进依法治国的重大任务，这就是：完善以宪法为核心的中国特色社会主义法律体系，加强宪法实施；深入推进依法行政，加快建设法治政府；保证公正司法，提高司法公信力；增强全民法治观念，推进法治社会建设；加强法治工作队伍建设；加强和改进党对全面推进依法治国的领导。全会号召全党同志和全国各族人民“为建设法治中国而奋斗”！

二是习近平总书记在党的十九大上所作的《决胜全面建成小康社会夺取新时代中国特色社会主义伟大胜利》报告。

党的十九大报告提出，全面依法治国是新时代坚持和发展中国特色社会主义的基本方略之一，全面依法治国是国家治理的一场深刻革命，并以“深化依法治国实践”为标题布局了全面依法治国，提出了全面依法治国的重大任务，包括：“加强宪法实施和监督，推进合宪性审查工作，维护宪法权威。推进科学立法、民主立法、依法立法，以良法促进发展、保障善治。建设法治政府，推进依法行政，严格规范公正文明执法。深化司法体制综合配套改革，全面落实司法责任制，努力让人民群众在每一个司法案件中感受到公平正义。加大全民普法力度，建设社会主义法治文化，树立宪法法律至上、法律面前人人平等的法治理念。各级党组织和全体党员要带头尊法学法守法用法，任何组织和个人都不得有超越宪法法律的特权，绝不允许以言代法、以权压法、逐利违法、徇私枉法。”十九大还作出“成立中央全面依法治国领导小组，加强对法治中国建设的统一领导”的决定。根据十九届三中全会的决定，成立了“中央全面依法治国委员会”。

三是中央全面依法治国委员会第一次会议及习近平总书记在会议上的重要讲话。

2018 年 8 月 24 日，中央全面依法治国委员会第一次会议在京召开，这是具有里程碑标志、划时代意义的会议。会议审议通过了《中央全面依法治国委员会工作规则》《中央全面依法治国委员会 2018 年工作要点》，审议了《中华人民共和国人民法院组织法（修订草案）》《中华人民共和国人民检察院组织法（修订草案）》，研究部署了中央全面依法治国委员会近期工作。

在会上，习近平总书记发表了重要讲话。在讲话中，习近平总书记深刻论述了新时代全面依法治国的重大意义，作出了“全面依法治国具有基础性、保障性作用”的论断，要求更好发挥法治固根本、稳预期、利长远的保障作用；深刻阐述了成立中央全面依法治国委员会的重大意义，指出：当前我国正处于实现“两个一百年”奋斗目标的历史交汇期，坚持和发展中国特色社会主义更加需要依靠法治，更加需要加强党对全面依法治国的领导。党中央决定成立中央全面依法治国委员会，是贯彻落实党的十九大精神、加强党对全面依法治国集中统一领导的需要，是研究解决依法治国重大事项重大问题、协调推进中国特色社会主义法治体系和社会主义法治国家建设的需要，是推动实现“两个一百年”奋斗目标、为中华民族伟大复兴中国梦提供法治保障的需要。在讲话中，习近平总书记把党的十八大以来形成的全面依法治国新理念新思想新战略凝练为“十个坚持”，强调指出，这“十个坚持”“明确了全面依法治国的指导思想、发展道路、工作布局、重点任务。这些新理念新思想新战略,是全面依法治国的根本遵循,必须长期坚持、不断丰富发展。”

一、新时代全面依法治国的战略布局

中央全面依法治国委员会第一次会议根据党的十九大作出的战略部署和习近平总书记重要讲话精神,提出了今后一个时期全面依法治国的战略布局。这就是:以全面依法治国新理念新思想新战略为指导,坚定不移走中国特色社会主义法治道路,以建设中国特色社会主义法治体系和建设社会主义法治国家为总目标,以建设中国特色社会主义法治体系为总抓手,坚持依法治国、依法执政、依法行政共同推进,法治国家、法治政府、法治社会一体建设,深入推进科学立法、严格执法、公正司法、全民守法,开辟法治中国建设新局面。

二、新时代全面依法治国的任务

根据党的十九大作出的战略部署和习近平总书记重要讲话精神,中央全面依法治国委员会第一次会议提出了近期全面依法治国的任务。经过仔细研究,我认为这些任务可分为统领性任务和重点任务两类,即“1 +7”。

统领性任务,即具有根本性、全局性、长远性的任务,就是:健全党领导全面依法治国的制度和工作机制,继续推进党的领导制度化、法治化,把党的领导贯彻到全面依法治国全过程和各方面,实现党领导立法、保证执法、支持司法、带头守法,为全面建成小康社会、全面深化改革、全面从严治党提供长期稳定的法治保障。

七项重点任务包括:

第一项重点任务：加强对全面依法治国的运筹谋划、顶层设计。研究制定法治中国建设规划，发挥顶层设计的政治引领、理论导航、行动指南作用。习近平总书记指出，制定规划，要统筹考虑我国经济社会发展状况、法治建设总体进程、人民群众需求变化等综合因素，使规划更科学、更符合实际。要按照党的十九大确定的法治中国建设路线图，确定近期规划和中长期战略规划。

近期规划要同2020年全面建成小康社会相衔接。全面建成小康社会，在法治领域就是要达到依法治国基本方略全面落实，中国特色社会主义法律体系更加完善，法治政府基本建成，司法公信力明显提高，人权得到切实保障，产权得到有效保护，国家各项工作法治化。我们有时候把这些指标称为“法治小康”。法治建设的近期规划要与“法治小康”指标衔接。

中期规划要围绕2035年法治国家、法治政府、法治社会基本建成来设计。根据党的十九大作出的战略安排，在2020年实现“法治小康”的基础上，继续坚持全面依法治国基本方略，深化依法治国实践，加快法治中国建设，到2035年基本实现代化的时候，“人民平等参与、平等发展权利得到充分保障，法治国家、法治政府、法治社会基本建成，各方面制度更加完善，国家治理体系和治理能力现代化基本实现”。“现代社会治理格局基本形成，社会充满活力又和谐有序。”

远期规划要根据把我国建成富强民主文明和谐美丽的社会主义现代化强国目标来谋划。党的十九大提出了从2035年到21世纪中叶的发展规划。到21世纪中叶，将基本实现把我国建成富强民主文明和谐美丽的社会主义现代化强国的目标。到那时，我国物质文明、政治文明、精神文明、社会文明、生态文明将全面提升，实现国家治理体系和治理能力现代化。党的十九大报告并未对30年后社会主义现代化强国作出详细的描述、规定具体的指标，而是给出了符合历史逻辑的概念图，这体现了以习近平同志为核心的党中央求真务实的科学精神。虽然没有具体描述，但是根据“政治文明”“国家治理体系和治理能力现代化”“现代化强国”这几个关键词，根据“现代化国家必然是法治国家”“现代化强国必然是法治强国”“现代化的国家必然是法治现代化的国家”这三个命题以及中国现代化的历史与理论逻辑，远期战略规划的核心是全面建成法治中国、实现法治强国的伟大目标。

第二项重点任务：全面贯彻实施宪法。习近平总书记指出：“宪法与国家前途、人民命运息息相关。维护宪法权威，就是维护党和人民共同意志的权威。捍卫宪法尊严，就是捍卫党和人民共同意志的尊严。保证宪法实施，就是保证人民根本利益的实现。只要我们切实尊重和有效实施宪法，人民当家作主就有保证，党和国家事业就能顺利发展。反之，如果宪法受到漠视、削弱甚至破坏，人民权利和自由就无法保证，党和国家事业就会遭受挫折。这些从长期实践中得出的宝贵启示，必须倍加珍惜。我们要更加自觉地恪守宪法原则、弘扬宪法精神、履行宪法使命。”“法治权威能不能树立起来，首先要看宪法有没有权威。必须把宣传和树立宪法权威作为全面推进依法治国的重大事项抓紧抓好，切实在宪法实施和监督上下功夫。”

党的十八大以来，为保证宪法实施，习近平总书记反复强调，“宪法的生命在于实施，宪法的权威也在于实施”，要求坚持不懈抓好宪法实施工作。十八届三中全会提出，要进一步健全宪法实施监督机制和程序，把全面贯彻实施宪法提高到一个新水平。十八届四中全会提出一系列保障宪法实施的改革举措。十九大进一步把加强宪法实施和监督作为深化依法治国实践的首要任务，把“推进合宪性审查工作”作为维护宪法权威、加强宪法实施和监督的重要抓手。习近平总书记在中央全面依法治国委员会第一次会议上把“全面贯彻实施宪法”作为党和国家政治生活中的一件大事，作为全面依法治国的最重要的任务。

全面贯彻实施宪法，最根本的是坚持党的领导。习近平总书记指出，宪法是我们党长期执政的根本法律依据。我国宪法确认了中国共产党的执政地位，确认了党在国家政权结构中总揽全局、协调各方的核心地位，这是中国特色社会主义最本质的特征，是中国特色社会主义制度的最大优势，是社会主义法治最根本的保证。所以，贯彻实施宪法，最根本的是把党的领导贯穿全面依法治国各方面全过程，体现在国家政治生活和社会生活之中。全面贯彻实施宪法，最关键的是坚持“依宪执政”“依宪治国”。新时代中国特色社会主义发展，对我们党依宪治国、依宪执政提出了新的更高要求。我们要坚持党领导立法、保证执法、支持司法、带头守法，把依法治国、依法执政、依法行政统一起来，把党总揽全局、协调各方同人大、政府、政协、监察机关、审判机关、检察机关依法依章程履行职能、开展工作统一起来，把党领导人民制定和实施宪法法律同党坚持在宪法法律范围内活动统一起来。要继续推进党内法规制度体系建设，注重党内法规同国家宪法法律的衔接和协调，加强党内法规备案审查工作。最重要的制度安排，是坚持党的领导、人民当家作主、依法治国的有机统一；最常规的工作，是在全社会深入开展尊崇宪法、学习宪法、遵守宪法、维护宪法、运用宪法宣传教育活动，弘扬宪法精神；最迫切需要的，是加强宪法实施和监督，健全宪法解释机制，推进合宪性审查工作，保证国家法制统一、尊严和权威。

第三项重点任务：推进科学立法、民主立法、依法立法，完善以宪法为核心的中国特色社会主义法律体系，以良法促进发展、保障善治。要把社会主义核心价值观贯穿立法之中，进而有效地贯穿于执法、司法、守法各环节，使社会主义法治成为良法善治。努力让人民群众在每一项法律制度、每一个执法决定、每一宗司法案件中都充分感受到公平正义。立法方面的重点工作，是围绕党的十九大作出的重大战略部署以及深化党和国家机构改革涉及的立法问题，完善全国人大常委会和国务院的立法规划，加强重点领域立法。例如，完善国家机构（包括党政合一的机构）的组织法和编制法，为深化党和国家机构改革、保障党和国家机构规范高效运行提供亟需的法律依据；加强保障和发展人权和公民权利的立法、民主政治立法、文化事业立法、民生与社会立法、生态环境立法；加强互联网治理立法，规范和引导大数据、云计算、人工智能、基因工程的立法；加快反腐败国家立法、国家安全立法、积极应对国际贸易挑战的立法等。要以保护产权、维护契约、统一市场、平等交换、公平竞争、有效监管为基本导向，完善社会主义市场经济法律制度，营造公平竞争、规范有序的经济法治环境。尤其要围绕“实施国家重大发展战略法治要先行”的决策，做好相应的立法、修法、释法工作。

第四项重点任务：加强法治政府建设。习近平总书记指出，建设法治政府是全面依法治国的重点任务和主体工程。党的十八大以来，在全面依法治国的总体框架内，以“建成职能科学、权责法定、执法严明、公开公正、廉洁高效、守法诚信的法治政府”为目标导向，以“依法全面履行政府职能、健全依法决策机制、深化行政执法体制改革、坚持严格规范公正文明执法、强化对行政权力的制约和监督、全面推进政务公开”为主要路径，法治政府建设取得了显著成效，然而，以上述法治政府的六条标准和建设法治政府的六个路径衡量，现实仍有较大差距。针对这种情况，党的十九大提出，要持续“推进依法行政，严格规范公正文明执法”“深化机构和行政体制改革”“转变政府职能，深化简政放权，创新监管方式，增强政府公信力和执行力，建设人民满意的服务型政府”。中央全面依法治国委员会第一次会议强调，要认真落实建设法治政府的规划，并把健全依法决策机制、深化行政执法体制改革、完善党政主要负责人履行推进法治建设第一责任人职责的约束机制，作为法治政府建设的当务之急。

第五项重点任务:深化司法体制改革。推进司法体制改革是全面依法治国、建设法治中国的重中之重。党的十八大以来,以习近平同志为核心的党中央着力推进司法体制改革,解决了许多长期想解决而没有解决的难题,办成了许多过去想办而没有办成的大事。推进司法体制改革的力度前所未有,建设公正高效权威的社会主义司法制度,建设更高水平的社会主义司法文明的成效也前所未有。然而,由于各种原因,司法体制改革仍在一定程度上存在不配套、不协调、进展不平衡、实效不充分、有些地方的改革措施违背司法规律等问题。为此,党的十九大和中央全面依法治国委员会第一次会议都要求牢牢抓住司法责任制这个"牛鼻子",深入研究司法体制综合配套改革方案,全面落实司法责任制,加快构建权责一致的司法权运行新机制。

第六项重点任务:推进法治社会建设。党的十九大把法治社会建设作为法治中国建设的重心,强调打造共建共治共享的社会治理格局,完善党委领导、政府负责、社会协同、公众参与、法治保障的社会治理体制,提高社会治理社会化、法治化、智能化、专业化水平;努力健全自治、法治、德治相结合的乡村治理体系;推动实现政府治理和社会调节、居民自治良性互动的社区治理体系;推进社会主义法治文化建设,加大全民普法力度,在全社会增强法治观念,树立宪法法律至上、法律面前人人平等的法治理念,使尊法学法守法用法成为全体人民尤其是各级党组织和全体党员的共同追求和自觉行动;推进平安中国建设,为人民群众创造安居乐业的法治环境。中央全面依法治国委员会第一次会议进一步提出,要结合新的形势推广"枫桥经验",并不断总结新鲜经验,完善"依法防范风险、化解矛盾、维护权益的机制","加快形成共建共治共享的现代基层社会治理新格局"。当前,法治社会建设的目标和重点任务已经明确,但是缺少一个总体的规划,习近平总书记要求抓紧制定法治社会建设相关方案。

第七项重点任务:加强法治工作队伍建设和法治人才培养,我称之为“人才强法战略”。党的十八大以来,以习近平同志为核心的党中央高度重视法治队伍尤其是专门法治队伍建设。习近平总书记在十八届四中全会上指出:“全面推进依法治国,建设一支德才兼备的高素质法治队伍至关重要。”在全面依法治国委员会第一次会议上,习近平总书记精辟地指出:“法治工作是政治性很强的业务工作,也是业务性很强的政治工作”;强调要发挥好国家统一法律职业资格考试制度的“指挥棒”作用,把好法律职业入口关;更好发挥法学教育基础性、先导性作用,提高法治人才培养质量,确保立法、执法、司法工作者信念过硬、政治过硬、责任过硬、能力过硬、作风过硬。

法治中国在砥砺中前行*

问:如何理解法治与法治国家?

答:法治首先是一种治国方略,就是依据体现了公共意志的,或者说体现了广大人民群众意志的法律规则来治理社会。其次,它体现了一种依法办事,就是大家都按照规则来行事,有法可依,有法必依,执法必严,违法必究。在封建社会也有规则,但是那个时候的规则,是由君主来制定,大臣来遵守,老百姓是服从规则。现在,是法律面前一律平等,规则制定者首先就是规则的执行者。制定体现了公众意志,所以说也是一种人民主体。

我个人对法治国家归结出这样一些基本特征:第一,法律之治,通过法律来治理。第二,通过法律来进行社会整合,把人们的思想、行为统一到法律上。第三,法律经由体现人民群众意志的国家机关来制定。第四,法律尊重和保障人权。第五,法律具有极大的权威性,法律至上。第六,法律具有连续性。第七,法律具有稳定性,不能朝令夕改。第八,法律着眼于维护社会的公平正义,促进社会和谐。第九,法律能够制约国家权力,防止国家权力异变。

---

* 本文原系作者与江苏电视台记者的对话,发表于《南京社会科学》2013 年第 3 期,《新华文摘》2013 年第 11 期全文转载,收入本书时作者作了若干文字修改。

第十,在全球化的时代,这个法律和国际的规则要能够衔接一致,共同促进国际社会的公平和正义。

我自己把中国特色社会主义法治概括为五个方面:第一,依法治国与依法执政的有机统一。第二,法治国家与法治社会的有机统一,我们既需要一个法治的国家,实现公共领域的法治化,我们也需要一个法治的社会,实现经济、社会生活方方面面有法可依。第三,依法治国与以德治国的有机结合。第四,党的领导、人民当家作主和依法治国的有机统一,这也是我们国家政治文明的鲜明特色。第五,继承中华文化的优秀成果与借鉴人类法治文明优秀成果的统一,我们中华法律文化博大精深、源远流长。

问:如何理解“法治是治国理政的基本方式”?

答:这是一个非常精辟、非常科学的命题,深化了党对于法治规律、社会建设规律、党的执政规律的认识。1958 年中央政治局扩大会议上,毛泽东同志讲,法律这个东西没有也不行,但是,我们有我们的一套,我们一年开几个会,每个会议就是法律,我们每年发一些文件,文件就是法律。刘少奇同志讲,究竟是人治还是法治,我看还是依靠人,法律只能作为办事的参考。在 1958 年这次会议之后,刚刚起步的法治建设就一落千丈了。所以邓小平同志总结这一段深刻的教训,得出一个结论:“搞人治危险得很,搞法制才靠得住。”既要更加重视法治在国家治理和社会管理中的作用,也要培养一批又一批卓越的治国理政的法律人才,还要对各级领导干部进行法律知识的普及、法治理念的教育和法治思维方式的训练。

问:法治中国取得的成就有哪些?

答:改革开放以来,中国法治走了一条快速发展的道路,我们走过了西方发达国家几百年的法治建设的历程,所以 2011 年我们宣布中国特色社会主义法律体系已经形成,基本实现有法可依,这是了不起的结果。群众的法律意识、群众的法治思维,已经有了很大的进步,我觉得也是巨大的,现在人民群众,普通的老百姓都习惯用权利的眼光来审视法律，我的权利在法律当中得到体现没有？法律规定我的权利，政府是不是给了有效保障？我受到侵害的权利能不能够去起诉，能不能够得到救济？这样一种思维方式，已经可以说是深入人心了。

中国的法治建设取得了巨大的成就，得到了世界的广泛认可。第一，中国特色社会主义宪法事业取得巨大的进步。第二，中国特色社会主义法律体系已经形成。第三，依法行政、建设法治政府取得了突破性的进展。第四，深化司法改革，公正、高效、权威的社会主义司法制度已经出现在我们的面前。第五，全社会更加重视法治，全社会更加自觉地遵守宪法和法律。

问：我国在依法治国过程中还存在哪些问题？

答：当然，在取得巨大成就的同时，也要看到我们还存在很多问题。比如说我们还有很多重要的领域，还没有基本的法律，甚至连行政法规和规章也没有；我们制定了很多法律，但是法律实施的效果不够理想，特别是受到各种各样的干扰，法律在实施过程当中打折扣的现象还是相当普遍，我想这些都是亟待解决的。

问：如何解释和处理我们法律中目前存在的一些“死法”“笨法”“恶法”？

答：“死法”就是说长期不用，比方说《刑法》原来的一些死罪，从来就没有适用过，所以在《刑法》第八次修改的时候，去掉了13个死罪罪名。“笨法”就是说有这样一些规定，它没有有效地调整社会关系，这个法律规定得很粗糙，缺乏有的放矢，过于笼统、笨拙，解决不了问题，所以把它称为“笨法”。“恶法”也是法学上一个专用的术语，这个“恶”不一定是“邪恶”的“恶”，我们讲“恶法”一般是指这个法律规定不公正，或者这个法律可能导致对人权的侵害，比如我们在有关交通事故当中对伤亡人员的赔偿，城市居民的赔偿额要大大地高于农村农民的赔偿额，我们也有类似的司法解释，导致了“同命不同判”，后来这个规章和司法解释也都做了修改。所以我们是在不断地废除、不断地清理、不断地修改这些“死法”“笨法”“恶法”,使得我们的法律更加科学、更加民主、更加有效。

再如孙志刚事件发生之后,法学界和社会上许多有识之士向中央提出了废止收容遣送办法,这样一个容易导致人权受到伤害和践踏的行政法规。中央和国务院有关部门高度重视法学界的呼唤和网络的舆情,启动了这样一个修改的程序,废止了收容遣送办法,而制定了救助管理办法,这是中国由民众推动法治进步的一个典型事例。这也说明法治的进步不单单是政府的推动,更主要的是群众的推动、人民的推动,人民是推动法治进步的主体。

二十年前,我们媒体上很少有法治的话语。我们过去做过一个调研,把 20 世纪 80 年代、90 年代的媒体报道的一些核心问题,涉及社会上的一些热点问题进行统计,那个时候基本上是道德的话语、政策的话语,很少有法治的话语。进入 21 世纪以后,法学的、法治的话语,已经成为我们媒体当中举足轻重的话语体系,这也可以看出,整个中国法治的进步。

问:如何理解立法滞后与有法不依的现象?

答:在我们这个社会,法律的滞后是一种普遍的现象。因为社会生活总是日新月异的,而法律不能朝令夕改,法律不可能做到天衣无缝,这样就需要在执法和司法过程中有适当的自由裁量,通过行政解释,通过司法解释来弥补法律的不足。但社会存在的有法不依是一个顽症,我们现在应该说法律体系形成之后,基本实现了有法可依,但是要做到有法必依,还有很长的路。

一方面,现在社会上还有很多人不把法律当回事,法律的权威还没有在全社会树立起来。另一方面,我们的执法机关在执法问题上还没有做到严格执法。当然,有一些执法是需要成本的,比如说有毒馒头了、劣质的食品药品了,那得有多少执法机关每天挨门挨户地去检查,不可能啊。所以说还是要把老百姓,我们的经营者自身的依法办事和执法必严有机结合起来。单靠政府来执法要解决这些问题，任何一个国家都做不到。

问：我国目前的立法以及推进依法治国的重点和难点有哪些？

答：重点领域的立法我个人的理解主要是三个方面。一是市场经济体制完善过程当中我们遇到的一些法律问题。二是社会管理方面的法律，因为以前我们社会管理当中对法治的问题强调不够，所以在十八大报告中，在原来的党委领导、政府负责、公众参与、社会协同之后，又加了一句话，法治保障。三是保障公民行使公民权利的一些法律还不够完善，比如说我们现在还没有一个完整的新闻法、出版法、社团法，我们现在只有规章或者法规，怎样把规章上升为行政法规，把行政法规上升为法律，我想这也是加快法治建设所提出的问题。

依法治国的重点和难点还是十八大报告提出的四个方面：一是科学立法，我们制定了很多法律，但是有的法律质量不高，还有一些法律没有与时俱进。二是严格执法，我们现在存在执法不严的问题，所以这一次明确提出政府要严格执法。三是公正司法，习近平总书记在首都各界纪念现行宪法公布实施30周年的大会讲话中非常明确地指出，要让人民群众在每一个司法案件中都能够感受到公平正义，绝不允许不公正的审判伤害群众感情，损害群众利益。这就把司法公正的问题提到了前所未有的重视程度，现在司法的权威、司法的公信力来源于司法的公正。四是全民守法，首先是领导干部要学会运用法治思维和法治方式去处理问题，其次，全体公民学法、懂法、尊法、守法还要保护法律，这四个方面我认为是重点，也是难点所在。

问：如何解释行政诉讼案件的激增和约束公权力？

答：第一，在我们这个社会中，公共权力对私人权利的侵害仍然是相当普遍的。第二，最高人民法院和地方各级人民法院进一步敞开了行政诉讼的渠道，有意识地引导群众通过司法程序来化解官民之间的矛盾，促进官民之间的和谐，来依法监督行政机关依法行政，不至于把一些官民矛盾拒斥在法律程序之外。第三，这些年来群众对行政诉讼的信任度有了进一步的提高，大家感觉到，到法院还是能够解决在行政领域权利受到侵害的问题。

国家的权力体系里面，行政权力覆盖到了整个社会的方方面面。我们每一个人从摇篮到坟墓，整个过程都是在行政权力的管理和控制之下。所以，侵害群众利益的事情、侵害公民权利的事情，也主要是来自行政机关，所以才有行政诉讼，才有建设法治政府这方面的强烈的社会要求，也才有了从中央到地方加大依法行政这样一种监督力度。

公权力不受约束，它的危害性是非常之大的，对公权力没有约束就没有边界，它会突破应有的行政权的范围，进而扩大到我们老百姓很多的私人的生活空间。如前几年西安的一个警察到老百姓家里搜黄碟的事情，人家夫妻俩在家里看黄碟，警察到家里，把人家行政拘留，这是明显的公权力没有制约，对私人生活空间的极大侵害。

问：如何建设法治政府？

答：法治国家首先是一个法治政府，用法律来制约和监督权力，就是要制约和监督行政权力，尤其是对城建、工商、税务、交通等执法部门，如果对这样一些强大的行政权力没有有效的法律制约的话，对公民权利的侵害就可想而知了。

一方面就是用人民群众的权利来制约和监督公权力；另一方面是把公共权力分解为决策权、执行权、监督权，实现公共权力之间内部的有效监督和制约。进一步理顺不同执法部门之间的权力边界，然后进一步规范执法的行为，另外还要有一些跨不同部门的综合的执法机构。现在有很多省市建立了综合的执法机构，比如执法大队，就是解决这些谁也不管的事，或者说都想管而管不好的事。

问:如何理解国家赔偿法律?

答:国家违法也是非常常见的事情。这里讲的国家包括各类的国家机关,特别是国家的执法机关、司法机关在内,他们在执法和司法的过程当中,由于事实的问题、法律适用的问题,有意地、无意地、或轻或重地,侵害了公民的财产,甚至公民的人身权利,这就构成了国家赔偿的条件,公民就可以依据法定的条件,提起国家赔偿的诉求。《国家赔偿法》就是针对这样一种侵害而出台的赔偿法律,而且确定了人民法院要设立专门的国家赔偿的审理机构来受理这些国家赔偿的诉求。

问:司法为何越来越受重视?

答:十八大报告给予司法这么大的关注,这在历次党的代表大会的报告里还是第一次。我想,第一,随着法律体系的形成,我国法治建设的重心从立法转向了法律的执行和适用,也就是说转向了司法。第二,随着社会矛盾凸显期的到来,大量的社会矛盾以司法个案的形式涌进了人民法院,出现了"诉讼爆炸""诉讼井喷",中国超乎人们预想地提前进入了诉讼社会。司法,特别是人民法院成为各种利益的竞技场,成为各种矛盾的集散地,它承载的化解社会矛盾、维护公平正义的责任越来越艰巨,越来越重大。第三,人民法院司法供给的能力、司法保障的能力,或者说化解矛盾纠纷、定分止争的能力还相对薄弱,在一些地方司法不公、不廉,司法效率不高,也成为群众最不满意的问题之一。我想由于这样一些问题的存在就使司法问题成为全面推进依法治国进程中的一个重大问题、一个越来越突出的问题。1984 年我在美国留学的时候写过一篇文章,就是美国是一个诉讼社会,这个诉讼社会的标志就是人人都在告状,到处都有官司。

那个时候是不可能想象到中国也会进入诉讼社会,因为当时我们全年的诉讼案件还非常少,但是,三十年后诉讼案件大量地涌现,每年都以 10% 及以上的数量在增加。比如说 2007 年,全国人民法院受理的案件是800万件,去年就突破了1200万件,按照每个案件直接或者间接涉及当事人6名来算的话,我国就有7000多万人涉入诉讼程序当中,或者是当事人,或者是利益的关联人,或者是证人,或者是被告,或者是犯罪的嫌疑人。本来诉讼社会是一个后现代社会的现象,当我们处于现代化过程当中,已经有了后现代社会的景象。

问:从哪些方面推进司法公开?

答:首先是立案公开,什么样的案件能够受理,什么样的案件暂时不能受理,什么样的案件是要通过司法程序来解决,什么样的案件通过行政的或者其他渠道来受理更合适一些。另外还有诉讼费的收费标准、"绿色通道"的一些基本条件等。其次是庭审公开,除了那些涉及国家机密、涉及隐私或者是未成年人的案件之外都要公开,不仅一审要公开,二审和再审也要公开。最后是裁判文书的公开,出了判决以后,不仅要及时地送达给当事人,还要在网络上公开,接受社会的监督。还有其他一些公开事项,比如说人民法院的各项内部的院务公开、法院内部的政务公开,甚至有的法院警务公开,公开的事项和范围越来越扩大,真正地把司法权和法院各项权力的运行置于社会的监督之下,这样的话就不得不提高审判的质量和效率,不得不加强审判工作的规范。特别是现在各级人民法院非常重视向媒体的公开,我有一个观点,比方说我们审判案件,越是对媒体公开,越是毫无保留地公开,媒体报道得越客观越公正,也能够更加增进社会对法院的信任和信心。

问:如何确保司法权依法独立行使?

答:从十五大、十六大、十七大都讲到了要保障人民法院、人民检察院依法独立公正地行使审判权和检察权,这一次用的"确保",就是说中央要下大决心来解决司法权独立行使的问题。因为没有独立就没有公正,特别是现代社会"民告官"的情况下,司法机关更加需要独立行使职权,如果站在政府的一边,导致很多"民告官"的案件因此不能胜诉，就是官官相护，或者说人家感觉到官官相护，如果司法机关再受制于行政机关的压力的话，那就更成问题了。还有一个是司法机关行使审判权有一个特点，叫不告不理，法院不能主动去干预社会生活，不能去动员人家来打官司，所以它处于一种受动的状态，不告不理也是保证司法权独立行使的，司法权独立行使包含的内容非常丰富。

问：什么样的思维和方式是法治思维和法治方式？

答：我理解的法治思维是不是有这样几个方面，第一，尊重和保障权利，权利优先。群众的权利是不是得到了尊重和保障，该给他们补偿的是不是补偿到位了，我想这个就是一个权利优先的理论。第二，公平正义，因为法治的核心价值就是保障公平正义。法治、法律这样一些概念，在西方同时包含着公平的意思；在我们中国的语言当中，也有“法者，平之如水”的说法，比如说教育、就业、社会保障等方面，是不是兼顾到了不同的利益群体、不同阶层的人们，特别是是否考虑到了社会弱势群体、社会弱者。第三，理性平和，不要动不动就用国家暴力，动不动就用警力和国家强制力来推行经济社会发展中的一些政策措施。

比如我们以房屋拆迁为例。第一，房屋拆迁是不是为了一种公共利益，不能为了另一个人的利益来行使国家权力，必须是出于公共利益。比如我们要建高速公路，或者要进行棚户区的改造。第二，在程序上，是不是严格地审查了被拆迁人的合法权利。第三，是不是尊重了被拆迁人的意愿，征得他的同意。第四，在非常需要的情况下进行强迁，要善用司法程序，由人民法院进行司法审查，因为在拆迁和被拆迁之间有一个中立者——人民法院来审查，强迁的申请是不是合法、是不是合理，必要的审查程序是不是完备，安置的措施是不是到位，在这种情况下法院才能作出准予强迁或者不准强迁的裁决。这样的一些过程，这样的一些措施，实际上都是一种法治思维和法治方式。

问:如何理解维稳的前提必须是维权?

答:有一些事件是由于群众的利益、群众的权利受到侵害而激发起来的;有一些可能是小题大做,被炒作起来,被少数人操纵起来的。有相当一部分的群体性事件的发生都是因为维权的问题没有到位,无非是土地征用、房屋拆迁,另外还有道路建设、企业改制,比如说破产案件、集资案件的处理,没有真正地维护群众利益,甚至损害群众利益,才会引发群体性的事件。我想,这就向我们提出一个问题,如何做好维稳,前提必须是维权,权利得不到维护,维稳的工作不可能做得好。所以我有一个基本的观点:先维权,然后去维稳,而维稳也必须着眼于维权,并且有利于权利的维护和保障。

问:如何理解法治精神与理性精神?

答:法治精神里非常重要的一条就是理性精神。群众、被拆迁人、土地被征用的人也要理性地合法地来维护自己的权利,而不要采取极端的行为。所以不光政府要理性平和,要依法办事,群众也要理性平和,也要依法维权。

第一个层面,在全社会实现有法可依、有法必依、执法必严、违法必究。实现科学民主立法、严格执法、公正司法和全民守法。第二个层面,也是更深刻的层面,就是人权得到保障,公平得到保障,和谐得到保障,社会的稳定和发展得到保障,国家长治久安,国泰民安。第三个层面,中国的法治在国际社会的话语权显著提升,中国参与国际法治的深度不断地加强,在全球治理结构中发挥大国的作用。

法治改变着中国,推动着社会的进步,公平正义在以一种看得见、摸得着的方式,走近群众,温暖你我。但是路漫漫其修远兮,在新的征程上,中国法治面临的问题呼唤更深层次的思考。我们相信,法治中国的铿锵步伐将会更加坚定!

伴随着我国立法的完备、依法行政大力推进、司法更加公正、执法更加公开透明，法治正在用制度的力量改变着人们的生活，也改变了中国社会的面貌，一个高扬公平正义旗帜的法治中国正在到来。我们期待着，也共同向这个美好的前景努力着。

法治中国:中国人的法治梦*

党的十八大之后,习近平总书记满怀豪情地提出了中国梦。在十二届全国人大一次会议闭幕式上,习近平总书记对中国梦作出了激荡人心的解读。

中国梦,是宏大愿景,是由一个个具体的理想信念和奋斗目标编织而成的,诸如富强中国、民主中国、文明中国、和谐中国、公正中国、平安中国、美丽中国、法治中国等。作为法律人,我们倍加关注法治中国。

“法治中国”是中国共产党在21世纪的伟大纲领,也是全国人民的梦寐以求。为建设法治国家,我们已经做了很多努力;为建设法治中国,我们需要做更多的努力!

一、“法治中国”概念的形成和法治中国梦的提出

“法治中国”是“法制国家”“法治国家”概念的升华。关于法制建设目标,在20世纪50年代,董必武同志提出“有法可依、有法必依”。改革开放之后,邓小平同志加了两句话“执法必严、违法必

* 本文系作者2013年7月16日在长沙召开的“法治中国建设理论与实践学术研讨会”上的主题报告。

究”，于是有了法制建设的“十六字方针”。1996 年 2 月，江泽民同志提出“依法治国，建设社会主义法制国家”。同年 3 月，八届全国人大四次会议把“依法治国，建设社会主义法制国家”作为一条基本方针，写入《中华人民共和国国民经济和社会发展“九五”计划和 2010 年远景目标纲要》。1997 年，党的十五大进一步明确提出“依法治国，建设社会主义法治国家”，用“法治国家”取代了此前提出的“法制国家”。1999 年 3 月，九届全国人大第一次会议对 1982 年《宪法》进行第三次修改，将“法治国家”入宪，明确规定：“中华人民共和国实行依法治国，建设社会主义法治国家。”2007 年，党的十七大提出“全面落实依法治国基本方略，加快建设社会主义法治国家”。2012 年，党的十八大在十五大、十六大、十七大提出的依法治国基本方略的基础上，就法治问题阐述了许多新思想、新论断，作出了全面推进依法治国的战略决策，开创了法治建设的新局面。十八大以来，习近平总书记就法治建设发表了若干重要讲话，提出了许多新的科学的观点、命题和论断，特别是十分明确地提出了“法治中国”概念。这一概念的提出是习近平同志在地方工作期间提出的“法治浙江”命题的合乎逻辑的放大与拓展。在“中国梦”这一雄壮的交响乐中加入法治中国篇章，具有极为重要的现实意义和深远的历史意义。“法治中国”比“法治国家”内涵更加丰富、思想更加深刻、形式更加生动。其主要的升华在于：法治国家主要是国家层面的法治，而法治中国则不仅包括国家层面的法治，而且包括政党层面、政府层面的法治，还包括社会层面的法治。建设法治国家，核心是国家机器、国家权力（包括立法权力、行政权力、司法权力等在内的权力体系）运行的法治化和国家各项工作的法治化，而建设法治中国除了建设法治国家、法治政府之外，还要建设法治政党、法治社会等。

二、“法治中国”的愿景

法治中国是依法治国、依法执政、依法行政、依法管理社会和社会依法自治的有机统一，是法治国家、法治政党、法治政府、法治社会的有机统一。

（一）依法治国，建设法治国家

依法治国、法治国家的理念来源于法治的一般原理。现代法治同现代社会的政治文明密不可分。它意味着对国家权力的限制，对权力运行的制约与制衡，对公民自由和权利的平等保护等；意味着立法、行政、司法以及其他国家活动必须服从法治的一些基本原则：人民主权原则、人权原则、正义原则、公平合理且迅捷的程序原则等。法治要求国家维护和保障法律秩序，但国家必须首先服从法律的约束和规制；法治同样也要求人民服从法律，但人民服从的法律必须是建立在法律面前人人平等、尊重和保障人权的基础之上；法治要求政府具备政治理性，同时也要求民众富有公共理性。这一意义上的“法治”是一个涵盖民主、自由、平等、人权、理性、文明、秩序、正义、合法性等诸种社会价值的综合观念，这种综合观念就是法学家所称的“法治主义”。

依法治国是法治理念与国家制度的有机结合，其目标是建设法治国家，发展政治文明。

一个成熟的法治国家（法治主义的国家）通常包括四方面的内容：

1.“法律之治”（法律至上）

“法律的统治而非人的统治”，是一切法治国家的灵魂和原则。所谓“法律的统治”即意味：（1）社会行为和社会关系均要纳入法律的轨道，接受法律的调整；（2）凝聚公意的宪法和法律高于任何个人、政党和社会团体的意志,有至上的效力和权威;(3)政府的一切权力均源于宪法和法律,且要依照既定和公开的法律行使;(4)公民受法律平等保护,任何人都不得享有法外特权,任何人违法都要受法律的制裁。当这些前提成为现实的条件时,统治是一般规则的实施,国家的政治统治就是“法律的统治”。当然,要注意不能把这里的“法律”泛化,把不具备法律性质,不是法律渊源的文件、指示、领导人的讲话当作法律,也不能把“土政策”叫作法律,把出于地方主义、本位主义、部门私利搞出来的规定叫作法律。

2.“人民主体”

法治国家是人民民主、人民主权的国家,所以,法治的主体是人民。在法治国家,一切权力属于人民,人民依照宪法和法律规定,通过各种途径和形式行使权力,依法管理国家事务,管理经济文化事业,管理社会事务。与法治的主体是人民相对应,法治的客体是国家机器和国家权力。依法治国的“国”首先是国家机器和国家权力意义上的国。根据马克思主义的观点,国家是代表统治阶级或人民管理社会的公共权力。所以,依法治国首先是依法治权、治吏,这是不言而喻的。依法治权、治吏的重点又是依法制约和治理国家行政权力。法治国家以人民主体为原则,其理由还在于,“一个切实可行并有效的法律制度必须以民众的广泛接受为基础”。[1]

3.“有限政府”

现代国家的主权,不在政府而在人民。作为一种以保障和发展人民权利为目的的公共设施,法治的原则要求国家的一切权力均应来自宪法和法律的设置,来源于人民的授予,依法而治、为人民行使。同时,依法而治的国家必然只能是权力受到限制的国家。因此,宪法和法律必须对一切授予的权力以及这些权力的分配、取得和行使方式有明确的规定,并确保国家权力的行使是在服从宪法和法律的前提下进行的;国家的权力尽管强而有力,但必须限于公民权利范围之外；司法或专门机构必须有能力对行政行为的合法性进行审查，并依法审理“民告官”的诉讼案件。

4.“程序中立”

(1)国家的立法、行政、司法等权能应分属于互不隶属的不同机构，不能由一个机关既立法，又执法，还司法。(2)公民或其选举出来的代表应有参与公共事务讨论、选择政府组成人员的权利。(3)立法和行政、司法制度的安排不应为公民的参与和对话设置实质性障碍，有关决策应建立在对话性共识基础上。(4)任何决策都应当在平等地听取各方意见的前提下作出，禁止任何政治势力和利益集团违背正当的法律程序，盗用国家机器实施压制性统治。(5)程序中立特别要求政府在利益冲突格局中保持中立立场，即在多元利益重叠结构中保持“政府中立”。“政府中立”意味着：第一，政府必须代表全体公众的利益，并且通过政治决策和公共政策使社会的利益格局达于均衡。第二，在各种利益的矛盾和冲突面前，依据公认的核心价值不偏不倚地处理矛盾和冲突。第三，认真听取社会各方面、各利益集团的意见和诉求，当某一利益群体没有代言人的时候为其指定代言人。当前，要特别警惕某些地方政府机关与富人阶层形成利益共同体，以牺牲弱势群体的利益为代价来维护强势群体的利益，使公共资源和社会财富继续不适当地向少数人一边聚集。

(二)依法执政，建设法治政党

中国共产党既是执政党，又是领导党。建设法治中国，实现法治中国梦想，关键在党，在于党科学而又有效地依法执政，并把党建设成为法治政党。实现法治国家、法治政府、法治社会，必然要求法治政党。只有实现了法治政党，才能真正实现法治中国的伟大理想和各项重大目标。

进入21世纪之后，党的十六大首次正式提出“依法执政”。十六大报告指出:“改革和完善党的领导方式和执政方式。这对于推进社会主义民主政治建设,具有全局性作用。党的领导主要是政治、思想和组织领导,通过制定大政方针,提出立法建议,推荐重要干部,进行思想宣传,发挥党组织和党员的作用,坚持依法执政,实施党对国家和社会的领导。”“必须增强法制观念,善于把坚持党的领导、人民当家作主和依法治国统一起来,不断提高依法执政的能力”。[2]之后,2004 年 9 月 19 日,党的十六届四中全会通过了《中共中央关于加强党的执政能力建设的决定》(以下简称《决定》)。《决定》把加强依法执政的能力作为加强党的执政能力建设的总体目标之一,并就依法执政的内涵作出了科学规定。2006 年 6 月 29 日,中央政治局举行了以科学执政、民主执政、依法执政为内容的集体学习会。在会上,胡锦涛同志强调,依法执政是新的历史条件下马克思主义政党执政的基本方式。依法执政,就是坚持依法治国、建设社会主义法治国家,领导立法,带头守法,保证执法,不断推进国家经济、政治、文化、社会生活的法制化、规范化,以法治的理念、法治的体制、法治的程序保证党领导人民有效治理国家。要加强党对立法工作的领导,推进科学立法、民主立法,从制度上、法律上保证党的路线方针政策的贯彻实施。各级党组织都要在宪法和法律范围内活动,全体党员都要模范遵守宪法和法律。要督促和支持国家机关依法行使职权,依法推动各项工作的开展,切实维护公民的合法权益。至此,依法执政的科学内涵和基本要求非常清晰地展现出来,标志着依法执政基本方式的确立。

形成“依法执政”理念,确立依法执政基本方式,是党的思想理论的一次重大飞跃。第一,反映了党对国家与政权规律的深刻认识:从专制到民主、从人治到法治,是国家政权发展的一般规律。第二,反映了党对现代政党制度、政党政治和执政党执政规律的深刻认识:政党政治是现代民主社会的政治表征。依法执政是当今世界政党执政的普遍规律和通行方式,也必然是中国共产党执政规律的客观要求。第三,反映了党对自己从领导人民为夺取国家政权而奋斗的党到成为领导人民掌握全国政权并长期执政的党这一历史地位的根本性转变的深刻认识,是中国共产党执政意识的确立。第四,反映了党对自己半个多世纪执政经验和教训的科学总结,对苏联等社会主义国家共产党执政教训的科学分析,对法治国家不大可能发生斯大林那样严重破坏法制,而苏联、东欧等社会主义国家却发生大面积破坏法制、侵犯人权的政治现象的深刻分析和自我反思。第五,反映了党对自己如何担当起执政党的使命、如何巩固执政地位、如何提高执政能力、如何执政兴国等根本性问题的深刻认识和理性自觉。第六,反映了党对立党为公、执政为民根本宗旨与实现这一根本宗旨的方式和途径的规律的认识:执政为民就要把党的领导、依法治国与人民群众当家作主有机地结合起来。第七,反映了党对依法执政与依法治国关系的深刻认识:依法执政是依法治国的前提与核心,依法执政的提出,是对依法治国基本方略的完善和发展。同时,要真正做到依法治国,执政党首先必须做到依法执政。第八,反映了党对依法执政与执法和司法的关系的深刻认识:依法执政是严格执法和公正司法的政治基础和根本保证。

依法执政的基本要求是:第一,依照宪法和法律执掌国家政权。掌握国家政权,由执政党的精英或以执政党的精英代表为主体组成国家机关,包括国家权力机关、行政机关、司法机关、军事机关及其他国家机关。第二,依照宪法和法律领导国家政权。党对国家政权的领导包括对立法工作的领导、对政府工作的领导、对司法工作的领导、对国防和军事工作的领导等。第三,依照宪法和法律运用国家政权。实现党的执政宗旨、执政目标,必须依靠国家政权的力量。因而,除了推荐和选派党员进入国家政权机关、直接行使国家权力,党应当保留依法运用国家政权的权力,特别是运用军事、国防、政法等国家力量的权力。第四,依法支持和督促国家机关依法行使国家权力、履行国家职能,以确保国家机关活动的民主性、合法性、公正性、权威性,保证国家稳定、社会和谐、民族振兴、人民幸福,中国特色社会主义事业可持续发展。同时,对国家机关内的党员工作人员,特别是担任重要公职的党员实施监督,以保证权为民所用、情为民所系、利为民所谋。第五,依法参与重大国务活动。诸如确定基本国策和阶段性方针政策,提出经济和社会发展远景规划和计划建议,审议重要立法,审议政府工作报告,制定国防外交基本方针,以及管理属于党和国家机关共同负责的事项,等等。

依法执政,必须处理好以下几个关系:一是党政关系。党政关系包括两个基本方面:一方面,要处理好党与国家政权机关的关系。另一方面,要处理好党的组织与党组织推荐、委派到国家机关任职的党员以及国家机关内部党组织的关系。

二是政策与法律的关系。无论是在观念上,还是在实践中,混淆政策与法律的界限,重政策轻法律,甚至用政策取代法律、冲击法律等现象依然存在,构成了实行依法执政的障碍,所以必须强调正确认识和处理政策与法律的关系,确立法律的崇高权威。现在社会上流传着一种说法:黑头不如红头,红头不如笔头,笔头不如口头,从调侃的角度说明法律的效力和权威受到政策(主要是地方政策、“土政策”)的严重冲击。

三是目的与程序的关系。要遵循法律程序执政。中国传统社会的政治结构和权力运行方式是君权至上、法随言出、以言代法,加上我们党是从革命战争和阶级斗争中成长壮大起来的执政党,革命战争和阶级斗争是不讲法定程序的,面对瞬息万变的战斗态势,恪守僵化的程序,大概率会贻误战机。但是,那一套不讲程序的做法在和平时期、在共产党成为执政党的历史条件下迟早会危害党、危害国家、危害社会。在“文化大革命”期间,盲目崇拜领袖个人,领导人个人说了算,在领导集体中搞一言堂、家长制,习惯于通过发动群众运动解决问题，都是不讲程序的结果，给人民造成了无法估量的灾难，也严重地损害了党的威信。

遵循法律程序执政包括两个方面的内容。其一，党对国家机关的领导一定要有科学的、民主的、法定的程序，必须以法律的形式规定党对国家机关的领导程序，使党对国家机关的领导程序法律化、制度化；党向立法机关提出宪法修改建议和其他立法建议，党委推荐、选派党员干部担任国家公职，党委领导政府和司法机关，都应当有明晰的程序。在某种意义上，规定领导程序比规定领导事项更为重要。正当程序是提升党的执政公信力的关键。没有程序，党的执政就会失去其合法性、正当性、公信力。其二，党要尊重和遵守宪法和法律规定的立法程序、行政程序、司法程序、公职人员任命程序、监督程序，以及其他重大事务的决定程序，不要绕过法律程序开展执政活动。我们党要善于通过法律程序来规范执政行为，约束党员领导干部。

（三）依法行政，建设法治政府

在任何国家，法治的重心都是制约和控制行政权力，防止其被滥用和异化。我国依法治国、依法治权的核心也是针对行政权力及其行使。1999 年，国务院发布《关于全面推进依法行政的决定》，正式导入“依法行政原理”；2004 年，国务院发布《全面推进依法行政实施纲要》（以下简称《纲要》），正式确立了“法治政府原理”，并提出到 2010 年基本建成法治政府。《纲要》将法治政府之下的依法行政内涵凝练为六项要求：合法行政、合理行政、程序正当、高效便民、诚实守信和权责统一。建成法治政府的纲要与目标在于：转变政府职能，深化行政管理体制改革；建立健全科学民主决策机制；提高制度建设质量；理顺行政执法体制，加快行政程序建设，规范行政执法行为；积极探索高效、便捷和成本低廉的防范、化解社会矛盾的机制；完善行政监督制度和机制，强化对行政行为的监督;不断提高行政机关工作人员依法行政的观念和能力;提高认识,明确责任,切实加强对推进依法行政工作的领导。

党的十八大报告调整了"法治政府时间表",提出到2020年"法治政府基本建成"。这不仅意味着法治政府建设目标更为切实,而且表明,法治政府建设的重心将从规范执法行为转向严格执法、规范决策行为。这是一个历史性的转变。

(四)依法管理社会和社会依法自治,建设法治社会

法治国家与法治社会是互为依存、相辅相成的。我们既需要建设一个法治的国家,也需要建设一个法治的社会。法治社会的基本标志在于党和政府依法管理社会、社会依法自治。

创新社会管理是党中央全面把握国内外形势,从党和国家事业发展全局出发作出的重要决策。社会管理创新的基本标志和根本要求是依法管理社会,即把社会管理纳入法制轨道,依法调整社会关系,依法规范社会行为,依法化解社会矛盾,依法促进社会和谐。只有依法实施社会管理,实现社会管理的法制化,才有可能也才有充足理由说社会管理实现了创新,或者说创新了社会管理。

社会管理与社会自治是相辅相成的,在很大程度上也是以社会自治为基础的。一个以民主和法制为基础的平等、自由和协商的社会领域的存在,始终是法治国家的根基所在。因为,普遍的法律秩序只有在市民社会排除政治的任意性干预的前提下,才成其可能和必要。法治秩序在结构上就是这种市民社会同政治国家协调的产物——社会赢得的是自主的空间,得以自由地缔约和结社而建构自身;国家和政府则作为社会公共领域在制度上的一种延伸,成为维护法律秩序的手段,本身不得侵入、压制或并吞社会的制度空间,否则,法治也就蜕变成赤裸裸的专制。因此,宪法必须肯定公民的基本权利和自由,排除国家的任意干预;法律应肯定公民的自由缔约和结社的权利,以授权的方式调整行为;法律应确认

公共领域之言论、出版、集会等政治权利和自由,以使社会有能力抵制政府的非法干预;司法机关必须为公民的权利提供有效的救济手段,并为社会矛盾纠纷的化解提供合法理性有效的机制。

在计划经济和人治条件下,国家与社会一体化;在市场经济和民主政治条件下,国家与社会二元化,即呈现二元结构。对应此二元结构,需要同时提出建设法治国家和建设法治社会的双重任务。法治国家表征"公域"之治,法治社会表征"私域"之治。在法治国家范畴内,法治意味着民主法律化、制度化,意味着将公共权力纳入法治的轨道,实现共产党作为执政党依法执政,各民主党派作为参政党依法参政;全国人民代表大会和地方各级人民代表大会依宪立法、民主立法、科学立法,依法决定国家大事,依法实施对行政权、司法权和其他国家权力运行的监督,保障宪法和法律实施;各级人民政府切实尊重和保障人权,切实合法有效地行使公共管理权力,做到依法行政;司法机关为民司法、公正司法、高效司法、廉洁司法、和谐司法,维护社会公平正义,促进社会和谐稳定,保障经济社会科学发展。

在法治社会的范畴内,首先,法治意味着将法治精神、法律规则和法治方式融入社会生活各领域。无论是自然人,还是法人,都必须尊重法律,维护法律的尊严和权威。其次,法治意味着全体公民和所有社会组织,学法懂法尊法用法守法护法,树立社会主义民主法治、自由平等、公平正义理念。最后,法治意味着广泛的社会自治。社会自治为社会主体通过自我协商、平等对话解决社会自身的问题留有广阔空间。社会自治的内容十分丰富、形式无限多样。诸如,工会、共青团、妇联、法学会等人民团体依照法律和各自章程独立自主地开展工作,各种各样的组织诸如城市的居民委员会、农村的村民委员会、受国家机关委托代行某种社会公共管理职能的中介组织(如消费者协会、律师协会、会计师协会等)日益扮演着公共治理的角色,各种各样的"民间法"、"软法"、社团规范、乡规民约、道德习俗、纪律政策等发挥着法律无法替代的作用。根据社会自治理论和社会管理创新的客观规律,凡是法律规定属于社会自治的事务、领域和地方,政府应尽可能不去介入,已经介入的要尽可能及早退出来。实践证明,国家对社会的管理不要演变为对社会的管制,不能不加区别地干预社会自治尤其是基层民主自治,把"由人民当家作主"演变为"替人民当家作主",这并不利于党的执政和政府的行政,也不利于在全体人民中树立对党和政府的尊重和对法治的尊重。

总之,法治国家引领法治社会,法治社会为依法治国构筑坚实的社会法治基础。

注　释

1　[美]E. 博登海默:《法理学:法律哲学与法律方法》,邓正来译,中国政法大学出版社 1999 年版,第 358 页。

2　江泽民:《全面建设小康社会,开创中国特色社会主义事业新局面——在中国共产党第十六次全国代表大会上的报告》(2002 年 11 月 8 日),载《中国共产党第十六次全国代表大会文件汇编》,人民出版社 2002 年版,第 33、50 页。

加快推进法治中国建设*

引　言

加快推进法治中国建设，是全面深化改革的重大战略部署，是事关改革开放能否全面深入推进的根本保障，体现了当代中国法治建设的最鲜明主题和最紧迫要求，对夺取全面建成小康社会的决定性胜利、建成富强民主文明和谐的现代化国家，实现中华民族伟大复兴的中国梦，具有深远的历史意义和重大的现实意义。党中央审时度势，即将对全面推进依法治国、加快建设法治中国作出顶层设计和战略部署，法学界多年的期盼和愿望终将成为现实。在这种大好形势下，就依法治国、建设法治中国的重大理论和实践问题开展集成式、协同式深入研究，为法治中国建设建言献策，提供理论推动和支撑，是我们义不容辞的使命和责任。近期，我们正全力以赴、夜以继日地开展这方面的研究。现将法学界部分初步的研究成果和学术信息与同志们、同学们交流分享。

---

* 本文系作者 2014 年 4 月 16 日在“湖北法治大讲坛”上的专题报告。

一、加快推进法治中国建设的时代背景

(一)政治文明的发展强力助推法治中国建设

“文明”这一概念指人类社会的进步状态,通常与“野蛮”相对。现代文明则指社会发展到较高阶段的文明,是与市场经济、民主政治、理性文化、生态正义相适应的文明。现代文明的表现形态包括物质文明、政治文明、精神文明、生态文明等,而每一文明形态又有具体的内涵,例如,政治文明就包括文明的政治理念、文明的政治制度、文明的政治体制、文明的政治规则、文明的政治程序、文明的政治活动、文明的政治效果等。

关于政治文明,2003 年,党的十六大报告首次明确提出了“社会主义政治文明”的概念,并把政治文明同物质文明、精神文明一并列入社会文明体系之中,把社会主义政治文明建设作为全面建设小康社会的重要目标。2004 年 3 月,《中华人民共和国宪法(修正案)》将“推动物质文明、政治文明和精神文明协调发展”作为一项国家根本任务写入《宪法》序言。2007 年,党的十七大报告明确提出扩大社会主义民主,建设社会主义法治国家,发展社会主义政治文明,把政治文明建设作为党的纲领和国家战略。

法治是政治文明的核心内容和基本标志:文明的政治必然是法治的政治。法治使政治变得文明,法治也维护着政治文明。发展社会主义政治文明必须加快法治中国建设,法治中国建设必将推动中国政治文明发展到一个崭新的阶段。将法治中国与政治文明紧紧地连为一体,强调依靠法治促进政治文明建设,进一步深化了关于法治在政治文明建设中的功能与意义的认识,明确了政治文明建设的目标和重心,为发展社会主义政治文明提供了有力的保障。

法治中国建设将把古老的中国带进新时代法治强国之列,使

中华民族在法治中走向文明,走向富强、民主、和谐,在法治化的改革与发展进程中实现“两个一百年”的奋斗目标和伟大复兴的“中国梦”。

(二)实行法治是历史经验教训的昭示

中华人民共和国成立以后相当长一段时间,中国共产党和中国政府治国理政的基本方式是依靠人治、依靠政策、依靠道德、依靠群众运动。在当时的历史条件下,这些基本方式有其合理性,并且发挥了一定的积极作用,但是,实践证明,抛开法治,实行人治、德治、策治、群治,负面影响很大,甚至对党、国家和人民造成极大的危害。“文化大革命”的发生及其对中华民族造成的浩劫,就是人治和群众运动极大危害的典型例证。经过改革开放新时期三十年的曲折探索,中国共产党人深刻地认识到,只有法治才“靠得住”。就治国理政而言,相对于人治,法治具有明显的多重优越性。其第一个优越性在于,它能够保持执政党的执政理念、执政路线、执政方针的连续性、稳定性、权威性,不因领导人的改变而改变,不因领导人看法和注意力的改变而改变,真正做到“不折腾”。第二个优越性在于,随着革命时代的过去,仅仅依靠革命家的个人权威和魅力治理中国这样一个“超级大国”和中国这个日益多元化的复杂社会的可能性已经不复存在,唯有依靠法治,依靠宪法和法律制度体系以及党内法规制度体系,才能在多样化中凝聚共识和力量,保证中国社会可持续的发展与稳定。第三个优越性在于,法治是公开透明的规则之治和程序之治,具有可预期性、可操作性、可救济性,因而能够使人民群众对自己的经济、政治、社会、文化规划和生产生活有合理预期和安全感,确保国家治理的公信力。第四个优越性在于,宪法和法律是由国家制定的并依靠国家强制力作为终极力量保证实施的,能够克服政策等治理制度体系的局限性,确保制度体系运行的效能。法治的这些优势是人治所不具有的,但对于巩固党的执政地位、维护国家长治久安、人民幸福生活却是绝对不可缺少的。

特别是进入21世纪以来,国家治理的社会历史条件和国内国际环境都发生了重大变化,我国社会的利益格局发生深刻变动,形成了不同的利益阶层和群体。与此相应,以利益为实体的道德观念和道德标准急剧分化,各个阶层、各个群体普遍认同和接受的一般道德观念、道德标准甚至道德规范已缺乏坚实的经济和社会基础,加上人民群众的法治观念、权利意识、维权动力普遍增强,作为社会共识最大公约数的法律理所当然地在国家治理中起着主导作用。同时,由于政策因地制宜、因时制宜、因人制宜,政策侵权、政策违约不可诉等局限性,实行法治合乎规律地成为治国理政的第一选择,成为政治文明发展的时代潮流。这就要求党和政府在国家治理中必须遵循法治的规律和原则,善用法治思维和法治方式处理国家治理当中的深层次问题和矛盾。

(三)实行法治是全球性时代潮流

在国际上,法治早已成为文明国家的基本共识和人类社会的共同价值,成为我们这个时代的主旋律。我们正在走入一个法治的时代,国际社会正在呈现出一种法治化的趋势。正如当前国内的很多问题已经纳入法治的轨道,国家之间、区域之间乃至世界范围内的很多问题也越来越多地纳入法治轨道。这些年,联合国积极推动建设国际法治,取得了不少成绩。2005年《世界首脑会议成果文件》将法治作为一项价值观和基本原则,呼吁在国家和国际两级全面实行法治。联合国大会及其第六委员会和国际法委员会,致力于国际条约的制定和国际法的编纂,为"国际立法"作出了积极贡献。安全理事会积极预防和解决地区冲突,设立特设刑事法庭,把违反国际人道法和人权法的个人绳之以法,通过法治手段,维护国际和平与安全。国际法院通过司法手段解决国际争端,其判决和咨询意见阐明了国际法的有关原则和规则，丰富和发展了国际法。从2006年开始，联合国大会第六委员会开始讨论国家和国际两级法治的问题。对于这个问题的研讨不仅具有重要的现实意义，有利于扩大各国在加强法治方面的共识，而且体现出世界各国共同努力建设一个法治世界的愿望。在这样的国际时代背景下，加快法治中国建设，毫无疑问是顺应历史潮流的正确选择。

（四）改革开放以来持续进行的法治建设为加快推进法治中国奠定了良好的基础

1978年，中国实行改革开放，明确提出发展社会主义民主、健全社会主义法制，坚持“有法可依、有法必依、执法必严、违法必究”的法制建设基本方针，法制开始恢复重建，并呈现出民主法制建设的新局面。

1997年，党的十五大把依法治国确立为治国基本方略，把建设社会主义法治国家明确规定为国家发展目标，实现了从“法制”向“法治”的历史性转变，使社会主义法治国家建设进入一个新阶段。

2002年，党的十六大明确提出发展社会主义政治文明，并指出，我国政治文明以坚持党的领导、人民当家作主和依法治国的有机统一为标志。

2007年，党的十七大提出全面落实依法治国基本方略，加快建设社会主义法治国家。

2012年，党的十八大提出全面推进依法治国，发展社会主义政治文明。

2013年，党的十八届三中全会提出加快推进法治中国建设，并就法治改革和建设进行重要部署。

经过三十多年的建设，中国特色社会主义法律体系如期形成，法治文化繁荣发展，建设社会主义法治国家取得显著成绩，使我们有条件提出加快推进法治中国建设，有可能在更高起点上推动法治中国建设。

二、"加快推进法治中国建设"的理论解读

关于"法治中国"的解读如下:法治中国是新时期法治建设的纲领性目标。关于法制(法治)建设目标,20 世纪 50 年代,中国共产党的创始人之一、杰出的马克思主义法学家、党和国家领导集体重要成员、我国政法战线的主要领导者董必武同志曾提出"有法可依、有法必依"。改革开放之后,邓小平同志在此基础上加了两句话"执法必严、违法必究",于是有了法制建设的"十六字方针"。党的十一届三中全会强调社会主义民主的法律化、制度化,法制民主化、民主法制化。之后,关于法制建设的表述几乎没有大的变化,直到 1996 年 2 月,江泽民同志提出"依法治国,建设社会主义法制国家"。同年 3 月,八届全国人大四次会议把"依法治国,建设社会主义法制国家"写入《中华人民共和国国民经济和社会发展"九五"计划和 2010 年远景目标纲要》。1997 年,党的十五大进一步明确提出"依法治国,建设社会主义法治国家",用"法治国家"取代了此前提出的"法制国家"。至此,我国法治建设有了纲领性目标。1999 年 3 月,九届全国人大第一次会议对 1982 年《宪法》进行了第三次修改,明确规定:"中华人民共和国实行依法治国,建设社会主义法治国家。"党所提出的依法治国、建设社会主义法治国家的纲领进一步上升为国家的宪法原则和全国人民的奋斗目标。十五大以来,围绕依法治国、建设社会主义法治国家,党中央阐述了一系列重要、重大理论观点,使法治建设的目标和指导思想不断丰富和发展。

党的十八大作出了全面推进依法治国的战略决策,开创了中国法治建设的新局面。十八大以来,习近平总书记就法治建设发表了一系列重要讲话,提出了许多新的观点、命题和论断,特别是

十分明确地提出了建设“法治中国”。十八届三中全会通过的《中共中央关于全面深化改革若干重大问题的决定》(以下简称《决定》)进一步把“建设法治中国”作为法治建设和改革的目标。法治中国与富强中国、民主中国、文明中国、和谐中国、美丽中国、平安中国等要素相辅相成,共同编织出“中国梦”。法治中国是法治国家的升级版,是关于以“坚持依法治国、依法执政、依法行政共同推进,坚持法治国家、法治政府、法治社会一体建设”为主要内容的法治中国建设的战略部署。

关于“加快推进”的解读如下:进一步增强建设法治中国的紧迫感和使命感,确立“加快思维”。党的十七大首次提出要“全面落实依法治国基本方略,加快建设社会主义法治国家”。十八大再次提出要“加快建设社会主义法治国家,发展社会主义政治文明”,“全面推进依法治国”,“加快推进社会主义民主政治制度化、规范化、程序化,从各层次各领域扩大公民有序政治参与,实现国家各项工作法治化”。十八届三中全会《决定》同样以时不我待的紧迫感对待法治中国建设,提出“加快推进社会主义民主政治制度化、规范化、程序化,建设社会主义法治国家”;“推进法治中国建设”;“加快建设公正高效权威的社会主义司法制度”;“推进国家治理体系和治理能力现代化”;“推进社会领域制度创新”;“推动人民代表大会制度与时俱进”,“推进人民代表大会制度理论和实践创新”;“推进协商民主广泛多层制度化发展”,“推进政治协商、民主监督、参政议政制度化、规范化、程序化”;“推进基层协商制度化”;“全面推进平安中国建设,维护国家安全,确保人民安居乐业、社会安定有序”;等等。之所以要“加快”,乃是因为我国的法治建设还不够快,需要进一步提速;之所以要“推进”“推动”“全面推进”,乃是因为前进道路上还存在着阻力和障碍,必须以变法的意志和改革精神从事法治建设和法治改革。

加快提速是法治建设的时代要求。面对全面深化改革对法制改革的迫切需要，面对广大人民群众对公平正义的急切渴望，必须进一步增强建设法治中国的紧迫感和使命感，抓住有利时机积极推出法治领域重大改革，加快实施法治建设重要部署，确保法治建设始终与改革开放同步，始终为改革开放护航。改革创新是法治发展的不竭动力。全面推进依法治国，加快建设法治中国，必须把改革创新精神贯彻到法治建设各方面和全过程，坚决破除一切妨碍依法执政、依法治国、依法办事的思想观念和体制机制弊端，深入推动法学理论、法治实践、法律制度、法治文化创新，在古老的中华大地掀起新一轮伟大的法治改革。

三、加快推进法治中国建设的战略目标

（一）时间（时代）定位："两个一百年"

十八大报告提出：只要我们胸怀理想、坚定信念，不动摇、不懈怠、不折腾，顽强奋斗、艰苦奋斗、不懈奋斗，就一定能在中国共产党成立一百年时全面建成小康社会，就一定能在新中国成立一百年时建成富强民主文明和谐的社会主义现代化国家。全党要坚定这样的道路自信、理论自信、制度自信！

中国社会科学院法学所的专家提出：全面推进依法治国，努力建设法治中国，不断深化法制改革，从法律体系走向法治体系，从法律大国走向法治强国，应当确立建设法治中国"两步走"的战略目标。

第一，到2021年全面建成小康社会时，初步建成法治中国。战略目标是：科学立法、严格执法、公正司法、全民守法的基本要求得到全面贯彻，依法治国、依法执政、依法行政共同推进的国家治理体系得以建立运行，法治国家、法治政府、法治社会一体建设的主要指标全面达到，依法治国基本方略得到全面落实，中国特色法律体系更加完善，法治政府基本建成，司法更加具有公信力，人权得

到切实尊重和保障，国家各项工作实现法治化，初步建成法治中国。

第二，到2049年中华人民共和国成立一百周年时，整体建成法治中国。战略目标是：科学立法、严格执法、公正司法、全民守法的各项要求得到全面实现，依法治国、依法执政、依法行政共同推进的现代化国家治理体系全面建成，国家治理能力显著提高，法治国家、法治政府、法治社会一体建设的各项指标全面达到，依法治国基本方略得到全面落实，法治权威、法治秩序的各项要求全面满足，法治文化、法治精神、法治价值深入人心，自由平等、民主人权、公平正义、和谐文明、安全有序、尊严幸福的法治中国整体建成。

中国政法大学的学者也认为，法治中国建设分为两个阶段。

第一阶段，从现在到中国共产党成立一百年，建设目标是：以确保"全面建成小康社会"、作为世界经济大国初步崛起为背景，以市场经济法律制度建设和法治政府建设为重点，继续完善中国特色社会主义法律体系；进一步推进依法行政；初步形成公正、文明、权威的司法制度；健全多元纠纷解决机制和权利救济渠道；继续推进基层民主政治的制度化、规范化建设。

第二阶段，从现在到新中国成立一百年，建设目标是：以确保"建成富强民主文明和谐的社会主义现代化国家"、作为世界经济大国继续崛起和作为世界文明大国崛起为背景，以依法执政和民主政治建设为重点，促进政治和行政权力依法有效运行并受到有效的民主监督；进一步理顺党与人大、党与司法的关系，形成完善的中国特色社会主义民主政治制度、完善的司法制度，实现"使这种制度和法律不因领导人的改变而改变，不因领导人看法和注意力的改变而改变"的政治体制改革的设计目标。

我个人倾向于这样定位：到2021年中国共产党成立一百周年、我国全面建成小康社会时，基本建成法治国家，实现政治层面、国家层面的法治化；到2049年中华人民共和国成立一百周年时，基本建成法治中国,实现全面协调可持续的法治。

(二)改革定位

十八届三中全会《决定》提出,全面深化改革的总目标是,完善和发展中国特色社会主义制度,推进国家治理体系和治理能力现代化。到2020年,在重要领域和关键环节改革上取得决定性成果,完成本决定提出的改革任务,形成系统完备、科学规范、运行有效的制度体系,使各方面制度更加成熟更加定型。

全面推进依法治国、加快建设法治中国的总目标是,完善和发展中国特色社会主义法治体系,实现国家治理和社会治理的法治化、现代化。

到2020年,在法治建设重要领域和关键环节上取得突破性进展,形成更加成熟更加定型的中国特色社会主义法治制度及其运行机制,更好发挥法治在国家治理和社会治理中的重要作用。

——中国特色社会主义法律体系更加完善。立法制度创新取得实质性成果,重点领域立法任务基本完成,立法民主化、科学化水平进一步提高,立法质量显著提升,法律体系的部门划分更为合理,法律法规的系统性、协调性、统一性进一步增强。

——宪法法律权威得到有效维护。宪法实施监督机制和程序进一步健全,立法监督制度更加完善,全社会忠于、遵守、维护、运用宪法法律的制度更加完备,宪法法律得到全面贯彻实施。

——依法执政水平明显提高。全党执政的宪法意识、程序意识牢固树立。依法执政的党内法规制度体系基本形成,党委(党组)依法科学民主决策制度更加健全,党委职能部门依法履职能力不断增强。党员领导干部运用法治思维和法治方式治国理政的能力显著提高。

——法治政府基本建成。依法行政意识和能力明显增强,行政执法体制更加完善,严格规范公正文明执法水平稳步提升,政务公开力度进一步加大，行政监督和问责更为严格，政府的执行力和公信力持续增强。

——司法公信力大幅提升。公正高效权威的社会主义司法制度基本形成，依法独立公正行使审判权、检察权的体制机制保障有力，诉讼法律制度进一步完善，人民群众的诉讼权利得到切实保障，司法职权配置更为优化，司法活动更加公开、透明，司法职业化程度和司法管理水平显著提升。

——法治社会建设迈上新台阶。新型社会治理体制基本形成，依法治理意识和能力增强，人民群众利益诉求表达渠道畅通，有效预防社会矛盾的制度更加健全，多元化纠纷解决机制进一步完善，全民自觉守法，社会和谐稳定。

——权力在法治轨道上运行。决策权、执行权、监督权配置更为合理，决策科学、执行坚决、监督有力的权力运行体系基本形成，权力运行制约和监督体系更加健全，各种监督形式走向法制化，反腐倡廉法律法规更加完善，权力行使得到有效监督。

——社会主义法治文化繁荣发展。社会主义法治理念和法治精神深入人心，领导干部法治思维基本养成，公民法律意识明显增强，全社会形成学法尊法守法用法的良好氛围，法学教育体制机制更为完善，法学研究呈现繁荣局面，中国特色社会主义法治话语体系形成。

——改革开放持续发展的国际法治环境进一步优化。不断推进国际法治合作与交流，参与制定国际法规则、构建国际政治经济新秩序的实力和能力逐步增强，国际司法合作范围持续拓展，国际法治话语权的影响力显著提升。

（三）模式定位

从法治国家转型为法治中国；从依法治国基本方略发展为法治中国根本方略；从法治作为治国理政的基本方式提升到法治作

为治国理政的根本方式；从法治的基本作用提升为根本作用；从法律之治变革为良法善治。

在法治领域曾有两次重大变革。第一次，从人治到法治（以法而治，rule by law；或依法而治，rule of law）。第二次，从以法而治（依法而治）到良法善治（governance of good law）。从人治到法治，是公共治理模式的形式革命，从“国王就是法律”演变为“法律就是国王”，实现了法律至上、权利平等和形式正义。而从工具主义的以法而治和依法而治到良法善治则是公共治理模式的实质革命，以法律的“人性化”“人文化”“人权化”而消解了“法律暴政”，实现了形式正义与实质正义的统一。在人类历史上，法治有各种形态。中国古代法家是最早提出“以法治国”理念的。在春秋战国时代，一些政治家和思想家就提出了“以法治国”的主张，并将这种政治主张阐述为系统理论，并在一定程度上付诸实践。但他们所说的“法”主要是严刑峻法，且“夫生法者君也，守法者臣也，法于法者民也”。[1]皇帝和国家统治者奉行以君权神授、君临天下、专制独裁、权大于法为核心的政治统治，强调国家至上、君本位、官本位、义务本位，漠视个人权利及其保护；主张德主刑辅、法律道德化；信奉重刑主义，实行严刑峻法，诸法合一，以刑为本；依靠刑讯逼供，屈打成招，甚至迷信神明裁判。这种法治不过是封建专制的工具而已。

近代西方的“法治国”，则有两种形态，一是形式合法性的法治理念。英国法学家拉兹（Joseph Raz，1939—2022 年）被公认为形式合法性法治理论的代表人物。拉兹认为，法治应当包括两个方面：（1）人们应当受法律的统治并遵守它；（2）法律也应当能够指引人们。[2]二是形式正义的法治理念。形式正义的法治理念把法治看作形式正义在法律制度方面的实现。如罗尔斯说：“形式正义的概念，即有规则地和无偏见地实施公开的规则，在适用于法律时就成为法治。”[3]这种形式正义的法治不涉及法律由谁制定的问题，是由暴君制定？还是由民主的多数制定？还是用其他方法制定？它也不涉及基本权利、平等、正义。这两种形态的法治既可以服务于“善”，也可能服务于“恶”。德意日法西斯政权都曾经制定大量法律，剥夺人民的人权和自由、镇压民主运动、欺凌其他种族和国家，给人类带来巨大的灾难。

以社会主义核心价值作为法治的精神元素，必将彻底抛弃严刑峻法的法律暴政，并推动形式合法性和形式正义的法治转型，即转向良法善治。除了坚持宪法法律至上、法律面前人人平等、司法机关依法独立行使职权等法治的形式要件外，更加注重法治的实体要件。善治就是让法律止于至善，让社会臻于至善。实现良法善治，就要彻底否定以阶级斗争为纲的法律观，否定工具主义的法治观。既重视法律的政治性（法律的政治要素、政治基础、政治功能等），又注重法律的公理性（法律中的正义、平等、自由、人权、道德价值等）；既要认真对待和遵守法律规则，又要善待公民、善待社会、善待自然。

四、加快推进法治中国建设的重大任务

（一）总任务：推进国家治理法治化，推进法治现代化

推进国家治理法治化：法治与国家治理息息相关。在现代国家，法治是国家治理的基本方式，是国家治理现代化的重要标志，国家治理法治化是国家治理现代化的必由之路。

国家治理体系本体上就是制度体系，中国特色社会主义国家治理体系由一整套制度构成，包括以中国共产党章程为统领的党内法规制度体系、以党的基本路线为统领的政策制度体系、以宪法为统领的法律制度体系。这套制度体系，从治理客体角度，分为经济治理制度、政治治理制度、文化治理制度、社会治理制度、生态治理制度等；从治理事务角度，分为有关改革发展稳定、内政外交国

防、治党治国治军等治理制度;从治理活动角度,包括治理主体制度,即有关人民及其代表大会(代表人民统一行使权力的国家机关)、执政党、国家行政机关、国家司法机关、人民政协、社会组织等在国家治理中的主体地位的制度;治理权能制度,即有关各治理主体的资格和权力(职权)或权利的制度,以及科学界定和划分各种权力、权利的制度;治理程序制度,即有关行使治国理政权力和参与治国理政的正式程序;治理评价制度,即有关国家治理方式、过程和效能的评价制度。国家治理的各项制度会在不同程度上汇总于、表现为法律制度体系,即法律化的制度体系。国家治理制度只有通过法律化,才能定型化、精细化,才能增强执行力和运行力。

提高国家治理能力,就是善用法治思维和法治方式治国理政,就要把法治理念、法治精神、法治原则和法治方法贯穿到政治治理、经济治理、社会治理、文化治理、生态治理、治党治军等治理实践之中,逐步形成办事依法、遇事找法、解决问题用法、化解矛盾靠法的良好法治习惯。特别是在化解社会矛盾、维护社会稳定方面,不能简单依靠国家强制力甚至国家暴力去压制,不能用行政手段"摆平",而是要通过法治方式、回归法治途径,把社会矛盾的解决建立在法治基础上,把维稳建立在维权的基础之上。否则,就会陷入恶性循环的"维稳陷阱"。

推进法治现代化:完善和发展中国特色社会主义制度,推进国家治理体系和治理能力现代化,一方面需要法治的引领和推动,另一方面也是法治发展和法治现代化的强大动力。法治现代化必将使法治在国家治理中发挥更好、更大、更根本的作用。

"法治现代化"这一概念既指从传统人治社会到现代法治社会的历史性变革,又指法治(法制)由传统型到现代型的历史性转换。法治现代化是包括法律制度、法律价值、法律文化、法律实践在内的意义深远的变革过程。世界范围内的法治现代化肇始于欧洲资本主义的兴起,资本主义市场经济、民主政治和理性文化极大地推动了欧洲法治的现代化进程。中国社会的法治现代化发轫于清末民初，先后经历了清末法制改革、辛亥革命的法制实践、北洋军阀时期的法律发展、中华民国南京国民政府的法制活动以及中国共产党领导的新民主主义法制建设等发展阶段，进入20世纪80年代后，在经济体制改革、政治体制改革、社会文化变革以及全球化浪潮的推动下，最终发生了伟大的历史性变革。世界范围内的法治现代化有各种各样的目标定位和发展道路，例如，西方国家的自由主义、理性主义、个人权利本位主义、民主社会主义等。就当代中国的法治现代化而言，我们走的是一条与改革开放同步的、具有鲜明中国特色的社会主义法治发展道路，是与社会主义市场经济、民主政治、理性文化、和谐社会和生态文明相适应的法治现代化道路，是与国家治理体系和治理能力现代化相适应的法治现代化。

法治现代化的根本标志就是实现良法善治。现代法治不仅应当是形式上的法律之治，更应当是实质上的良法之治。法治是不是良法之治，关键是看法律体系贯彻什么样的价值观和价值标准，是不是充分体现尊重和保障人权，社会公平正义，人民民主和人民共和，维护法制统一、尊严和权威的法治理念和法治精神，能不能建立和维护国家长治久安、人民安居乐业、安定有序且充满活力的良好秩序；能不能稳定人心、激发活力，实现效率在法治环境中持续增量；法律法规是不是符合客观规律。

（二）基本任务

第一，依法执政，建设法治政党，实现领导方式和执政方式的法治化。

第二，坚持科学立法、民主立法、依宪立法，完善和发展中国特色社会主义法律体系。

第三，坚决维护宪法法律权威，切实保障宪法法律统一实施。

第四，大力推进依法行政，严格执法，加快建设法治政府。

第五，全面深化司法体制改革，加快建设公正高效权威的社会主义司法制度。

第六，推进依法治理、依法自治、全民守法，建设法治社会。

第七，依法规范权力，实现权力运行制约和监督法治化。

第八，加强法治文化建设，为建设法治中国夯实思想基础。

第九，统筹国内法治和国际法治两个大局，为中华民族伟大复兴创造良好的国际法治环境。

五、加快推进法治中国建设的实践路径

法治改革是加快推进法治中国建设的强大动力和必由之路。注重变法图存、变法促进、变法维新，强调通过变法新政来解决社会深层次矛盾，保持社会稳定，推动社会发展，是我国宝贵的政治遗产、政治传统。战国时期的商鞅变法，汉初文、景二帝领导的法制改革，唐初李世民对法制的改革，宋代王安石变法等，都富有历史意义地推动了封建法律制度的发展，适应了当时的社会状况和需要，在极大的程度上和广泛的范围内保证了当时的社会稳定和发展。今天我们要推进法治现代化，同样需要“变法”。

要推进法治现代化，因循守旧、犹豫不决、按部就班地进行法治建设是不够的，必须把改革创新精神贯彻到法治建设各方面和全过程，大刀阔斧地推进法治改革，坚决破除一切妨碍依法执政、依法治国、依法行政、依法办事的思想观念和体制机制弊端，深入推动法学理论、法治实践、法律制度、法治文化创新。

之所以强调推进法治改革，首先是因为，在中国的发展进入新阶段、改革进入攻坚期和深水区的情况下推进法治建设和法治现代化，每一部法律的制定或修改，都可能要“突破利益固化的藩篱”。多年来固化的利益通过某些途径以改革成果的形式在法律上得到确认，取得了合法性；某些固化利益的受益者为了维护自身

的既得利益已经沦为继续改革、深化改革的阻力。要打破盘根错节的利益格局，需要进行相应的制度创新和突破，这就难免与现行法律相冲突。在冲突的情况下，只有变法才能前进，只有改革法制才能发展。其次，我国国家治理制度、体制、机制等方面的许多弊端是因为一些法律滞后和僵化造成的，我国不少法律是在计划经济向市场经济过渡阶段，在原有的经济体制、政治体制、文化体制、社会体制之下制定的，多年没有进行过修改或没有作出应有的重大修改，已成为国家治理创新的制度障碍。革除这些障碍，剔除这些弊端，唯有启动法治改革，推进法律制度体系与时俱进，为国家治理现代化扫清道路。

法治改革的内容非常广泛，最主要的是法治运行体制机制改革，包括立法体制机制改革、行政执法体制机制改革、司法体制机制改革等，其中首要的是推进立法体制机制改革，用立法体制机制改革引领和推进行政执法体制机制改革和司法体制机制改革。

关于推进法治中国建设，我讲两个关键问题。

（一）依法执政，实现领导方式和执政方式的法治化

加强党的领导、依法执政是法治中国建设的核心内容，也是法治中国建设的根本保证。依法执政是中国共产党执政方式的历史性变革。这一变革的意义在于，实现了党既严格守法又领导立法、保证执法和支持司法的有机统一，进而推进了党的领导、人民当家作主、依法治国的有机统一。

中国共产党既是执政党，又是领导党。全面推进依法治国，建设法治中国，首先在于党科学而又有效地依法执政。通过长期不懈的依法执政实践，把党建设成为善于运用法治思维和法治方式治国理政的执政党，坚持宪法至上、维护法律尊严和权威、在宪法法律范围内活动的执政党，尊重和保障人权、促进社会公平的执政党，领导、支持和监督国家机关依法行使国家权力的执政党，实现

党的执政方式和执政活动法治化。

第一,善于运用法治思维和法治方式治国理政,全面提高各级党委运用法治思维和法治方式深化改革、推动发展、化解矛盾、维护稳定的能力和水平。

法治是治国理政的基本方式。因此,应当要求各级领导干部树立法治思维,掌握法治方法,形成办事依法、遇事找法、解决问题用法、化解矛盾靠法的良好法治习惯。对领导干部而言,法治思维和法治方式的基本要求包括:坚持人民主权,科学民主决策;认真对待权利,切实保障人权;强化公正观念,保障社会公平;增强程序意识,严格遵循法律程序;弘扬理性精神,平和文明执法;坚持宪法至上,维护法制尊严和权威。

第二,进一步加强和规范党对立法工作的领导和参与,完善党委领导和参与法律、行政法规、地方性法规制定与修改的领导体制、工作机制和程序。

依法执政,从根本上说就是通过宪法法律执政。党领导立法和直接参与重要法律的制定与修改,意义重大。要在国家法律与党内法规两个方面确定和规范党领导国家立法和直接参与重要法律制定的制度和程序,使党的意志和主张更好地通过法定程序成为国家意志,上升为宪法原则和法律规则,从宪法法律上保证执政党的路线、方针、政策、主张的贯彻实施。

依法执政的核心是依宪执政。党要高度重视宪法的修改完善,适时提出修改宪法的建议案,使宪法与时俱进,不断适应全面深化改革和全面建成小康社会的迫切需要,并为其他法律的修改与完善开辟宪法道路,提供宪法依据。同时,党要严格遵循宪法的规定行使领导权和执政权,在宪法的框架下实施治国理政活动,做贯彻实施宪法的表率。

第三,依法领导、监督和支持人大及其常委会、各级政府和司法机关依法行使职权、履行职责,确保宪法法律正确实施,保证国家的行政、司法机关积极主动地、独立负责地、协调一致地工作。

坚持和完善人民代表大会制度，支持和保证人大及其常委会依法履行立法、监督、重大问题决定、人事任免等宪法职责，充分发挥国家权力机关特别是最高国家权力机关的作用。支持、监督和保证国家行政机关依法行政、严格执法，在法治轨道上推动各项工作的开展；支持、监督和保证司法机关依法独立公正地行使审判权、检察权，履行救济权利、定分止争、制约公权的司法职能。

依法执政的基本保证是党要遵循程序实行对国家机关的领导和监督。必须以法律和党内法规的双重形式确定和规范党对国家机关的领导程序，使党对国家机关的领导法律化、制度化、程序化，重点是完善并公开党向立法机关提出宪法修改建议和其他立法建议的程序，党委推荐、选派党员干部担任国家公职人员的程序，党委领导和监督政府和司法机关执法和司法的程序，增强党委领导的合法性、权威性和公信力。各级党委也要严格遵守宪法和法律规定的立法程序、行政程序、司法程序、公职人员任命程序、监督程序以及其他重大事务的决定程序。党要善于通过党内程序制度和法律程序制度规范执政行为，约束党员领导干部，追究因违反程序造成严重后果的纪律和法律责任。

进一步在法律上和党内法规上理顺党组与国家机构的关系，既发挥党组在国家机构中的领导核心作用，保证党的路线方针政策和决策部署得到落实，又支持人大、政府、司法机关依照宪法法律独立负责、协调一致地开展工作，确保宪法、法律、法规的正确有效实施。

司法权是党的执政权的重要组成部分，要进一步加强和改善党对司法工作的领导，适时出台党委政法委工作条例，完善党领导司法工作的体制机制，提高政法委领导、管理和协调司法工作的科学化、法治化水平。

第四，维护宪法法律权威，在宪法法律的范围内活动。

在宪法和法律范围内活动,既是宪法原则,也是党章规定。贯彻这一宪法原则和党章规定,最重要的是党委的执政活动要依据宪法和法律,而不应超越宪法和法律,更不能凌驾于宪法和法律之上,不能绕开宪法和法律的明确规定而自行其是、违法乱政。同时,党委要在法律调整范围内执政。法律的调整范围既划定了国家权力运行的制度空间,也构成了党执政活动的实践空间。国家机关组成人员及其工作人员中的绝大多数是执政党党员,党员是否具有法律知识、法律意识、法治观念和法治思维,是否依法执掌国家政权、依法行使国家权力,直接决定着党是否依法执政、是否依法治国理政,能否做到良法善政,影响到依法治国基本方略的贯彻落实,影响到能否形成崇尚法治、遵守法律、依法办事的良好氛围。要进一步完善党在国家机关的组织和党员领导干部带头学法尊法守法用法的制度规定,确保党组织和党员领导干部在宪法法律范围内活动。

第五,正确处理党民关系、政策与法律的关系、改革与法治的关系,确保党的领导、人民当家作主、依法治国的有机统一、协调发展。

要处理好党民关系。人民是国家的主人,国家的一切权力属于人民,人民当家作主,是社会主义制度的本质特征;党是人民的先锋队,是人民利益的代表者、维护者和发展者,立党为公、执政为民是党的根本宗旨。依法执政,最重要的是领导和支持人民当家作主。要坚定不移地坚持和完善人民代表大会制度,为广大人民当家作主、参与治国理政提供稳定而可靠的途径,并通过推动人民代表大会制度和机制的不断完善与创新,使广大人民的意志在国家大政方针和法律中得到更充分的体现,在国家的政治生活中产生更大的影响。要切实尊重和保障人民群众对治国理政活动的知情权、参与权和监督权。通过推进权力运行公开化,完善党务公开、立法公开、政务公开、司法公开和各领域办事公开制度,增强治国理政活动的透明度,增强知情权。尊重和保障人民群众对治国理政活动的参与权,凡是涉及人民群众切身利益的决策都要充分听取人民群众意见,拓展人民群众有序参与立法、行政、司法的途径。尊重和保障人民群众对治国理政活动的监督权,拓宽人民群众对权力运行的监督渠道,推进监督的法制化、规范化、程序化,防止权力失控、决策失误、行为失范。

要大力发展协商民主,完善社会主义协商民主制度,健全协商民主工作机制,推进协商民主广泛、多层、制度化发展。在中国共产党的领导下,通过各种协商途径,保证不同党派、不同阶层、不同群体、不同利益集团、不同界别平等自由地表达利益诉求和政策主张,在此基础上民主对话、达成共识、妥善协调利益关系。要善于把法治方式与群众路线结合起来,支持人民群众依法实行自我管理、自我服务、自治自律。引导人民群众规范、有序地参与国家和社会的治理。

要正确认识和处理政策与法律的关系。党不仅要坚持通过政策(包括路线、方针、重大决定等)执政的政治优势和宝贵经验,也要学会善于通过法律,即通过立法、执法、司法、法律监督等来实现党的意志和主张,实现立党为公、执政为民的宗旨。党的政策和国家法律是两种最重要的社会调整机制。政策和法律各有优势,各有调整方式和范围,二者是相辅相成的。改革开放以来,我们经历了从主要依靠政策治国理政,到既依靠政策又依靠法律,再到主要依靠法律治国理政、法治成为治国理政的基本方式的历史性转变。

但在实践中,混淆政策与法律的界限,重政策轻法律,甚至用“土政策”取代法律、冲击法律等现象依然存在,构成了实行依法执政、依法治国、依法行政、依法治理社会的障碍。因此,必须强调正确认识和处理政策与法律的关系。一方面,要注重用党的政策指引法律的制定和实施。必要时,及时通过法定程序将政策上升为法律。政策上升为法律之后,执行法律也就是执行政策。另一方面，党的政策不能违反宪法和法律。当政策与法律出现矛盾时，要及时调整政策或者修改法律，同时要科学分析矛盾问题，努力做到法律与政策统一正确实施。

要正确处理改革与法治的关系。在全面深化改革的过程中，许多改革举措涉及现行法律制度。凡属重大改革，要于法有据。需要修改法律的，可以先修改法律，先立后破，有序进行。有的重要改革举措，需要得到法律授权的，要按法律程序进行。要有序推进改革。该得到法律授权的，不要超前推进。防止违反宪法法律的“改革”对宪法法律秩序造成严重冲击，避免因“违法改革”而产生“破窗效应”，坚决维护宪法法律的统一性、严肃性和权威性。

第六，完善党内法规体系，实现党内法规体系与国家法律体系的有效衔接，实现党和国家工作法治化。

依法执政，不仅要有完善的国家法律体系，而且必须有健全的党内法规体系，特别是中央一级的党内法规体系。要根据全面推进依法治国、建设法治中国的总体部署，以“宪法为上、党章为本”为基本原则，全面建成内容科学、程序严密、配套完备、运行有效的党内法规制度体系。党内法规体系应准确体现宪法和法律的精神和要求，保证与国家法律体系内在统一、相辅相成，共同保证和规范党依法执政。

完善反腐败工作体制，规范反腐败有关部门的职能定位，建立和完善执纪与执法的有效衔接机制和证据转换机制。执纪中发现的构成犯罪的案件依照程序一律移交司法机关查处，减少重复取证和侦查，同时对纪检机关办案中依照纪律和法律程序调取的证据进行“形式转换”，赋予其法律效力，以提高办案效率，更加有效地惩治腐败、渎职等违法犯罪行为。参照刑事侦查中的强制措施规定，改革执纪中的“双规”措施，更加严格地保障被“双规”人员的合法权利，进一步加强纪检机关与司法机关的密切配合和必要的制约。

（二）加强宪法法律实施

由于历史与现实的多重原因，在我国，有法不依的现象普遍存在，这导致我国法制缺乏应有的尊严，并缺乏必要的权威性和实效性。无论是在直观上，还是在统计数据上，我国法律被遵守的情况都低于世界的平均水平。不把宪法和法律当回事的实例比比皆是。巨大的反差使我们不得不把维护法律体系的尊严和权威，确保宪法法律有效实施作为当前和今后相当长时期法治中国建设的重中之重。

宪法和法律都有不被遵守的情况。我国《宪法》和《立法法》都明确规定，涉及个人财产之征收，只能通过制定法律或全国人大常委会授权国务院制定行政法规来实施，但是一些省市 2009 年以后纷纷试图出台房产税规定。对这种显然违宪和违法的行为，却没有机构来审查和制止。直到全国政协委员和全国人大代表大声疾呼“给宪法留点面子”，房产税热才降下来。十八届三中全会《决定》明确强调“落实税收法定原则”，挽回了宪法的“面子”，维护了社会主义法制的尊严。

违法强拆、暴力强迁事件持续不断发生，《物权法》形同虚设。新闻报道中常有这样的镜头：政府官员手持《城市房屋拆迁管理条例》作为强拆依据，被拆迁人则拿着《物权法》据理力争。然而，《物权法》并非可以当然担负起拆迁纠纷终结者的角色，因为早在《物权法》之前，《宪法》就已经确认了国家保护公民合法私有财产的责任。重庆市民顾建清在九龙坡区劳动和社会保障局当门卫 11 年，单位一直没有给他买社会保险。他每月工资仅有 350 元，远远低于法定最低工资标准。而且自 2001 年以来，单位再没跟他签订劳动合同。[4]如此违反《劳动法》和《劳动合同法》的事情，居然发生在主管劳动和社会保障事务的执法部门，可谓法律莫大的尴尬与悲哀！

严格执法成为例外，成为美谈。山西省浑源县交警毛丽因拒绝为“特权车”开“绿灯”被称为“恒山脚下最美女交警”。[5]本是正常的执法行为为何能得到人们的盛赞？因为不对领导开罚单似乎成为交警的潜规则，人们见惯了权大于法，见惯了有法不依、执法不严、违法不究，严格执法便显得难能可贵。

针对这种情况，在继续完善和发展中国特色社会主义法律体系的同时，须更加重视宪法法律的实施，保证有法必依、执法必严、违法必究，加快形成不敢违法、不能违法、不愿违法的良好法治文化环境。为此，十八届三中全会《决定》强调，“维护宪法法律权威……要进一步健全宪法实施监督机制和程序，把全面贯彻实施宪法提高到一个新水平。建立健全全社会忠于、遵守、维护、运用宪法法律的制度。坚持法律面前人人平等，任何组织或者个人都不得有超越宪法法律的特权，一切违反宪法法律的行为都必须予以追究”。

第一，健全宪法实施监督机制和程序。人民代表大会制度是我国的根本政治制度，全国人民代表大会是国家最高权力机关，负有监督宪法实施的神圣权力。要加快健全全国人民代表大会及其常务委员会监督宪法实施的职权。建议在全国人民代表大会设立专门的宪法监督委员会（或宪法委员会），对全国人民代表大会负责，在全国人民代表大会闭会期间，对全国人民代表大会常务委员会负责，对法律、行政法规、地方性法规等规范性文件（和行为）以及对重大问题所作决定是否合宪提出审查意见，报送全国人大，在全国人大闭会期间报送全国人大常委会。建议加快制定《宪法监督程序法》。

第二，建立健全全社会忠于、遵守、维护、运用宪法法律的制度。建议设立宪法日，设立中华人民共和国主席就职宪法宣誓制度、各级政府主要领导就职法律宣誓制度。进一步做好普法教育，利用各种传播手段，提高普法教育的水平和实效。加强和改善学校的法制教育，从小养成遵纪守法的良好习惯。

第三，建立法律顾问制度。设立宪法顾问制度，提高和保证决策的法制化水平。在各级党委、政府设立法律顾问,就党和政府的决策是否符合宪法、法律进行审查,未经法律审查程序,新的决策不得出台。

第四,加强立法监督,保证宪法、法律的权威和法制的统一。全国人民代表大会充分行使立法监督的职权,加强全国人民代表大会对全国人大常委会在全国人大闭会期间部分补充和修改基本法律的监督,建立、健全全国人大的批准程序。进一步明确全国人大制定基本法律与全国人大常委会制定其他法律的权限。

加强和完善以全国人大常委会为中心的立法监督制度。加强全国人大常委会对行政法规、地方性法规的监督,行使宪法所赋予的撤销同宪法、法律相抵触的行政法规、决定和命令,撤销同宪法、法律和行政法规相抵触的地方性法规和决议的职权,使撤销机制真正发挥作用,保证宪法至上,宪法法律在全国的统一实施,保证规范性文件的合法性。

发挥协商民主在立法监督中的作用,使协商机制规范化、程序化,防止协商的主观性、随意性,注意监督的协商机制与撤销机制的有机结合。

完善备案审查制度。认真做好全国人大常委会和国务院依法对行政法规、地方性法规、自治条例、单行条例和特别行政区立法的备案工作。加强备案审查机制,注意审查机制与撤销机制、协商机制的衔接。

第五,加强和完善法律解释。改革开放以来,社会关系的频繁变动是我国社会的一个重要特点。另外,实现法治,保证法律的长期性、稳定性和极大的权威,增强人民对法律的信仰,又是改革的一项重要目标。宪法、法律需要随着社会形势的发展而变化,需要加强法律的立改废。但是过于频繁的立改废会削弱人们长期、稳定的预期,削弱法律的权威性和稳定性。加强法律解释是正确处理法律稳定性和社会关系变动性之间关系的科学手段。

健全宪法赋予全国人大常委会的解释宪法的职权。建议制定《宪法解释程序法》,明确宪法解释的具体条件和程序,统一考虑宪法修改和宪法解释。

加强立法解释。立法解释既要符合法律的原意,又要适应社会关系的复杂性和变动性。学会使用法律解释的手段,处理新出现的社会问题。注意立法解释与法律立改废的衔接。

规范司法解释。发挥司法解释在法律适用中的作用。加强全国人大常委会对"两高"司法解释的监督,完善对司法解释的备案审查工作。规范司法解释的权限,注意司法解释与立法的衔接,及时将司法解释中成熟的经验上升为法律、法规。

第六,建立法治建设指标体系和考评标准。法治建设评估应作为考核各级党委、政府工作的重要方面。法治建设指标体系应涵盖依法执政、科学立法、权力监督、严格执法、公正司法、全民守法等各个领域、各个方面,评估这些领域、方面的法律化、制度化程度,执行状况,公开性和可监督性,把执行和监督作为评估的重点。考评标准要考虑可操作性,把是否合法、人民群众是否满意作为重要的标准。

注 释

1 《管子·任法》。

2 See Joseph Raz, *The Authority of Law*: *Essays on Law and Morality*, 2nd edition, Oxford University Press, 2009, p. 214 – 218.

3 J. Rawls, *A Theory of Justice*, Harvard University Press, 1971, p. 235.

4 参见《男子社保局当门卫 11 年无社保　工资低于最低标准》,载台海网 2011 年 4 月 6 日, http://www. taihainet. com/news/txnews/cnnews/sh/2011 – 04 – 06/671394. html。

5 参见《"恒山脚下最美女交警"半年给领导公车开出 138 张罚单》,载《重庆晚报》2011 年 4 月 19 日,第 22 版。

法治中国建设的前沿问题*

全面推进依法治国,加快建设法治中国,对于推进国家治理体系和治理能力现代化,全面建成富强民主文明和谐的现代化国家,实现中华民族伟大复兴具有深远的历史意义和重大的现实意义。改革开放以来,中国共产党高度重视法治建设,党的十五大提出要依法治国、建设社会主义法治国家。新一届中央领导集体审时度势、与时俱进,即将召开的十八届四中全会将对全面推进依法治国、加快建设法治中国作出顶层设计和战略部署,法学界多年的愿望和亿万人民的期盼终将成为现实。越是临近这一时刻,越是感到许多重大的理论前沿、制度前沿和实践前沿问题需要认真梳理和研究。对法治前沿问题的梳理与研究,需要站在法治中国建设的制高点,采取新的思维、新的参照、新的方法,以形成新的概念、新的观念、新的理论、新的建议。这正是中国法学面临并应承接的重大而迫切的任务。

本文把法治中国建设的前沿问题概括为三个方面:一是法治中国建设的指导思想;二是法治中国建设的战略目标;三是法治中国建设的重大任务。

---

* 本文发表于《中共中央党校学报》2014 年第 5 期。

一、法治中国建设的指导思想

法治中国建设的指导思想,集中而言,就是习近平法治思想。本文认为习近平法治思想包括:一个统领概念、一组理论纲要、一套思想体系。

(一)统领概念:“法治中国”

党的十八大作出了全面推进依法治国的战略部署,开创了中国法治建设的新局面。十八大以来,习近平总书记就法治建设发表了一系列重要讲话,提出了许多新的概念、命题、论断和论述。笔者认为,其中统领性概念当属“法治中国”。十八届三中全会通过的《中共中央关于全面深化改革若干重大问题的决定》(以下简称《决定》)确认了“法治中国”这一概念,并将法治建设的纲领确定为“推进法治中国建设”。[1]

“法治中国”概念的提出,是我们党在法治理论上的又一重大创新,也是党执政理念的重大创新。“法治中国”是对我们党历史上尤其是改革开放以来关于法治建设成功经验的深刻总结,也是对未来中国法治建设的科学定位,具有深厚的历史文化底蕴、丰富的实践经验基础和强大的导向定位功能,构成我国法治建设新时期新阶段的时代主题。“法治中国”,以其无可比拟的包容性、凝聚力、感召力成为中国特色社会主义法治话语体系和法治理论体系的统领性概念,亦可视其为基石性范畴。

(二)法治中国理论纲要

十八大以来,习近平总书记发表了一系列有关法治的专题讲话,其中包括:2012 年 12 月 4 日《在首都各界纪念现行宪法公布施行 30 周年大会上的讲话》、2013 年 2 月 23 日《在十八届中央政治局第四次集体学习时的讲话》、2014 年 1 月 7 日《在中央政法工作会议上的讲话》、2014 年 2 月 17 日《在省部级主要领导干部学习贯彻十八届三中全会精神全面深化改革专题研讨班上的讲话》、2014 年 9 月 5 日《在庆祝全国人民代表大会成立 60 周年大会上的讲话》。这几篇专题讲话连同总书记相关的重要批示和谈话，构成了法治中国理论纲要。其要点如下：

第一，法治中国是中国梦的重要组成部分。法治梦与中国梦一脉相承，法治中国与富强中国、民主中国、文明中国、和谐中国、美丽中国、公平中国、平安中国等核心要素相辅相成，共同编织成中国梦的美好愿景。

第二，坚定不移地走中国特色社会主义政治和法治道路，坚持党的领导、人民当家作主、依法治国的有机统一，人民代表大会制度是三者有机统一的根本制度安排；注重借鉴丰富多彩的人类法治文明成果，但绝不能囫囵吞枣、邯郸学步，不照抄照搬、削足适履。

第三，坚持和完善中国特色社会主义制度，推进国家治理体系和治理能力现代化。治理体系就是国家治理的制度体系，治理能力就是治理制度体系的执行力、运行力，法治是治国理政的基本方式，要善于运用法治思维和法治方式深化改革、推动发展、化解矛盾、维护稳定，努力以法治凝聚改革共识、规范发展行为、促进矛盾化解、维护社会和谐。

第四，全面推进科学立法、严格执法、公正司法、全面守法，不断开辟依法治国新局面，谱写政治文明的新篇章。

第五，党要履行好执政兴国的重大职责，必须依据党章从严治党、依据宪法治国理政。依法治国，首先是依宪治国；依法执政，关键是依宪执政。党领导人民制定宪法和法律，党领导人民执行宪法和法律；党自身必须在宪法和法律范围内活动，真正做到党领导立法、保证执法、带头守法。

第六,宪法和法律的生命在于实施,宪法和法律的权威也在于实施。中国特色社会主义法律体系形成之后,确保宪法法律的实施至关重要。必须加强宪法和法律实施,维护社会主义法制的统一、尊严、权威,形成人们不愿违法、不能违法、不敢违法的法治环境。

第七,加快建设法治政府。坚持依法行政,严格执法。正确处理政府与市场、政府与社会的关系,依据法治原则建立政府权力清单制度。

第八,深入推进司法体制改革。司法体制改革是政治体制改革的重要组成部分,是全面深化改革的重点之一,对推进国家治理体系和治理能力现代化具有十分重要的意义。深化司法体制改革,提高司法公信力,着力解决影响司法公正、制约司法能力的深层次问题,破解体制性、机制性、保障性障碍;人民法院、人民检察院依法独立公正行使审判权、检察权,司法人员公正办案,只服从事实、只服从法律。

第九,全面加强对权力的监督制约,“把权力关进制度的笼子里”,推进监督制约法律化、制度化、程序化,依法授权、依法管权、依法用权;让权力在阳光下运行。

第十,切实尊重和保障人权,保证人民平等参与、平等发展的权利,维护社会公平正义。

第十一,弘扬社会主义法治精神,努力培育社会主义法治文化。在全社会牢固树立宪法和法律的权威,让广大人民群众充分相信法律、自觉运用法律,使广大人民群众认识到宪法不仅是全体公民必须遵循的行为规范,而且是保障公民权利的法律武器。法律是成文的道德,道德是内心的法律。坚持把依法治国和以德治国结合起来,把法治建设和道德建设紧密结合起来,把他律与自律紧密结合起来,高度重视道德对公民行为的规范作用。引导公民既依法维护合法权益,又自觉履行法定义务,做到享有权利和履行义务相一致；做到严格执法、公正司法，就要信仰法治、坚守法治。

第十二，改革要于法有据。许多改革举措涉及现行法律制度。凡属重大改革要于法有据，需要修改法律的可以先修改法律，先立后破，有序进行；有的重要改革举措，需要得到法律授权的，要按法律程序进行。有序推进改革，该中央统一部署的不要抢跑，该得到法律授权的不要超前推进。在整个改革过程中，都要高度重视运用法治思维和法治方式，发挥法治的引领和推动作用，加强对相关立法工作的协调，确保在法治轨道上推进改革。

第十三，中国坚持走和平发展道路，同时也将推动各国共同坚持和平发展，构建民主法治、公正合理、合作共赢的国际经济政治新秩序。中国将大力推进国际关系民主化法治化，与各国共同维护人类良知和国际公理，在世界和地区事务中主持公道、伸张正义，更加积极有为地参与热点问题的解决，既通过维护世界和平来发展自己，又以自身发展促进世界和平。中国将继续通过平等协商处理矛盾和分歧，以最大诚意和耐心，坚持对话解决问题。

（三）法治中国思想体系

梳理和解读习近平总书记的一系列重要讲话、谈话、论述和批示，我们发现：有关法治中国建设的思想体系已经初步形成。其标志首先在于，有关法律和法治的理论要素几乎都已涉及，例如，法治的本质、法治的价值、法治文化、法治信仰、法治思维、法治方式、法律的权威、法治与国家治理、法治与社会治理、权力监督制约、依法执政、依法行政、依法治军、依法办事、依法反恐。其次在于，习近平法治思想作为对中国法治建设实践的理论表达，有针对性地、全面系统而又科学地回答了有关法治中国建设的一系列关键的实践问题，诸如，坚持中国特色社会主义民主法治道路，推进民主制度化、规范化、程序化，弘扬传统优秀法律文化，坚持党的领导与坚持人民民主、实行法治的关系，坚持党的领导与确保国家机关依法独立行使职权、履行职责的关系，认真对待人权和公民权利，正确处理权力与权利、管理与服务、维稳与维权的关系，正确认识和处理民主与专政、政策与法律、法律与道德、法治与德治的关系，正确认识和处理改革（改革决策）与法治（立法决策）、活力与秩序、监督与制约、文明（执法）与严格（执法）的关系，统筹国内与国际两个大局，等等。

二、法治中国建设的战略目标

全面推进依法治国，加快法治中国建设，首要的是进行顶层设计。顶层设计当中，最重要的是确定法治中国建设的战略目标。如何确定呢？党的十八大和十八届三中全会已经有原则性表述，即"依法治国基本方略全面落实，法治政府基本建成，司法公信力不断提高，人权得到切实尊重和保障"，[2]"推进法治中国建设"。[3]根据这一思想原则，立足当下、面向未来、放眼世界，可以采取"三重参照、三重定位"。

（一）以"两个一百年"奋斗目标为参照，定位法治中国建设目标

党的十八大报告中指出：只要我们胸怀理想、坚定信念，不动摇、不懈怠、不折腾，顽强奋斗、艰苦奋斗、不懈奋斗，就一定能在中国共产党成立一百年时全面建成小康社会，就一定能在新中国成立一百年时建成富强民主文明和谐的社会主义现代化国家。

以"两个一百年"为参照，可从法治国家和法治中国两个层面考虑"两个一百年"的法治建设战略目标：

到2021年中国共产党成立一百周年、我国全面建成小康社会时，基本建成法治国家，实现国家层面的法治，即法律体系更加完善，法治政府基本建成，司法公信基本确立，人权得到切实保障，以

权利公平、规则公平、机会公平为主要内容的社会公平保障体系基本形成。

到2049年中华人民共和国成立一百周年时,基本建成法治中国,即全面建成法治国家和法治社会,不仅建成法治国家,而且建成法治社会;全面实现执政党依法执政,人民政府依法行政,司法机关公正司法,全体人民自觉守法,宪法法律有效实施,法治的核心价值充分实现。

(二)以法治现代化为参照,定位法治中国建设目标

法治现代化的目标是加快推进我国法治的转型升级。法治转型升级的实践路径包括:从法治国家转型升级为法治中国,从法律之治转型升级为良法善治,从法律大国转型升级为法治强国。

第一,从法治国家转型升级为法治中国。从建设法治国家到建设法治中国,意味着我国法治建设的转型升级。"法治中国"既是中外法治文明的现代版,又是"法治国家"的升级版。党的十五大提出依法治国、建设社会主义法治国家。法治国家本质上属于政治范畴,建设法治国家的着力点是在政治层面实现国家治理法治化,特别是把国家各项权力(包括立法权力、行政权力、司法权力、监督权力等)纳入法治范围,在法治轨道上运行。党的十八大以后,习近平总书记提出"建设法治中国""不断把法治中国建设推向前进"。[4]"法治中国"的内涵比"法治国家"更加丰富、更加深刻、更具中国特色:建设法治中国,不仅要建设法治国家,还要建设法治社会、法治政府、法治政党;不仅要推进依法治国,还要推进依法执政、依法行政、依法治理、依法自治;不仅要搞好国家法治,还要搞好地方法治(区域法治)、行业法治,促进三者协调发展;不仅注重有形的法律制度硬实力建设,还要加强无形的法治文化软实力建设,弘扬法治精神,培育法治文化;不仅致力于国内法治建设,还要面向世界,推动国际关系和全球治理民主化、法治化,不断提升

中国在国际法治和全球治理中的话语权和影响力。

第二,从法律之治转型升级为良法善治。"法治现代化"这一概念,既指从传统人治社会到现代法治社会的历史性变革,又指法治(法制)由传统型到现代型的历史性转换。世界范围内的法治现代化有各种各样的目标定位和发展道路,例如,西方国家的自由主义、理性主义、民主社会主义等。就当代中国的法治现代化而言,我们走的是一条与改革开放同步的、与"五大建设"相适应、[5]具有鲜明中国特色的社会主义法治发展道路,是与社会主义市场经济、民主政治、先进文化、和谐社会和生态文明协调的法治现代化道路,是与国家治理体系和治理能力现代化相适应的法治现代化。

中国古代的法治是工具主义法治,是君主专制独裁的严刑峻法;西方近代的法治基本上是形式主义(形式合法性或形式正义)的法治。它们既可以服务于"善",也可能服务于"恶"。反思中国古代工具主义的法治文化及其在当代中国的影响和西方近代形式主义法治文化,总结改革开放以来我国法治建设的利弊得失,在社会转型的历史时期,我们应当严肃地思考一个问题:我们需要一个什么样的法治?也就是说,中国法治的核心价值和精神元素是什么,中国法治的目标模式(法治的中国模式)应该是什么?回答只有一个:中国法治作为现代法治,不仅应当是形式上的法律之治、规则之治,更应当是良法之治。这种形态的法治同现代社会的制度文明和政治文明密不可分:它意味着对国家权力(尤其是对行政权力)的约束、对权力滥用的制约与制衡措施、对公民权利和自由的平等保护等;意味着立法、行政、司法以及其他国家活动必须服从法律的一些基本原则——人民主权原则、人权原则、正义原则、公平合理且迅捷的程序保障原则,等等;意味着法治要求国家维护和保障法律秩序,但国家必须首先服从法律的约束;意味着法治要求人民服从法律,但同时要求人民服从的法律必须建立在尊重和保障人权的基础之上。这种形态的法治就是内含民主、自由、平等、人权、理性、文明、秩序、正义、效率与合法性等诸社会价值的良法善治。

第三，从法律大国转型升级为法治强国。“截至2012年底，中国已制定现行宪法和有效法律242部、行政法规721部、地方性法规9200部，涵盖社会关系各个方面的法律部门已经齐全，各个法律部门中基本的、主要的法律已经制定，相应的行政法规和地方性法规比较完备，法律体系内部总体做到科学和谐统一。”[6]由宪法统领，由法律、行政法规、地方性法规以及自治条例构成的法律体系已经相当丰富和庞大。中国人民用三十余年时间走完了西方发达国家几百年的立法行程。通过这些规范性法律文件，我国建立起适应市场经济、民主政治、人权保障、社会发展、环境保护要求和需要的法律制度。就成文法而言，我国已经成为一个“法律大国”，而且很可能是第一法律大国，但还远不是一个“法治强国”。基于这种判断，法学界、法律界人士提出要加快从“法律大国”转型为“法治强国”。法治强国是强国之梦的组成部分。为实现强国之梦，我们党自新中国成立以来，特别是改革开放以来提出了一系列“强国战略”，诸如，四个现代化、工业强国、科技强国、人才强国、教育强国、文化强国、海洋强国、网络强国……在推进法治中国建设的进程中，应当十分明确地提出“建设法治强国”，实施法治强国战略。只有实现了法治强国，中国才有可能成为名副其实的强国。正如胡建淼教授所言，“法治立国、法治稳国、法治救国、法治强国，是人类文明发展的经验总结”。[7]“法治是中国的强国途径，法治强国是中国的战略目标。”[8]

法治强国有多层含义：其一，法治是实现强国的手段，实行法治是强国之路，故，要建立完备的法律体系并保证其有效实施，以推进和保障国家强盛目标的实现。其二，法治是国家强盛的重要标志，正所谓“明法者强，慢法者弱”；[9]“奉法者强则国强，奉法者弱则国弱”。[10]认定国家强盛，法治是重要一项。在强国中，法治成为国家与社会的核心价值,成为国家治理和社会治理的根本方式,成为支撑国家兴旺发达的强大力量;全社会尊重法治、信仰法治、坚守法治;宪法具有极大权威,法律具有普遍的实效,任何个人和组织都必须在宪法和法律的范围内活动。其三,法治作为国家强盛的软实力。奉行法治,才能使我国在国际关系和全球治理中拥有与我国的历史文明、人口总量、经济实力和安理会常任理事国的地位相当的话语权、决策权和规则制定权。全面推进依法治国、加快建设法治中国,正是朝着实现"法治强国"的方向迈进。

(三)以全面深化改革为参照,定位法治中国建设目标

十八届三中全会《决定》指出:"全面深化改革的总目标是完善和发展中国特色社会主义制度,推进国家治理体系和治理能力现代化。"[11]"到2020年,在重要领域和关键环节改革上取得决定性成果,完成本决定提出的改革任务,形成系统完备、科学规范、运行有效的制度体系,使各方面制度更加成熟更加定型。"[12]

以此为参照,法治中国建设的目标也可分别确定为总目标和阶段性目标。

总目标:完善和发展中国特色社会主义法治体系,实现国家治理和社会治理的民主化、法治化。

到2020年的阶段性目标:在法治建设的重要领域和关键环节取得突破性进展,形成更加成熟更加定型的中国特色社会主义法治体系及其运行机制,更好发挥法治在国家治理和社会治理中的重要作用。宏观样态可以描述为:中国特色社会主义法律体系更加科学完善;宪法法律得到有效实施;依法执政水平明显提高;法治政府基本建成;司法公信力大幅提升;法治文化繁荣发展、法治社会建设卓有成效;权力在法治轨道上运行;改革开放、持续发展的国际法治环境进一步优化。

在这一目标设计中,"法治体系"是个关键词。法治体系是法

学研究的新概念,也是法治建设的新思维。在中国特色社会主义法律体系形成后,中国法治建设的中心任务应当升级为形成中国特色社会主义法治体系,这是中国法治建设进入新的历史阶段后必然提出的新任务。

法治体系由多个层面叠加构成。第一个层面是法律体系。法律体系指法律规范体系,是法治体系存在和运行的基础。第二个层面是法律运行体系,通常包括立法、执法、司法、守法、法律监督等环节。在法律体系形成之后,我们感受深刻的是有法不依、执法不严、司法不公等现象依然突出,法治运行各个环节之间的关系不够协调。所以,法治体系建设要注重法律运行各个环节的有序性、有效性以及每一环节彼此衔接、相互促进。第三个层面是法治国家、法治社会、法治政府、法治政党及其有机统一;国家法治、地方法治(区域法治)、行业法治协调发展;国内法治、国际法治、全球法治有效衔接。

法治体系的形成是一个国家的法治走向成熟强大的重要标志。从这种意义上说,法治中国建设的重要目标就是加快形成中国特色社会主义法治体系。

三、法治中国建设的重大任务

基于对法治中国建设总目标和阶段性目标的研究与定位,可将今后一个时期法治中国建设的重大任务概括为四项基本要务、八个工作重点。

四项基本要务,就是科学立法、严格执法、公正司法、全民守法。这是十八大作出全面推进依法治国战略部署的核心内容。

科学立法。之所以强调科学立法,是为了突出提高立法质量。正如习近平总书记在第十八届中央政治局第四次集体学习时的讲话中所指出的,人民群众对立法的期盼,已经不是有没有,而是好不好、管用不管用、能不能解决实际问题;不是什么法都能治国,不是什么法都能治好国;越是强调法治,越是要提高立法质量。提高立法质量,关键在于:一要尊重和体现经济、政治、文化、社会、生态文明建设和发展客观规律,使法律准确适应改革发展稳定需要,积极回应人民期待,更好协调利益关系;二要坚持问题导向,切实提高法律的针对性、及时性、系统性、协调性,发挥立法凝聚共识、统一意志、引领公众、推动发展的作用;三要注重增强法律的可执行性和可操作性,努力使每一项立法都符合宪法精神、反映人民意愿、得到人民拥护,使法律法规立得住、行得通、切实管用;四要坚持立改废释并举,全方位推进立法工作;五要坚持民主立法、科学立法,完善立法体制和程序,提高立法效率。

严格执法。党的十八大报告、十八届三中全会《决定》和习近平总书记的一系列讲话都特别强调严格执法。习近平总书记指出:"法律的生命力在于实施,法律的权威也在于实施。'法令行则国治,法令弛则国乱。'各级国家行政机关、审判机关、检察机关是法律实施的重要主体,必须担负法律实施的法定职责,坚决纠正有法不依、执法不严、违法不究现象,坚决整治以权谋私、以权压法、徇私枉法问题,严禁侵犯群众合法权益。"[13]习近平总书记还指出,现实生活中出现的很多问题,往往同执法失之于宽、失之于松有很大关系。有的政法干警执法随意性大,粗放执法、变通执法、越权执法比较突出,要么有案不立、有罪不究,要么违规立案、越权管辖;有的刑讯逼供、滥用强制措施;有的办关系案、人情案、金钱案,甚至徇私舞弊、贪赃枉法,等等。对违法行为必须严格尺度、依法处理,不能迁就。否则,就会产生"破窗效应"。

公正司法。党的十八大报告首次把司法从执法中分离出来,将公正司法单独作为全面推进依法治国的基本要务,体现出全党对司法的性质和重要性的认识的深化。司法是维护社会公平正义的最后一道防线。所以,司法必须公正。所谓公正司法,就是受到侵害的权利一定会得到保护和救济,违法犯罪活动一定要受到制裁和惩罚,人民群众在每一个司法案件中都能感受到公平正义。如果人民群众通过司法程序不能保障自己的合法权利,司法就没有公信力,人民群众也不会相信司法。司法是定分止争的最后一道防线。所以,司法必须发挥法律本来应该具有的定分止争的功能和终结矛盾纠纷的作用。要做到定分止争,司法必须公正,如果司法不公、人心不服,不仅难以定分止争、化解矛盾,甚至可能激化和聚集矛盾。司法还是维护法律尊严和权威的最后一道防线。要发挥维护法律尊严和权威的作用,司法必须公正、公开、公平,司法机关必须有足够的尊严和权威、有极高的公信力。为此,应当深化司法改革,确保司法机关依法独立公正行使职权,确保司法公正高效廉洁,切实有效地提高司法公信力。

全民守法。全面推进依法治国,建设法治中国,必须坚持全民守法。全民守法,就是全国各族人民、一切国家机关和武装力量、各政党和各社会团体、各企业事业组织,都必须以宪法和法律为根本活动原则,并负有维护宪法和法律尊严、保证宪法和法律实施的职责。任何组织或者个人,都不得有超越宪法和法律的特权。一切违反宪法和法律的行为,都必须予以追究。任何公民、社会组织、国家机关、政党(包括执政党),都要依照宪法和法律行使权利或权力、履行义务或职责。在社会转型、矛盾凸显的当前形势下,要引导全体人民通过法律程序来表达诉求、维护权利、解决纷争,绝不能让“大闹大解决、小闹小解决、不闹不解决”的现象蔓延;要努力培育社会主义法治文化,在全社会形成学法尊法守法用法的良好氛围。

遵循这四项基本要务,应当着力于八个工作重点。

(一)推进党的领导方式和执政方式的法治化

在当代中国,中国共产党既是执政党,又是领导党,拥有对国家政权机关和整个社会的领导权。所以，建设法治中国，实现法治中国梦，关键在于党，在于党科学而又有效地依法执政。因此，依法执政是法治中国建设的核心内容，也是法治中国建设的根本保证。法治中国建设的首要任务是完善党依法执政的体制机制和法律法规，确保党在宪法和法律范围内活动，依照宪法、法律和党内法规制度行使执政权和领导权；确保党既严格守法又能科学有效地领导立法、保证执法和司法；提高各级党委及其领导干部运用法治思维和法治方式治国理政的能力和水平。尤其应强调的是，通过长期不懈的依法执政实践，把党建设成为善于运用法治思维和法治方式治国理政的执政党，坚持宪法至上、维护法律尊严和权威、在宪法法律范围内活动的执政党，尊重和保障人权、促进社会公平的执政党，领导、支持和监督国家机关依法行使国家权力的执政党，实现党的执政方式和执政活动法治化；在全社会全世界树立法治政党的伟大形象。

（二）加快完善和发展中国特色社会主义法律体系

完备有效的法律体系是法治中国的重要标志，也是全面推进依法治国的制度前提。虽然中国特色社会主义法律体系已经形成，但是，我们必须看到，实践是法律的基础，法律应随着实践发展而发展。全面深化改革，转变经济发展方式、扩大社会主义民主、推行行政体制改革、深化司法体制改革、保障和改善民生、创新社会治理、保护生态环境，都对立法提出了新的要求。因此，要继续完善法律体系。一方面要适时制定新的法律，另一方面要及时修改和完善法律。

要加快有关全面深化改革、推进发展、保障和改善民生、保护生态环境、创新社会治理、维护公共安全和国家安全等重点领域、重点问题立法，确保国家发展、重大改革于法有据，有效推进“五位一体”现代化建设。

要积极推进人民代表大会制度创新和立法体制创新，切实提高立法质量和立法效率，让每一部法律都成为精品之作；坚决克服立法过程中的地方保护和部门利益化倾向，防止地方和部门越权立法，避免重复立法、粗糙立法、腐败立法；促进法律体系的部门划分更为合理，法律法规的系统性、协调性、统一性进一步增强。

（三）维护宪法法律权威，保证宪法法律统一有效实施

确保宪法法律实施，是法治中国建设面临的突出问题，其中宪法实施保障问题尤为突出。宪法是国家的根本法，是治国安邦的总章程，具有最高的法律地位、法律权威、法律效力，具有根本性、全局性、稳定性、长期性。所以，要坚持宪法至上，保证宪法全面有效实施。为此，应进一步健全宪法实施监督机制和程序，把全面贯彻实施宪法提高到一个新水平。应加快健全全国人民代表大会及其常务委员会监督宪法实施的体制机制，加强和完善以全国人大常委会为中心的立法监督制度，维护法制统一。

要运用法治建设指标体系和考评标准的引领、保证作用。法治建设指标体系应涵盖依法执政、科学立法、严格执法、公正司法、全民守法、法律监督等各个领域。

（四）大力推进依法行政和严格执法，加快建设法治政府

大力推进依法行政、严格执法，加快建设法治政府是全面深化改革的关键，是法治中国建设的重要组成部分。党的十八大和十八届三中全会《决定》都明确提出，到2020年基本建成法治政府。时间紧迫，法治政府建设必须提速。推进法治政府建设，必须加快转变政府职能，构建职权法定、行为规范、程序正当、公平公开、高效便民、诚实守信的行政权力运行体系，增强政府公信力和执行力；必须优化政府公共服务，加快服务型政府建设；必须严格公正廉洁文明规范执法，保障法律法规统一正确实施。为切实保证严

格公正廉洁文明规范执法,必须推进行政执法体制改革,建立健全程序规范、权责统一、公正高效的综合执法体制;加强食品药品、安全生产、环境保护、劳动保障、海域海岛等重点领域综合执法;完善城管执法体制机制;建立健全以裁量权为基准,以程序规范为关键,以制约和监督为保障的行政裁量权运行机制。

(五)深化司法体制改革,加快建设公正高效权威的社会主义司法制度

建设公正高效权威的社会主义司法制度是深化政治体制改革、推进国家治理体系和治理能力现代化的重大举措,是全面推进依法治国、建设法治中国的重要内容。为此,必须进一步深化司法体制改革,确保权利救济、定分止争、制约公权等司法职能得到充分发挥,确保人民群众在每一个司法案件中都感受到公平正义。

从司法改革的目标来看,新一轮司法改革是以问题为导向的改革,聚焦三个突出问题:确保司法公正;增强司法能力;提升司法公信。从上述目标和问题出发,司法改革的重要任务包括:

第一,推进司法权力运行制度机制创新,确保人民法院、人民检察院依法独立公正地行使审判权、检察权,特别是人民法院的审判权依法独立行使。对司法权独立行使造成严重干扰的因素主要有两个:一是司法地方化,二是司法行政化。所以,为了确保司法权独立行使,就须推进以去地方化和行政化为重心的司法管理体制改革。

首先是去地方化。十八届三中全会《决定》把去地方化作为司法改革的首要任务,设计通过改革司法管理体制和司法案件管辖制度来破解司法地方化。具体举措包括“推动省以下地方法院、检察院人财物统一管理”,[14]“探索建立与行政区划适当分离的司法管辖制度”,等等。[15]

其次是去行政化。目前,法院的行政化倾向日趋严重。法官

和法院工作人员按照行政机关“官本位”层级模式定级，法官群体因被划分为不同等级而存在上下级隶属关系，院长对副院长、副院长对庭长、庭长对法官是一种领导与被领导、支配与被支配的关系。这就为法院各级领导影响和干预法官办案留下了制度空间，致使审判庭庭长、分管副院长甚至院长直接插手合议庭和法官审理案件、干预合议庭和法官裁决的情况时有发生，在一些法院甚至常规化，人情案、关系案由此产生。由于法院领导行政式地干预办案，法官审判的责任心有所下降，审判质量不高。司法行政化不仅表现在一个法院内部，也表现在法院系统内部。上级法院过多地干预下级法院的审判工作，事前干预、审理过程干预、审判之后继续干预，也有扩大的趋势。超越法律规定的各种名堂的“内审”，不仅拖延了审判期限，而且滋生司法腐败。上级法院对下级法院行政化绩效考核中的改判率、发回重审率等指标，也迫使下级法院（法官）不得不经常“请示”上级法院（法官），以避免改判或发回重审。针对司法行政化的弊端和危害，十八届三中全会《决定》采取了多项司法去行政化措施。其中包括：“改革审判委员会制度，完善主审法官、合议庭办案责任制，让审理者裁判、由裁判者负责。明确各级法院职能定位，规范上下级法院审级监督关系。”[16]司法去行政化，是为了确保法官独立办案、独立负责地作出裁判，更好地提高法官的司法能力和水平。此外，中央还明确规定建立健全违反法定程序干预司法的登记备案通报制度和责任追究制度。改革涉法涉诉信访机制，建立健全涉法涉诉信访依法终结制度，凡是涉及法律的信访都应回归司法程序，避免行政化方式处理涉法涉诉信访所造成的社会问题。在重视发挥审判委员会、合议庭作为司法民主组织形式积极作用的同时，推进法院内部去行政化改革。在保证人民法院依法独立行使审判权的同时，确保主审法官、合议庭在案件审判中的主体地位和作用。完善主审法官、合议庭依法独立办案责任制。健全审判权运行机制，真正让主审法官、合议庭在法定程序内行使职权,让审理者裁判、由裁判者负责。

第二,推进司法职权配置科学化。自党的十七大提出优化司法职权配置的任务以来,有关司法改革的方案都涉及该问题。十八届三中全会《决定》从“健全司法权力运行机制”的新角度再次关注司法职权配置优化问题。十八届三中全会《决定》指出:“优化司法职权配置,健全司法权力分工负责、互相配合、互相制约机制,加强和规范对司法活动的法律监督和社会监督。”[17]优化司法职权配置,要求形成在党的领导下,在宪法法律的制度框架内,司法机关(含具有部分司法职能的机关,如公安机关、司法行政机关)之间既互相制约监督又有效协同配合的法治局面。

优化司法职权配置,当以保证人民法院依法独立公正行使审判权为要义。在全部司法案件中,人民法院直接受理的民事、行政诉讼案件约占90%;[18]在刑事诉讼案件中,人民法院担负着最终定罪量刑、惩恶扬善的职责。所以,从司法权运行规律出发,必须确立以审判权为中心的科学理念,必须树立审判权应有的权威。司法改革不能以牺牲或弱化审判权为代价,不能不适当地压缩审判权的运行空间。新一轮司法体制改革强调“健全司法权力分工负责、互相配合、互相制约机制”,[19]强调“严格实行非法证据排除规则”,[20]强调“把涉法涉诉信访纳入法治轨道解决,建立涉法涉诉信访依法终结制度”。[21]

第三,推进人权司法保障法治化,切实维护人民权益。完善人权司法保障制度、推进司法人权保障法治化是新一轮司法改革的重中之重。十八届三中全会《决定》从尊重和保障人权的宪法原则和法治理念出发,把“完善人权司法保障制度”作为司法改革的重大任务,这在我国司法改革史上是前所未有的。在司法领域,严重侵犯人权的现象集中表现在对公民人身权利和自由的侵害以及对公民财产权利的侵害两个方面。十八届三中全会《决定》有的放矢地宣告“严禁刑讯逼供、体罚虐待”,[22]强调“健全错案防止、纠正、责任追究机制……严格实行非法证据排除规则”。[23]在一些刑事案件中,存在随意违法违规处置犯罪嫌疑人的财产、赃款赃物并且不随案移送的情形,因此当被告人被宣告无罪时,被查封、扣押的财产却渺无踪影。在一些民事案件中,也有超标的查封和扣押当事人财产,严重影响当事人正常经营和生活的情况。对此,十八届三中全会《决定》要求,“进一步规范查封、扣押、冻结、处理涉案财物的司法程序”。[24]因此,必须强化疑罪从无、无罪推定、程序正义的司法理念,强化非法证据排除规则的适用和监督,建立健全严禁刑讯逼供、体罚虐待的约束机制。完善错案防止纠正责任追究制度。针对这些年严重侵害人权的冤假错案接连发生,中央政法委发布了《关于切实防止冤假错案的规定》,就严格遵守法律程序、加强防止和纠正错案机制建设作了明确规定:一是健全防止错案机制,严格遵守证据裁判原则,严禁刑讯逼供、体罚虐待,严格执行非法证据排除规则,准确把握刑事案件证明标准。二是健全发现错案机制,着力保障犯罪嫌疑人、被告人、罪犯的申诉、控告权,充分发挥律师的辩护作用。三是健全纠正错案机制,明确错案的认定标准和纠错启动主体,完善错案纠正程序。四是建立错案责任追究机制。最高人民法院颁布了《关于建立健全防范刑事冤假错案工作机制的意见》,要求尊重被告人的诉讼主体地位,维护被告人的辩护权等诉讼权利,坚持依法独立行使审判权原则、程序公正原则、审判公开原则和证据裁判原则。2013 年,全国法院恪守罪刑法定、证据裁判、疑罪从无等原则,严格排除非法证据,依法宣告 825 名被告人无罪,[25]确保无罪的人不受刑事追究。同时,应完善以国家司法救助制度、诉讼费用担保制度、法律援助制度为基础的司法救济体系。优化刑事辩护权的配置,充分保障可能判处无期徒刑以上刑罚的犯罪嫌疑人、被告人获得诉讼全过程的法律援助。充分发挥律师在依法维护公民和法人合法权益方面的重要作用。

健全人权司法保障制度,还应加快完善诉讼制度,切实保障人民群众诉讼权利。继续推进刑事诉讼制度和民事诉讼制度的完善，加快行政诉讼法的修改，创新行政诉讼制度，依法保障人民群众诉权，确保人民群众高效便捷地通过司法途径、在法律范围内实现权利救济、正义伸张、矛盾化解，引导和保障人民群众以合法理性的方式表达诉愿。完善科学文明高效便民的诉讼机制。以一审明断是非定分止争、二审案结事了、再审依法纠错为龙头，完善司法为民的诉讼机制。建立健全网络、电话、邮件、信函，公民预约、社区巡回、上门服务特殊人群等受案、立案、申诉多渠道便民利民方式，规范司法救助，让老百姓打得起官司，让群众合理诉求及时就地解决。建立健全繁简分流和速裁机制、轻微违法犯罪案件快速处理机制，保障当事人的便利诉讼和权利救济。加快建立宽平台的法律咨询、法律服务、诉讼引导机制，引导群众形成内心信法、遇事找法、解决问题靠法的法治习惯。

第四，推进司法职业化，增强司法人员的能力。由于历史与现实的多种原因，我国司法职业化程度低于世界平均水平。为了提高司法职业化水平、加强司法职业保障，十八届三中全会《决定》要求："建立符合职业特点的司法人员管理制度，健全法官、检察官、人民警察统一招录、有序交流、逐级遴选机制，完善司法人员分类管理制度，健全法官、检察官、人民警察职业保障制度。"[26]同时，"完善律师执业权利保障机制和违法违规执业惩戒制度，加强职业道德建设"。[27]为此，应完善司法人员职业准入、职业培训、考核晋升、交流轮岗、福利待遇、终身职业保障等制度体系。建立与法官法、检察官法、人民警察法规定的法律职务等级挂钩的薪金福利保障，与公务员法衔接的单独的职务序列及工资制度。建立法官、检察官专业考评管理委员会、惩戒委员会等评价体系，承担司法人员职务晋升、职业禁止、违法惩戒等事务。推进法律职业共同体建设。探索建立法官、检察官、警官、律师、法律学者等法律职业良性流动机制。完善律师执业权利保障机制和违法违规执业惩戒制度。完善司法人员分类管理改革。围绕破解制约司法能力难题,加快推进司法职业化,建立以法官、检察官为主体,以司法助理官、书记官、司法警察、专业技术人员为辅助,以综合管理服务事务官为保障的三个序列适度分离的现代司法组织体系。

第五,推进司法保障体制机制常态化。近几年,司法的物质保障有了较大改善,但仍存在较为突出的问题。部分法院在受理案件剧增、办案支出扩大而同时诉讼费用锐减的情况下办案经费紧张;特别是经济相对落后的省区法院,问题更为突出。为此,建议尽快研究建立人民法院经费保障长效机制,将人民法院人员经费、公用经费、办案经费全额纳入财政预算,与诉讼费收入彻底脱钩;加大中央和省级财政转移支付力度,有效保障高级法院、中级法院和落后地区的城区法院正常运转和法庭建设、信息化建设、基础设施建设、装备建设。

(六)推进依法治理、依法自治、全民守法,建设法治社会

从宏观样态上说,法治社会主要包括三个基本层面:第一,党和政府依法治理社会。各级党委和政府依据法定的职权、程序和规则,运用法治思维和法治方式调节利益关系,解决社会纠纷,维护社会稳定,促进经济社会发展。第二,公民依法自由结社,社会主体依法自治。社会组织、基层群众、行业协会、企事业单位等社会主体依据法律的规定自主处理本组织、本行业、本单位的内部事务。第三,人人自觉守法。公民、社会团体、政党等依据法律的规定自主行使法定权利,自觉履行法定义务,承担法律责任。

建设法治社会,必须推进和保障社会自治。一个平等、自由和协商的社会领域是法治国家的根基所在。社会自治为公民及社会组织通过自我协商、平等对话参与社会治理、依法解决社会问题留出了广阔空间。社会依法自治和国家依法治理相结合,构成了法治社会的多元共治体系。

（七）依法规范权力，实现权力运行制约和监督法治化

坚持用制度管权管事管人、依法规范权力、加强权力监督，是法治中国建设的重要内容。对此，应建立健全边界清晰、运转高效、相互协调、监督有力的权力运行模式，确保党和国家机关及其工作人员按照法定权限和程序行使权力。建立严格的权力清单制度，把权力关进制度的笼子里。着力构建党的监督、人大监督、行政监督、司法监督和民主监督、社会监督有机结合，覆盖全面、运转高效、执行有力的全方位、立体化监督体系。依法保障社会公众的知情权和监督权。

（八）统筹国内法治和国际法治两个大局，加强国际法治交流与合作，为中华民族伟大复兴创造良好的国际法治环境

在当今全球化时代，我国要全面推进法治建设，必须确立统筹国内法治和国际法治两个大局的观念，正确处理国内法治与国际法治的关系。首先，应积极参加国际公共事务的商讨，参与全球治理对话，善于运用法治的话语表达中国的立场和观点，将中国对国际公共事务的关切明确表达出来，并鲜明地建立和维护国际法治的立场，促进在各个方面和领域形成国际法治的格局。其次，认真研讨并总结中国过去半个多世纪的经验与教训，对于国际法在中国的适用与实施提出总体性规则，并在恰当的时机使其进入宪法修正案。最后，依据国际社会共同认可和接受的法治精神、法治理念和法治原则不断推动中国法治的发展，使世界认识中国、了解中国、认同中国，树立法治中国的良好形象，并在促进国际法治的参与过程中维护我国的合法利益。

注　释

1 《中共中央关于全面深化改革若干重大问题的决定》，载《人民日报》2013 年 11 月

16 日,第 1 版。

2 胡锦涛:《坚定不移沿着中国特色社会主义道路前进 为全面建成小康社会而奋斗——在中国共产党第十八次全国代表大会上的报告》(2012 年 11 月 8 日),载《人民日报》2012 年 11 月 18 日,第 1 版。

3 《中共中央关于全面深化改革若干重大问题的决定》,载《人民日报》2013 年 11 月 16 日,第 1 版。

4 习近平:《在庆祝全国人民代表大会成立六十周年大会上的讲话》(2014 年 9 月 5 日),载《求是》2019 年第 18 期。

5 “五大建设”是指经济建设、政治建设、文化建设、社会建设、生态文明建设。

6 中华人民共和国国务院新闻办公室:《2012 年中国人权事业的进展》,载《人民日报》2013 年 5 月 15 日,第 19 版。

7 胡建淼:《走向法治强国》,载《国家行政学院学报》2012 年第 1 期。

8 胡建淼:《走向法治强国》,载《国家行政学院学报》2012 年第 1 期。

9 《韩非子·饰邪》。

10 《韩非子·有度》。

11 《中共中央关于全面深化改革若干重大问题的决定》,载《人民日报》2013 年 11 月 16 日,第 1 版。

12 《中共中央关于全面深化改革若干重大问题的决定》,载《人民日报》2013 年 11 月 16 日,第 1 版。

13 习近平:《在庆祝全国人民代表大会成立六十周年大会上的讲话》,载《求是》2019 年第 18 期。

14 《中共中央关于全面深化改革若干重大问题的决定》,载《人民日报》2013 年 11 月 16 日,第 1 版。

15 《中共中央关于全面深化改革若干重大问题的决定》,载《人民日报》2013 年 11 月 16 日,第 1 版。

16 《中共中央关于全面深化改革若干重大问题的决定》,载《人民日报》2013 年 11 月 16 日,第 1 版。

17 《中共中央关于全面深化改革若干重大问题的决定》,载《人民日报》2013 年 11 月 16 日,第 1 版。

18 周强 2014 年 3 月 10 日在第十二届全国人民代表大会第二次会议上所作的《最高人民法院工作报告》指出:2013 年,最高人民法院受理案件 11016 件,审结 9716 件;地方各级人民法院受理案件 1421.7 万件,审结、执结 1294.7 万件。其中,各级法院审结一审刑事案件95.4万件。参见周强:《最高人民法院工作报告——二〇一四年三月十日在第十二届全国人民代表大会第二次会议上》,载《人民日报》2014年3月18日,第2版。

19 《中共中央关于全面深化改革若干重大问题的决定》,载《人民日报》2013年11月16日,第1版。

20 《中共中央关于全面深化改革若干重大问题的决定》,载《人民日报》2013年11月16日,第1版。

21 《中共中央关于全面深化改革若干重大问题的决定》,载《人民日报》2013年11月16日,第1版。

22 《中共中央关于全面深化改革若干重大问题的决定》,载《人民日报》2013年11月16日,第1版。

23 《中共中央关于全面深化改革若干重大问题的决定》,载《人民日报》2013年11月16日,第1版。

24 《中共中央关于全面深化改革若干重大问题的决定》,载《人民日报》2013年11月16日,第1版。

25 周强:《最高人民法院工作报告——二〇一四年三月十日在第十二届全国人民代表大会第二次会议上》,载《人民日报》2014年3月18日,第2版。

26 《中共中央关于全面深化改革若干重大问题的决定》,载《人民日报》2013年11月16日,第1版。

27 《中共中央关于全面深化改革若干重大问题的决定》,载《人民日报》2013年11月16日,第1版。

关于制定法治中国建设规划的几点思考*

在中央全面依法治国委员会第一次会议上，习近平总书记在讲话中提出，全面依法治国有七项重点工作，其中第一项是“研究制定法治中国建设规划”。在中央全面依法治国委员会第二次会议上，习近平总书记再次强调，要抓紧完善法治中国建设规划，并将其作为五项重点工作之首。可见这项工作的重要性。下面，我想就这个问题，结合学习习近平总书记关于法治中国建设规划和顶层设计的系列论述，谈谈自己的两点认识。

一、制定法治中国建设规划的指导思想和方法论原则

指导思想是：以习近平新时代中国特色社会主义思想及其全面依法治国新理念新思想新战略为指导，按照党的十九大确定的法治中国建设路线图，确定近期和中长期的战略规划，加快建设中国特色社会主义法治体系，建设社会主义法治国家，为实现社会主义现代化法治强国奠定坚实的基础。

制定法治中国建设规划的方法论原则包括：

---

* 本文系作者 2019 年 4 月 11 日在中央全面依法治国委员会办公室召开的座谈会上的发言。

第一，坚持党的领导。无论是规划的制定和实施程序，还是规划本身的内容，都必须坚持党的领导，把党的领导贯穿依法治国全过程、各领域、各方面。同时，推进党的领导制度化、程序化、法治化。

第二，坚持以人民为主体。人民主体原则包括两个方面：一方面，法治建设为了人民；另一方面，法治建设依靠人民。

第三，贯彻新发展理念，同建设富强民主文明和谐美丽的社会主义现代化强国战略目标及其阶段性目标相适应，同全面建成小康社会、全面深化改革、全面依法治国、全面从严治党相协调。

第四，从实际出发，与国情适应。既不能罔顾国情、超越阶段，也不能因循守旧、墨守成规。

第五，树立问题意识，坚持问题导向。直面法治建设领域突出问题，回应人民群众在社会主要矛盾深刻变化的新时代对民主、法治、公平、正义、安全、美好环境的新期待，针对现实问题提出富有改革创新精神的新观点新举措，确保制度设计行得通、真管用。

第六，尊重和遵循法治发展的基本规律。以习近平总书记关于中国特色社会主义法治发展规律、发展道路、发展模式、发展方式的科学概括为指导，推进法治中国的科学发展。

第七，坚持辩证关系。正确认识和处理好全面依法治国、建设法治中国所涉及的一系列辩证关系，例如，依法治国和依规治党的关系、依法治国与以德治国的关系、法治国家与法治社会的关系、国家治理与社会治理的关系、国家法治与地方法治的关系、国内法治与国际法治的关系、法律体系与法治体系的关系、法治体制与法治文化的关系、政治和法治的关系、改革和法治的关系等。

二、法治中国建设的近期、中期、长远规划

习近平总书记要求制定好法治中国建设的规划，包括近期规

划、中期规划、长远规划。我认为,可用“法治小康”“法治中国”“法治强国”这三个概念统领近期规划、中期规划、长远规划。

近期目标:加快推进“法治小康”建设。这是从十九大到2021年的目标。习近平总书记指出,近期规划要同2020年全面建成小康社会相衔接,同中国共产党成立一百年的使命相呼应。党的十八大提出全面建成小康社会,其中就包括“法治小康”的目标和任务。全面建成小康社会,在法治领域就是要达到依法治国基本方略全面落实,中国特色社会主义法律体系更加完善,法治政府基本建成,司法公信力明显提高,人权得到切实保障,产权得到有效保护,国家各项工作法治化。

中期目标:全面推进“法治中国”建设。这是从2021年到2035年的目标。“法治中国”概念是我们党在法治理论上的重大创新,也是对当前和今后中国法治建设的科学定位,构成新时代法治建设的主题。“建设法治中国”,其核心要义是依法治国、依法执政、依法行政共同推进,法治国家、法治政府、法治社会一体建设。中期目标要紧紧围绕“三个共同推进”“三个一体建设”来谋局,突出强调中国特色社会主义法治体系建设的总体思路和重点任务。

远期目标:奋力推进“法治强国”建设。这是从2035年到21世纪中叶我国法治建设的目标。党的十九大明确提出,到21世纪中叶,即中华人民共和国成立一百周年的时候,把我国建成社会主义现代化强国。一个现代化强国必然是一个法治强国。法治既是国家强盛的标志,也是国家强盛的保障。法治强国有一系列指标,诸如,法治成为国家与社会的核心价值,全社会尊重法治、信仰法治、坚守法治,法律知识广泛普及,遵纪守法成为公民习惯、社会常态,法治文明达到更高水平;法治国家、法治政府、法治社会全面建成,人权和公民权利得到切实尊重和保障,国家公共权力受到有效约束和监督;国家治理体系和治理能力在法治体系的基础上得以实现;在国际关系和全球治理中,拥有话语权、决策权和规则制定权。

开创涉外法治新局面*

党的十九大报告作出“经过长期努力,中国特色社会主义进入了新时代,这是我国发展新的历史方位”的科学论断。在“新时代”“新方位”,我们面临着“两个大局”:一个是中华民族伟大复兴的战略全局,另一个是世界百年未有之大变局。这“两个大局”是党中央针对当前国际和国内环境发展变化作出的科学判断。习近平法治思想把“两个大局”作为谋划新时代中国法治建设的基点;正是从这一基点出发,习近平总书记高瞻远瞩、审时度势地提出“坚持统筹推进国内法治和涉外法治”。

就历史变迁这一科学范式而言,当今世界正经历百年未有之大变局,和平与发展仍然是时代主题,但是这一主题面临许多挑战。新一轮科技革命和产业变革深入发展,国际力量对比深刻调整,全球治理体系和国际秩序变革加速推进,人类命运共同体理念深入人心。“东升西降”是大变局的主要方向,新冠疫情全球大流行是加剧大变局演进的催化剂,世界进入动荡变革期是大变局的基本特征,国际环境日趋复杂、不稳定性不确定性明显增加是大变局之下难以避免的“乱局”。中国日益走近世界舞台中央,中华民

---

* 本文系作者 2021 年 5 月 13 日在厦门大学至善法学大讲堂所作的学术报告(线上)的节选。

族从来没有像今天这样接近伟大复兴的目标,和平崛起势不可当,守成大国绝不甘心。面对这一时空背景,习近平总书记告诫全党全国人民要"辩证认识和把握国内外大势,加强战略性、系统性、前瞻性研究谋划,做好较长时间应对外部环境变化的思想准备和工作准备,善于在危机中育新机、于变局中开新局"。[1]辩证认识和把握国内外大势,加强战略性、系统性、前瞻性研究谋划,充分利用国内国际两个市场、两种资源、两类规则。充分利用两类规则,必然要求统筹推进国内法治和涉外法治。这也是准确识变、科学应变、主动求变,努力在危机中育先机、于变局中开新局,以法治的制度优势和力量维护和发展我国核心利益的高超智慧和战略举措。

涉外法治建设是一个系统工程。新时代以来,我们聚焦以下四个方面大力推进。

一、加快中国法域外适用的法律体系建设

在国内法治和涉外法治两个方面,涉外法治明显是短板、弱项。因此,习近平总书记反复强调,要加快涉外法治工作战略布局。例如,健全外商投资国家安全审查、反垄断审查、国家技术安全清单管理、不可靠实体清单等制度,提高应对境外安全风险能力和反制能力。以"一带一路"等我国海外利益密集、海外安全问题突出的地区为重点,建立健全海外法律和安全风险的评估与防范机制,确保我国海外投资安全。加强专门法院、仲裁机构、调解组织建设,提高涉外案件司法裁判水平,提高商事争端仲裁和调解的效果与公信力。要研究不同法系、不同国家的法律及其执法司法程序,掌握法律博弈的主动权和法理制高点。

习近平总书记指出,要加快形成系统完备的涉外法律法规体系,提升涉外执法司法效能。加强重要领域立法,加快推进我国法域外适用的法律体系建设,为我国涉外执法、司法活动提供法律依

据。针对西方国家打着“法治”幌子的霸权行径，要加强反制理论和实践研究，建立阻断机制，以法律形式明确我国不接受任何国家的“长臂管辖”。“深入推进涉外体制机制建设，统筹协调党、人大、政府、政协、军队、地方、人民团体等的对外交往，加强党总揽全局、协调各方的对外工作大协同格局。加强涉外法治工作，建立涉外工作法务制度，加强国际法研究和运用，提高涉外工作法治化水平。”[2]

二、健全涉外经贸法律规则体系

加强涉外法治，其目的归根结底是为我国的改革、开放、发展创造更加良好的外部法治环境。所以，健全涉外经贸法律规则体系就成为涉外法治建设的重中之重。党的十九届四中全会《决定》特别强调“完善涉外经贸法律和规则体系”。党的十九届五中全会审议通过的《中共中央关于制定国民经济和社会发展第十四个五年规划和二〇三五年远景目标的建议》提出，要持续优化市场化法治化国际化营商环境。清理、修订和完善涉外经济法律、法规和规章，是转变政府管理经济方式的重要方面。

第一，积极完善国内立法。坚持改革开放，建设更高水平开放型经济新体制，着力营造市场化、法治化、国际化、便利化的营商环境。坚决破除一切阻碍对外开放的体制机制障碍，加快形成有利于培育新的比较优势和竞争优势的制度安排，从制度和规则层面进行改革，完善市场准入和监管、产权保护、信用体系等方面的法律制度。要把制度集成创新摆在自由贸易试验区和自由贸易港建设的突出位置，对接国际高水平经贸规则，促进生产要素自由便利流动。

第二，积极推进“一带一路”法律制度建设。习近平总书记指出，中国提出共建“一带一路”倡议，目的就是动员更多资源，拉紧互联互通纽带,释放增长动力,实现市场对接,让更多国家和地区融入经济全球化,共同走出一条互利共赢的康庄大道。中国愿同各国一道,营造良好法治环境,构建公正、合理、透明的国际经贸规则体系,推动共建“一带一路”高质量发展,更好造福各国人民。

第三,建立和完善双边和区域经贸合作体制。在过去数十年间,中国签订了数量众多的双边和区域经贸合作协定,特别是与日本、韩国、澳大利亚、新西兰和东盟十国签署了《区域全面经济伙伴关系协定》(RCEP)。这些规范的建立和完善有利于维护我国外贸、投资参与人的海外利益,保护企业和公民的合法权益,促进国家的开放发展。

第四,维护以世界贸易组织为核心的多边经济贸易体系。中国于 2001 年加入世界贸易组织,积极遵守世界贸易规则,促进了中国的发展,对世界经济发展作出了突出贡献。习近平总书记指出:“中国一贯主张,坚定维护世界贸易组织规则,支持对世界贸易组织进行必要改革,共同捍卫多边贸易体制。”[3]“我们要加强多边贸易体制,对世界贸易组织进行必要改革。改革的目的是与时俱进,使世界贸易组织能够更加有效地践行其开放市场、促进发展的宗旨。改革的结果应当有利于维护自由贸易和多边主义,收窄发展鸿沟。”[4]习近平总书记还指出:“中国将始终是全球共同开放的重要推动者,中国将始终是世界经济增长的稳定动力源,中国将始终是各国拓展商机的活力大市场,中国将始终是全球治理改革的积极贡献者!”[5]

三、完善涉外法律服务体系

党的十八届四中全会《决定》提出:“强化涉外法律服务,维护我国公民、法人在海外及外国公民、法人在我国的正当权益,依法维护海外侨胞权益。”[6]习近平总书记要求,工作应对机制要跟上。

司法、外交、商务、援外等部门要加强协调和配合,及时了解掌握最新情况,从法治上有效应对各种国际摩擦纠纷。企业合规管理要跟上。我国企业走出去都会面临经营管理合规的问题。要强化企业合规意识,走出去的企业在合规方面不授人以柄才能行稳致远。“要引导企业、公民在走出去过程中更加自觉地遵守当地法律法规和风俗习惯,运用法治和规则维护自身合法权益。要注重培育一批国际一流的仲裁机构、律师事务所,把涉外法治保障和服务工作做得更有成效。”[7]

2016 年司法部、外交部、商务部等部门发布的《关于发展涉外法律服务业的意见》确定了一系列主要任务,包括:(1)为“一带一路”等国家重大发展战略提供法律服务;(2)为中国企业和公民“走出去”提供法律服务;(3)为我国外交工作大局提供法律服务;(4)为打击跨国犯罪和追逃追赃工作提供法律服务。应采取健全完善扶持保障政策、培养涉外法律服务机构、发展壮大涉外法律服务队伍、探索健全新的涉外法律服务方式、提高涉外法律服务质量、稳步推进法律服务业开放等措施。

四、加强立法领域国际合作

推进国际关系民主化法治化合理化,就是要积极参与国际规则制定,善于在国际规则制定中发出更多中国声音、注入更多中国元素,努力在经济全球化中抢占先机、赢得主动。中国高举和平、发展、合作、共赢旗帜,以法治思维和法治方式促进我国全球治理的理念和主张转化为各方共识,推动构建新型国际关系和人类命运共同体。推进大国协调合作,深化同周边国家关系,加强同发展中国家团结合作,积极发展全球伙伴关系。积极参与重大传染性疾病防控国际合作,推动构建人类卫生健康共同体。

解决人类共同面临的问题需要国际合作立法。《中华人民共和国国民经济和社会发展第十三个五年规划纲要》提出，中国将积极参与网络、深海、极地、空天等新领域国际规则制定；《中华人民共和国国民经济和社会发展第十四个五年规划和2035年远景目标纲要》提出，积极参与数字领域国际规则和标准制定。在网络法治合作方面，习近平总书记指出，互联网作为20世纪最伟大的发明之一，把世界变成了"地球村"，具有高度全球化的特征。但是，这块"新疆域"不是"法外之地"，同样要讲法治，同样要维护国家主权、安全、发展利益。国际社会要充分合作，制定良好的法律规范，保证网络空间天朗气清、生态良好，在法治的轨道上健康运行。2020年，习近平主席在二十国集团领导人特别峰会上发言时指出，重大传染性疾病是全人类的敌人，国际社会最需要的是坚定信心、齐心协力、团结应对，携手赢得这场人类同重大传染性疾病的斗争。[8]为此，中国支持世界卫生组织发挥领导作用，在疫情防控方面制定科学合理的措施。

在国际立法上，我们不能缺席。要通过积极参与国际立法，不断完善相关国际规则，把中国的立场主张、利益诉求和价值观注入国际法律之中，推进全球治理领域的良法善治，确保国际秩序公正合理、人类社会公平正义。

注　释

1　习近平：《在全国抗击新冠肺炎疫情表彰大会上的讲话》，载《求是》2020年第20期。

2　《中共中央关于坚持和完善中国特色社会主义制度　推进国家治理体系和治理能力现代化若干重大问题的决定》，人民出版社2019年版，第38页。

3　习近平：《共建创新包容的开放型世界经济》（2018年11月5日），载《习近平谈治国理政》（第3卷），外文出版社2020年版，第204页。

4　习近平：《合力打造高质量世界经济》（2019年6月28日），载《习近平谈治国理政》（第3卷），外文出版社2020年版，第474页。

5 习近平:《共建创新包容的开放型世界经济》(2018 年 11 月 5 日),载《习近平谈治国理政》(第 3 卷),外文出版社 2020 年版,第 203 页。

6 《中共中央关于全面推进依法治国若干重大问题的决定》,人民出版社 2014 年版,第 39 页。

7 习近平:《坚定不移走中国特色社会主义法治道路 为全面建设社会主义现代化国家提供有力法治保障》,载《求是》2021 年第 5 期。

8 参见《习近平出席二十国集团领导人应对新冠肺炎特别峰会并发表重要讲话》,载《人民日报》2020 年 3 月 27 日,第 1 版。

法治中国建设的历史性跨越和突破*

习近平总书记在党的十九大报告中指出,“民主法治建设迈出重大步伐”“中国特色社会主义法治体系日益完善,全社会法治观念明显增强”。这是对五年来我国法治建设历史性成就的精确概括。

党的十八大以来,我国法治建设站在了新的历史起点上,进入了新的发展阶段,呈现出一系列新起点、新阶段的重要特征,取得了许多重大的跨越和突破:

第一,从依法治国到全面依法治国。十五大将依法治国作为党领导人民治理国家的基本方略。十八大后强调法治建设必须全面推进。十八届四中全会以“全面推进依法治国”为主题,对新时期、新阶段的法治建设作出了全面、全新部署,确定了全面推进依法治国的指导思想、总目标和重大任务,推出了 190 项对依法治国具有重要意义的改革举措。十九大报告又将“坚持全面依法治国”作为新时代坚持和发展中国特色社会主义的十四条基本方略之一。从依法治国到全面依法治国,开启了法治建设的新征程。

第二,从建设法治国家到建设法治中国。十八大以后,习近平总书记明确提出“法治中国”的科学命题和建设法治中国的重大任

---

* 本文发表于《光明日报》2017 年 10 月 23 日。

务。十九大报告更是明确将“成立中央全面依法治国领导小组，加强对法治中国建设的统一领导”。法治中国的内涵比法治国家更加丰富、更加深刻，更具时代特征：建设法治中国，不仅要建设法治国家，还要建设法治社会、法治政府；不仅要推进依法治国，还要推进依法执政、依法行政；不仅要推进法律制度硬实力建设，还要推进法治文化软实力建设，弘扬社会主义法治精神，培育社会主义法治理念。从法治国家到法治中国的转型，意味着我国法治建设的拓展、深化和跨越。

第三，从建设法律体系到建设法治体系。2011 年 3 月，十一届全国人大四次会议庄严宣告，中国特色社会主义法律体系如期形成。由此，我国法治建设的总抓手开始由建设中国特色社会主义法律体系转向建设中国特色社会主义法治体系。十八届四中全会将“建设中国特色社会主义法治体系，建设社会主义法治国家”作为全面推进依法治国的总目标。法律体系是法律的规范体系；而法治体系则是法律的运行体系，不仅包括法律规范体系，而且包括党内法规制度体系，包括法律、法规的实施环节，保证法律运行的保障监督机制和法治队伍建设，体现了全面推进依法治国的整体要求，突出了法律的实施和实效。从“法律体系”到“法治体系”的飞跃，体现了我们党对法治建设规律认识的不断深化。

第四，从“法律之治”到“良法善治”。十八大以来，我们党提出“法律是治国之重器，良法是善治之前提”，这是对中国特色社会主义法治作为形式法治与实质法治相统一的法治模式的精辟定型。中国法治不仅应当是形式上的法律之治，更应当是实质上的良法之治。所谓良法，就是反映人民意志、尊重保障人权、维护公平正义、促进和谐稳定、保障改革发展、引领社会风尚的法律，就是体现民意民智、符合客观规律、便于遵守和执行的法律。良法善治的理论和实践超越了工具主义法治和形式主义法治的局限，是现代法治理论的重大创新，也是我国法治建设的质的飞跃。

由于上述历史性的跨越和突破,全面依法治国办成了许多过去想办而没有办成的大事。例如,健全宪法实施和监督机制,设立宪法日,建立宪法宣誓制度,推进立法体制改革、执法体制改革,尤其是在司法体制改革方面,敢于啃硬骨头、涉险滩、闯难关,做成了想了很多年、讲了很多年但没有做成的改革,如设立最高人民法院巡回法庭,跨行政区划的法院检察院、知识产权法院、互联网法院,推动省以下地方法院检察院人财物统一管理,推进以审判为中心的诉讼制度改革,推进司法责任制改革,健全冤错案件发现受理、审查办理、监督纠正机制等。

70载法治建设铺就法治强国路*

在庆祝中华人民共和国成立70周年之际，回顾新中国70年社会主义法治的道路，总结70年法治建设的成就和经验，将更加坚定中国特色社会主义法治的道路自信、理论自信、制度自信和实践自信，更加强化法治立国初心和法治强国使命。

上篇：新中国社会主义法治的道路

新中国社会主义法治走过的道路，可以用三句话概括，即开启社会主义法治新纪元、开启依法治国新时期、开启全面依法治国新时代。

开启社会主义法治新纪元

70年前，中国共产党领导的新民主主义革命胜利和中华人民共和国的成立，推翻了帝国主义、封建主义和官僚资本主义在中国的统治地位，也终结了半封建半殖民地反革命反人民的法制，开启了中国社会主义法治新纪元。

70年前，我们党在废除旧法统的同时，积极运用新民主主义革

---

* 本文发表于《法制日报》2019年10月1日。

命时期根据地法制建设的成功经验,抓紧建设社会主义法治,初步奠定了社会主义法治的基础。其主要的历史节点和重大事件包括:

《中国人民政治协商会议共同纲领》问世。1949 年 9 月 29 日,全国政协第一次会议通过了具有临时宪法性质的《中国人民政治协商会议共同纲领》,为中华人民共和国及其中央人民政府的成立以及组建政务院、最高人民法院、最高人民检察署奠定了宪制基础和法理依据。

《中华人民共和国宪法》制定。1954 年 9 月 20 日,第一届全国人民代表大会第一次会议通过了《中华人民共和国宪法》。这部宪法以国家根本大法的形式,确认了近代 100 多年来中国人民为反对内外敌人、争取民族独立和人民自由幸福进行的英勇斗争成果,确认了中国共产党领导中国人民夺取新民主主义革命胜利、进行社会主义革命的历史变革。这部宪法以人民民主和社会主义两大原则为统领,规定了我国的国体、政体、国家机构、公民基本权利和义务等,实现了人民民主和社会主义民主法律化制度化。

出台一大批基本法律和法规。根据宪法,制定了《全国人民代表大会组织法》《国务院组织法》《人民法院组织法》《人民检察院组织法》《地方各级人民代表大会和地方各级人民委员会组织法》等一批基本法律。我国宪法和这些基本法律确立了新中国的基本政治制度、法律制度、立法体制、司法体制和法制原则。据统计,从 1950 年新中国第一部法律《中华人民共和国婚姻法》颁布到 1957 年,中央人民政府、全国人大及其常委会制定的法律、法令,国务院(政务院)制定的行政法规,国务院各部委制定的较重要的法规性文件共 730 多件。

起草民法、刑法、刑事诉讼法。在法律体系当中,宪法是核心,民法、刑法和诉讼法是其三支点。1954 年至 1957 年、1962 年至 1964 年,我国曾先后两次起草民法典,形成《中华人民共和国民法草案》(试拟稿)。1963 年,刑法草案(第三十三稿)形成,同年还形成了刑事诉讼法草案(初稿)。这些重要法律草案虽然没有经过法定程序成为法律,但它们所拟定的法律原则和规则却以党的政策或司法政策指引人民司法工作,并为其后起草相应的法律积累了经验和技术。

然而,在 20 世纪 50 年代末 60 年代初,由于国内外各种原因所致,新中国成立后开局良好的法制建设陷入停滞、逆转和倒退状态,特别是“文化大革命”期间,法制几乎荡然无存。正反两方面的经验教训使党和人民认识到,要坚持“以法治国”(依法治国)“还是要靠法制,搞法制靠得住”,从而更加坚定了厉行法治、依法治国的理念。

开启依法治国新时期

1978 年,中国共产党召开了十一届三中全会。这次全会作出了“健全社会主义法制”的决定并提出了“有法可依、有法必依、执法必严、违法必究”的法制工作方针,开辟了改革开放和社会主义法治建设新时期。新时期法治建设的重要历史节点和重大事件有:

“一日七法”。在党中央的领导下,1979 年 7 月 1 日,五届全国人大二次会议一天之内通过了 7 部法律,即《刑法》《刑事诉讼法》《地方各级人民代表大会和地方各级人民政府组织法》《全国人民代表大会和地方各级人民代表大会选举法》《人民法院组织法》《人民检察院组织法》《中外合资经营企业法》,被法学界称为新中国法治史上著名的“一日七法”。以“一日七法”为先导,我国陆续制定了《民法通则》《行政诉讼法》等一大批重要法律。

“九·九指示”。1979 年 9 月 9 日,党中央发出《关于坚决保证刑法、刑事诉讼法切实实施的指示》,要求各级党委要保证法律的切实实施,充分发挥司法机关的作用,切实保证人民检察院独立行使检察权，人民法院独立行使审判权，使之不受其他行政机关、团体和个人的干涉。

世纪审判。在社会主义法制恢复重建初期，发生了中国现代历史上最重大的法律事件，即对林彪、江青反革命集团的审判。对林彪、江青反革命集团的审判，充分体现了依法治国的精神，坚决维护了法律的权威，认真贯彻了社会主义民主和法制的各项原则。

全面修宪。1980 年，中共中央决定全面修改带有严重错误和缺点的"七八宪法"。经过 29 个月的艰苦努力，1982 年 12 月 4 日，五届全国人大五次会议通过了全面修订后的《中华人民共和国宪法》。30 多年来的发展历程充分证明，现行《宪法》及其修正案有力地坚持了中国共产党领导，有力地保障了人民当家作主，有力地促进了改革开放和社会主义现代化建设，有力地推动了社会主义法治国家建设进程，有力地维护了国家统一、民族团结、社会稳定，具有显著优势、坚实基础、强大生命力。

全民普法。1985 年 11 月 22 日，六届全国人大常委会十三次会议通过《全国人民代表大会常务委员会关于在公民中基本普及法律常识的决议》。至今，我国已经先后制定和实施了七个"五年普法规划"。中国的全民普法运动既是中国历史上，也是人类历史上规模空前和影响深远的法治启蒙运动，是一场先进的思想观念和文明的生活方式的宣传教育运动。

确立依法治国基本方略。1997 年 9 月，党的十五大报告提出"依法治国，建设社会主义法治国家"。这是我们党首次将依法治国作为治国理政的基本方略。1999 年 3 月 15 日，九届全国人大二次会议通过《中华人民共和国宪法修正案》，将"依法治国，建设社会主义法治国家"纳入《宪法》，使依法治国成为党领导人民治理国家的基本方略，建设社会主义法治国家成为国家建设和发展的重要目标之一。

确立依法执政基本方式。2002 年 10 月，党的十六大报告提出

“依法执政”概念。2004 年 9 月 19 日，党的十六届四中全会通过了《中共中央关于加强党的执政能力建设的决定》，把加强依法执政的能力作为加强党的执政能力建设的总体目标之一，并就依法执政的内涵作出了科学规定。依法执政基本方式的确立，表明我们党开启了依法治国基本方略与依法执政基本方式有机结合的治国理政的新境界。

形成中国特色社会主义法律体系。2011 年 3 月 10 日，在十一届全国人大四次会议上，全国人大常委会工作报告宣布中国特色社会主义法律体系已经形成。中国特色社会主义法律体系的形成，意义重大而深远。

开启全面依法治国新时代

以党的十八大为历史节点，中国特色社会主义进入新时代。十八大以来，在十八大和十九大以及十八届三中全会、四中全会、五中全会、六中全会精神和十九届二中全会、三中全会精神指引下，在“四个全面”战略布局和“五个建设”总体布局中，我国法治建设进入了全面依法治国新时代，呈现出全面推进、共同推进、协调发展、加快建设、转型升级、改革驱动等新特征新范式。这个时期，主要的时间节点和标志性事件有：

明确定位“法治小康”。党的十八大提出全面建成小康社会。十八届三中全会、四中全会、五中全会、六中全会不断明晰和丰富全面建成小康社会的目标和各项要求。全面建成小康社会，在法治领域就是要达到依法治国基本方略全面落实，中国特色社会主义法律体系更加完善，法治政府基本建成，司法公信力明显提高，人权得到切实保障，产权得到有效保护，国家各项工作法治化。这是对我国法治建设目标的首次精准而全面的定位。

提出法治“新十六字方针”。2012 年，由习近平总书记主持起草的党的十八大报告提出：加快建设社会主义法治国家，必须全面推进科学立法、严格执法、公正司法、全民守法进程。法学界称之为“新十六字方针”。“新十六字方针”体现依法治国新布局，为全面依法治国基本方略的形成奠定了理论和实践基础。

确立全面依法治国基本方略。十八大之后，习近平总书记提出全面依法治国新理念新思想新战略，把全面依法治国放在“四个全面”战略布局之中统筹安排，强调努力做到“四个全面”相辅相成、相互促进、相得益彰。

十八届四中全会通过《中共中央关于全面推进依法治国若干重大问题的决定》。十八届四中全会是中国共产党执政历史上首次以法治为主题的中央全会，全会通过的《中共中央关于全面推进依法治国若干重大问题的决定》标志着中国法治在不断探索和积淀的基础上快速跨入新的历史阶段，站在了新的历史起点上。

开启建设法治强国新征程。2017 年 10 月，中国共产党第十九次全国代表大会召开。十九大把坚持全面依法治国上升为新时代坚持和发展中国特色社会主义的基本方略，并明确了从十九大到 2020 年、从 2020 年到 2035 年、从 2035 年到 21 世纪中叶一个时段、两个阶段的法治建设目标，为全面依法治国、建设法治中国、建设社会主义现代化法治强国指明了前进方向、基本任务、实践路径。

现行《宪法》第五次修改。2018 年 3 月 11 日，第十三届全国人大第一次会议通过了《中华人民共和国宪法修正案》（第 32—52 条）。新修正案确立了科学发展观，特别是习近平新时代中国特色社会主义思想在国家政治和社会生活中的指导地位，明确规定中国共产党的领导是中国特色社会主义最本质的属性，对国家主席任期作出新的规定，提出物质文明、政治文明、精神文明、社会文明、生态文明协调发展，把我国建设成为富强民主文明和谐美丽的社会主义现代化强国，对国家监察制度作出明确规定等。这次修宪是中国特色社会主义进入新时代的首次修宪，对于坚持和发展中国特色社会主义、建设社会主义现代化强国具有重大的现实意义和深远的历史意义。

成立中央全面依法治国委员会。2018 年 2 月,根据党的十九大报告和十九届三中全会决定,成立了中央全面依法治国委员会,习近平总书记亲自担任中央全面依法治国委员会主任。2018 年 8 月 24 日,中央全面依法治国委员会举行了第一次会议。党中央决定成立中央全面依法治国委员会,是贯彻落实党的十九大精神、加强党对全面依法治国集中统一领导的需要,是研究解决依法治国重大事项重大问题、协调推进中国特色社会主义法治体系和社会主义法治国家建设的需要,是推动实现“两个一百年”奋斗目标、为中华民族伟大复兴中国梦提供法治保障的需要。

下篇:新中国法治 70 年的伟大成就

新中国成立 70 年来,在党的领导下,我国社会主义法治建设取得一系列伟大成就,可以从道路、理论、制度和实践四个方面进行总结,用四句话加以概括,即开辟中国特色社会主义法治道路、创立中国特色社会主义法治理论、形成中国特色社会主义法律体系、构建中国特色社会主义法治体系。

开辟中国特色社会主义法治道路

习近平总书记指出,中国特色社会主义法治道路,是社会主义法治建设成就和经验的集中体现,是建设社会主义法治国家的唯一正确道路。中国特色社会主义法治道路是一个管总的东西。具体讲我国法治建设的成就,大大小小可以列举出十几条、几十条,但归结起来就是开辟了中国特色社会主义法治道路这一条。

从新中国成立之初,我们党就积极探索符合中国实际的社会主义法治建设道路。进入改革开放新时期,我们党成功地开辟出中国特色社会主义法治道路,并对这条道路的科学内涵进行过初步概括。党的十八大以来，以习近平同志为核心的党中央在全面推进依法治国、建设法治中国的伟大实践中深入探索和拓展中国特色社会主义法治道路，使中国特色社会主义法治道路的内涵更加清晰、方向更加明确、自信更加坚定。

习近平总书记指出，走中国特色社会主义法治道路是一个重大课题，有许多东西需要深入探索，但基本的东西必须长期坚持。十八届四中全会《决定》将中国特色社会主义法治道路核心内容凝练为“三个要义”，即坚持党的领导，坚持中国特色社会主义制度，贯彻中国特色社会主义法治理论。习近平总书记指出，这三个方面实质上是中国特色社会主义法治道路的核心要义，规定和确保了中国特色社会主义法治的制度属性和前进方向。十八届四中全会《决定》进一步具体地提出坚持中国特色社会主义法治道路、建设中国特色社会主义法治体系和法治国家的五条原则，即坚持中国共产党的领导，坚持人民主体地位，坚持法律面前人人平等，坚持依法治国和以德治国相结合，坚持从中国实际出发。在中央全面依法治国委员会第一次会议上，习近平总书记进一步提出全面依法治国必须牢牢把握“十个坚持”，丰富、深化和拓展了中国特色社会主义法治道路的理论。中国特色社会主义法治道路的成功开辟和科学定义，对于全面依法治国、建设法治中国具有方向性、战略性、全局性、深远性意义。

创立中国特色社会主义法治理论

没有正确的法治理论，就没有正确的法治实践。新中国法治建设伟大成就之一是创立了中国特色社会主义法治理论。

早在新民主主义革命时期，我们党就把马克思列宁主义法治理论与根据地和解放区新民主主义法制建设的实际相结合，为新民主主义法制建设提供理论指导，创立了毛泽东法律思想。在社会主义革命和建设时期，在社会主义法制建设实践中，毛泽东法律思想得到进一步丰富和发展。改革开放以来,在推进中国特色社会主义法治建设新的实践中,我们党深入推进马克思主义法治思想与中国法治建设实际相结合,继承和发展毛泽东法律思想,创立了具有中国特色、体现法治发展规律、适应改革开放和社会主义现代化建设需要的法治理论,即中国特色社会主义法治理论。党的十八大以来,以习近平同志为核心的党中央在全面依法治国、建设法治中国新的伟大实践中,创造性地发展了中国特色社会主义法治理论,形成了具有鲜明时代特征、理论风格和实践面向的习近平全面依法治国新理念新思想新战略。

习近平全面依法治国新理念新思想新战略集中体现了我们党在法治领域的实践创新、制度创新和理论创新。习近平全面依法治国新理念新思想新战略全面阐述了法治的本质、法治的普遍规律、现代法治的一般原理及社会主义法治的本质特征、内在要求、价值功能、基本原则、发展方向、遵循道路等重大问题,深刻回答了如何在新时代坚持和实践全面依法治国基本方略、建设法治中国的重大战略战术问题,成为党和人民处理新时代法治问题的基本立场、观点和方法,为全面依法治国、建设法治中国提供了科学的理论指导和根本的行动遵循,必将指引全党和全国人民在中国特色社会主义法治道路上从胜利走向胜利。

形成中国特色社会主义法律体系

新中国成立初期,我们党就提出要有法可依、有法必依,要抓紧立法,为社会主义革命和建设创造良好的法律环境。

1956 年,党的八大提出,随着革命暴风雨时期的结束和社会主义建设时期的到来,应着手系统地制定比较完备的法律,健全国家的法制。1978 年,党的十一届三中全会提出:为了保障人民民主,必须加强社会主义法制,使民主制度化、法律化,使这种制度和法律具有稳定性、连续性和权威性。1979 年,党的十五大在确立依法治国基本方略的同时，提出到2010年形成中国特色社会主义法律体系。

经过数十年的努力，到2010年，一个立足中国国情和实际、适应改革开放和社会主义现代化建设需要、集中体现党和人民意志的，以宪法为统帅，以宪法相关法、民商法等多个法律部门的法律为主干，由法律、行政法规、地方性法规等多个层次的法律规范构成的，包括236部法律、690多件行政法规和8600多件地方性法规的中国特色社会主义法律体系已经形成，国家和地方经济建设、政治建设、文化建设、社会建设、生态文明建设的各个方面实现有法可依。这是具有里程碑意义的重大事件。

党的十八大以来，我们大力推进立法体制改革，不断提高立法质量，加快重点领域立法，坚持立改废释并举，制定了一批新的法律，修改了大部分法律，使中国特色社会主义法律体系更加完善。截至2019年8月，我国现行的法律已达274部。

中国特色社会主义法律体系的形成和完善发展，是我国依法治国、建设社会主义法治国家的伟大成就，也是人类法治文明的奇迹。

构建中国特色社会主义法治体系

1997年，党的十五大在党和国家的历史上首次提出“依法治国、建设社会主义法治国家”。2007年，党的十七大提出“全面落实依法治国基本方略，加快建设社会主义法治国家”。2012年，党的十八大进一步提出“全面推进依法治国”的战略决策。十八大之后，习近平总书记进一步提出“全面依法治国”“建设法治中国”。

如何全面推进依法治国？如何全面依法治国？如何建设法治中国？在实践中必须有一个总揽全局、牵引各方的总目标、总抓手。在深入调研的基础上，习近平总书记提出“建设中国特色社会主义法治体系”并作为总目标和总抓手写入十八届四中全会

《决定》。

建设中国特色社会主义法治体系，既明确了全面依法治国的性质和方向，又突出了全面推进依法治国的纲领和重点任务。建设中国特色社会主义法治体系就是在中国共产党领导下，坚持中国特色社会主义制度，贯彻中国特色社会主义法治理论，形成完备的法律规范体系、高效的法治实施体系、严密的法治监督体系、有力的法治保障体系，形成完善的党内法规体系。党的十八届四中全会以来，中国特色社会主义法治体系建设取得了重大成就。

一是法律规范体系更加完备。通过加强党对立法工作的领导、优化立法职权配置、加强和改进政府立法制度、明确立法权力边界、赋予设区的市地方立法权，改革立法体制，优化立法资源配置，提出科学立法、民主立法、依法立法，提升立法理念和立法原则。强调把社会主义核心价值观融入法律法规。立法效率和质量显著提高，法律规范体系更加完备、更加优质，以良法促进了发展、保证了善治。

二是法治实施体系更加高效。通过强化法律实施体系建设，提出严格、高效、公正、公开执法和司法明确要求，有的放矢地推进执法体制改革和司法体制改革，有法不依、执法不严、违法不究现象大量减少；公职人员滥用职权、失职渎职、执法犯法甚至徇私枉法的情况得到有效遏制；普通公民、公职人员特别是领导干部正在习惯于遇事找法、解决问题依法、化解矛盾靠法。

特别是宪法实施卓有成效。十八届四中全会《决定》提出的保障宪法实施的措施得到全面落实或体现，将全国人大法律委员会更名为全国人大宪法和法律委员会，完善了全国人大及其常委会宪法监督制度，使全国人大及其常委会履行宪法监督、宪法解释、合宪性审查、宪法宣传等职权职责有了更为坚实的制度保证和组织保障。实行宪法宣誓制度，激励和教育国家工作人员忠于宪法、遵守宪法、维护宪法，加强宪法实施。设立国家宪法日，将每年 12

月4日（现行《宪法》颁布实施的日期）确定为国家宪法日。加强备案审查制度和能力建设，依法撤销和纠正了一批有违宪法法律的规范性文件。此外，正进一步健全宪法解释程序机制等。

三是法治监督体系更加严密。党中央提出建立由党内监督、人大监督、民主监督、行政监督、司法监督、审计监督、社会监督、舆论监督构成的更加严密的监督体系，形成强大的监督合力，同时着力推进监督工作规范化、程序化、制度化，形成对法治运行全过程全方位的法治化监督体系。《中华人民共和国宪法修正案》对国家监察体制改革成果的确认和《监察法》的制定实施，对形成严密的法治监督体系具有决定性意义。

四是法治保障体系更加有力。法治保障体系包括政治保障、制度保障、思想保障、组织保障、运行保障等。坚持党的领导，把党的领导贯穿于依法治国各领域全过程，是社会主义法治的政治保障，保障社会主义法治的正确政治方向；坚持中国特色社会主义制度是社会主义法治的制度保障，保障社会主义法治立足于社会主义基本经济制度和民主政治制度的基础上；贯彻中国特色社会主义法治理论是社会主义法治的思想保障，保障社会主义法治的科学发展；建设素质过硬的法治工作队伍是社会主义法治的组织和人才保障，保障法治的尊严、权威和有效实施；建立科学的法治建设指标体系和考核标准并有效实施是社会主义法治的运行保障，保障全面推进依法治国各项任务的细化和落实。从新中国成立之初，我们党就十分关注法治保障问题，努力为法治实施建立良好的制度环境和人才支撑。十八届四中全会《决定》正式提出“法治保障体系”概念，并将其纳入中国特色社会主义法治体系之中。经过5年来的建设，法治保障体系建设取得重大成就。

五是党内法规体系更加完善。党内法规既是管党治党的重要依据，也是建设社会主义法治国家的有力保障。根据习近平总书记关于加强党内法规制度体系建设的一系列重要指示，按照十八大和十九大精神以及十八届三中、四中、五中、六中全会和十九届二中全会、三中全会的部署，有关部门认真贯彻落实《中共中央关于加强党内法规制度建设的意见》和党内法规建设规划。截至2019 年 5 月，现行有效的党内法规有 5989 件。其中，中央党内法规 270 件，部门党内法规 287 件，地方党内法规 5432 件，一个内容科学、程序严密、配套完备、运行有效的党内法规制度体系已经形成并不断完善，已经成为社会主义法治体系的重要组成部分和国家治理体系的重要构成部分，为提高党的执政能力和领导水平、推进国家治理体系和治理能力现代化、实现中华民族伟大复兴的中国梦提供了有力的党内法规制度保障。

建设中国特色社会主义法治体系，是深化全面依法治国的“牛鼻子”，也是建设法治中国的必由之路。建设法治中国，就是要依法治国、依法执政、依法行政共同推进，法治国家、法治政府、法治社会一体建设。改革开放以来，特别是党的十八大以来，我们党坚持以建设法治国家为目标、以建设法治政府为重点、以建设法治社会为基础，呈现出三者相辅相成、协调发展的良好局面。

改革开放以来我国法治建设的宝贵经验*

改革开放 40 年是法治中国建设走过不平凡历程的 40 年。伴随我国经济社会持续快速发展，中国特色社会主义法治建设取得重大进步，为实现法治现代化、建成社会主义法治强国打下了坚实基础，积累了一系列宝贵经验。特别是党的十八大以来，在以习近平同志为核心的党中央坚强领导下，我国民主法治建设迈出重大步伐，科学立法保证良法善治，严格执法维护法律权威，公正司法确保公平正义，全民守法提升社会文明，法治国家、法治政府、法治社会建设相互促进，中国特色社会主义法治体系日益完善，国家治理体系和治理能力现代化稳步推进。回顾改革开放以来法治建设的历程，系统总结其成就和经验，对于在新的时代条件下全面推进依法治国、深化依法治国实践、不断推进国家治理体系和治理能力现代化具有重大意义。

坚持和拓展中国特色社会主义法治道路

改革开放 40 年来，我国法治建设和全面依法治国之所以能取得历史性成就，根本原因在于我们坚定不移走中国特色社会主义法治道路。中国特色社会主义法治道路是中国特色社会主义道路

* 本文发表于《人民日报》2018 年 12 月 11 日。

在法治领域的具体体现。对于这条道路,习近平总书记指出:“中国特色社会主义法治道路,是社会主义法治建设成就和经验的集中体现,是建设社会主义法治国家的唯一正确道路。”“中国特色社会主义法治道路是一个管总的东西。具体讲我国法治建设的成就,大大小小可以列举出十几条、几十条,但归结起来就是开辟了中国特色社会主义法治道路这一条。”“在坚持和拓展中国特色社会主义法治道路这个根本问题上,我们要树立自信、保持定力。”

坚持中国特色社会主义法治道路,核心要义是坚持党的领导、人民当家作主、依法治国有机统一,坚持中国特色社会主义制度,贯彻中国特色社会主义法治理论。党的领导、人民当家作主、依法治国有机统一集中反映了中国特色社会主义法治道路的本质特征和制度优势,体现了中国特色社会主义法治道路的根本性质和根本要求。

坚持中国特色社会主义法治道路,必须紧紧围绕中国共产党这一坚强领导核心,把党的领导贯彻落实到依法治国全过程和各方面。坚持党的领导,是社会主义法治的根本要求,是党和国家的根本所在、命脉所在,是全国各族人民的根本利益所系。必须发挥党总揽全局、协调各方的领导核心作用,保证党的路线方针政策和决策部署在社会主义法治国家建设中得到全面贯彻和有效执行。推进中国特色社会主义法治建设,必须坚持人民主体地位,坚持法治为了人民、依靠人民、造福人民、保护人民,把体现人民利益、反映人民愿望、维护人民权益、增进人民福祉贯穿依法治国实践。

坚持改革与法治双轮驱动

习近平总书记指出,“改革和法治如鸟之两翼、车之两轮”。“在整个改革过程中,都要高度重视运用法治思维和法治方式,发挥法治的引领和推动作用”。坚持在法治下推进改革、在改革中完善法治,使改革因法治而得到有效推进,使法治因改革而得到不断完善,这是改革开放以来我国法治建设的一条重要经验。

党的十八大以来,我们党运用法治思维和法治方式深化改革,发挥法治对改革的引领和推动作用,确保重大改革于法有据,做到在法治轨道上推进改革,以法治凝聚改革共识、以法治引领改革方向、以法治规范改革行为、以法治化解改革风险、以法治巩固改革成果。同时,把法治纳入全面深化改革的总体部署,立法主动适应改革的要求,加强重点领域立法,修改和废止不适应改革要求的法律,同步推进立法体制、执法体制和司法体制改革。坚持立法决策和改革决策相统一,在全面深化改革总体框架内全面推进依法治国各项工作,坚定不移推进法治领域各项改革,以改革思维和改革方式推进法治中国建设。

在法治改革领域,坚持顶层设计、科学布局与试点探索、先行先试相结合。党的十八大以来,以习近平同志为核心的党中央加强对法治改革和法治建设的集中统一领导和顶层设计,提出全面推进依法治国的总目标。我们党把全面依法治国纳入"四个全面"战略布局,并与"两个一百年"奋斗目标对接,把中国特色社会主义法治体系建设与推进国家治理体系和治理能力现代化紧密联系起来,为法治建设注入强大动力。法治改革方案由党中央及中央全面深化改革领导小组(委员会)统一审议决策,重大改革由中央政治局和中央委员会决定,确保党中央对法治改革、依法治国的集中统一领导。在加强集中统一领导和顶层设计的同时,鼓励和支持地方、行业先行先试。各地在实践中探索可复制可推广的经验,又为党中央顶层设计提供了实践基础和现实依据。

坚持以宪法为统领建设社会主义法治体系

宪法是国家的根本法,是治国安邦的总章程,具有最高的法律地位、法律权威、法律效力。我国宪法确认了中国共产党领导中国人民进行革命、建设、改革的伟大历程和重要成就，确立了工人阶级领导的、以工农联盟为基础的人民民主专政的社会主义国家的国体和人民代表大会制度的政体，规定了中国共产党领导的多党合作和政治协商制度、民族区域自治制度以及基层群众自治制度，规定了社会主义法治原则、民主集中制原则、尊重和保障人权原则等，反映了我国各族人民的共同意志和根本利益。宪法是治国理政的总依据、全面依法治国的总依据、国家各种制度和法律法规的总依据。因而，宪法对于依法治国和法治中国建设具有统领和引领作用。

党的十九大以前，1982 年《宪法》曾根据我国改革开放和社会主义现代化建设实际进行过 4 次修改。2018 年，在中国特色社会主义进入新时代的历史方位和时代背景下，对现行《宪法》进行了第五次修改。现行《宪法》的历次修改都为法律的立改废释提供了宪法依据，既加快形成了中国特色社会主义法律体系，又推进了社会主义法治现代化。如今，一个以宪法为核心的中国特色社会主义法律体系不断完善，国家和社会生活各方面总体上实现了有法可依。全面推进依法治国，总目标是建设中国特色社会主义法治体系、建设社会主义法治国家。这就要求在中国共产党领导下，坚持中国特色社会主义制度，贯彻中国特色社会主义法治理论，形成完备的法律规范体系、高效的法治实施体系、严密的法治监督体系、有力的法治保障体系，形成完善的党内法规体系，实现科学立法、严格执法、公正司法、全民守法，促进国家治理体系和治理能力现代化。

坚持依法治国与以德治国相结合

党的十六大报告将依法治国和以德治国相结合确定为党领导

人民建设中国特色社会主义必须坚持的基本经验之一。我们党关于依法治国与以德治国相结合的重大创新，突破了以往法治理论中关于法治与德治不相容的僵化思维，阐明了一种现代法治和新型德治相结合的治国理政新思路。按照这种新思路，依法治国与以德治国相互补充、相互促进。

党的十八届四中全会把坚持依法治国和以德治国相结合作为实现全面推进依法治国总目标必须坚持的一条原则，强调“必须坚持一手抓法治、一手抓德治”。同时，更加深入地阐述了依法治国与以德治国的关系，指出：国家和社会治理需要法律和道德共同发挥作用，既重视发挥法律的规范作用，又重视发挥道德的教化作用，实现法律和道德相辅相成、法治和德治相得益彰。为此，要注意把一些基本道德规范转化为法律规范，使法律法规更多体现道德理念和人文关怀，通过法律的强制力来强化道德作用、确保道德底线，推动全社会道德素质提升。同时，发挥好道德的教化作用，必须以道德滋养法治精神、强化道德对法治文化的支撑作用。遵循依法治国与以德治国相结合的理念思路和决策部署，我国法治建设和道德建设呈现相得益彰的良好局面。

坚持全面推进与重点突破相协调

改革开放以来，在全面推进依法治国过程中，我们党注重统筹推进、协调发展。例如，坚持国家、地方、社会三个层面的法治建设一起抓，依法治国、依法执政、依法行政共同推进，法治国家、法治政府、法治社会一体建设，统筹立法体制、执法体制、司法体制改革，法治建设呈现协调推进的良好局面。

党的十八大提出推进科学立法、严格执法、公正司法、全民守法。党的十八届四中全会提出全面推进依法治国。“四个全面”战略布局的提出，把全面依法治国提到了党和国家战略布局的新高度，赋予全面依法治国新的战略地位和战略使命。要把全面依法治国放在“四个全面”战略布局中来把握，深刻认识全面依法治国同其他三个“全面”的关系，从法治上为协调推进“四个全面”战略布局提供制度化方案，努力做到“四个全面”相辅相成、相互促进、相得益彰。

在全面推进依法治国过程中，我们党统筹推进法治国家、法治政府、法治社会建设各项工作，同时注重抓住关键环节、突破紧要瓶颈。例如，党的十八大以来，以习近平同志为核心的党中央大力推进司法体制改革，着眼于建设公正高效权威的社会主义司法制度、维护人民权益，着力健全司法权力分工负责、互相配合、互相制约机制，完善审级制度、司法组织体系和案件管辖制度，探索设立跨行政区划的人民法院和人民检察院，强化司法人员职业保障，完善确保依法独立公正行使审判权和检察权的制度等，办成了一批想了很多年、讲了很多年但没有办成的大事难事。

党的十九大对深化依法治国实践作出了新的顶层设计和任务安排。全面推进依法治国是一项系统工程，是国家治理领域一场广泛而深刻的革命，建设社会主义法治国家是一项长期而重大的历史任务，必须在党的领导下，从我国实际出发，发挥政治优势，遵循法治规律，与时俱进提升理念观念、创新体制机制，不断开创依法治国事业新局面。

中国法治四十年：历程、轨迹和经验*

2018 年，是中国改革开放四十年，也是中国厉行法治四十年。回顾四十年法治历程、分析四十年法治轨迹、总结四十年法治经验并进行理论概括，对于保持法治定力、全面推进依法治国、加快建设法治中国、实现法治强国的伟大目标，具有重大的现实意义和深远的历史意义。

一、中国法治四十年的历程

1978 年，中国共产党召开了十一届三中全会，结束了长达十年的“文化大革命”。这次全会作出两项最为重要的决定：一是把党和国家工作的重心由以阶级斗争为纲转移到以经济建设为中心；二是发出了“加强社会主义法制”的号召并提出了“有法可依、有法必依、执法必严、违法必究”的法制工作方针。从此，中国开始修改宪法和制定新的法律，法治建设步入恢复重建、持续发展、形成中国特色的光明大道。以十一届三中全会为起点，中国

* 本文发表于《吉林大学社会科学学报》2018 年第 5 期，《新华文摘》2018 年第 23 期、《中国社会科学文摘》2018 年第 12 期、中国人民大学复印报刊资料《法理学、法史学》2018 年第 12 期转载。

特色社会主义法治经历了三大历史阶段,实现了三次历史性飞跃。

(一)法制创建新时期(1978—1997 年)

这一时期,我国的法制建设以恢复重建、全面修宪和大规模立法为引领,主要有以下重要历史节点和重大事件:

1.“一日七法”

党的十一届三中全会召开时,虽然“文化大革命”从形式上已经结束,但中国仍处于无法可依的状态,国家法律几乎是空白。因此,当务之急是制定一批法律,迅速恢复法律秩序和以法律秩序为支撑的社会秩序。正如 1978 年 12 月 13 日邓小平同志在中央工作会议闭幕会上的讲话中所指出的:“现在的问题是法律很不完备,很多法律还没有制定出来。往往把领导人说的话当做‘法’,不赞成领导人说的话就叫做‘违法’,领导人的话改变了,‘法’也就跟着改变。所以,应该集中力量制定刑法、民法、诉讼法和其他各种必要的法律,例如工厂法、人民公社法、森林法、草原法、环境保护法、劳动法、外国人投资法等,经过一定的民主程序讨论通过,并且加强检察机关和司法机关,做到有法可依,有法必依,执法必严,违法必究。”[1]在党中央的领导下,1979 年 7 月 1 日,五届全国人大二次会议一天之内通过了 7 部法律,即《刑法》《刑事诉讼法》《地方各级人民代表大会和地方各级人民政府组织法》《全国人民代表大会和地方各级人民代表大会选举法》《人民法院组织法》《人民检察院组织法》《中外合资经营企业法》,被法学界称为中国法制史上著名的“一日七法”。以“一日七法”为先导,我国陆续制定了《民法通则》《行政诉讼法》等一大批重要法律,形成了中国特色社会主义法律体系框架。

2.“九 · 九指示”

有了《刑法》《刑事诉讼法》等法律,能否确保法律实施,能否发挥它们在恢复和重建法律秩序和社会秩序中应有的作用,在当时的情况下却是一个大大的问号。为此,党中央于 1979 年 9 月 9 日发出了《关于坚决保证刑法、刑事诉讼法切实实施的指示》(中发〔1979〕64 号文件,以下简称《指示》)。《指示》指出:刑法和刑事诉讼法的颁布,对加强社会主义法制具有特别重要的意义。它们能否严格执行,是衡量中国是否实行社会主义法治的重要标志。《指示》严肃地分析和批评了党内严重存在着的忽视社会主义法制的错误倾向,指出:"在我们党内,由于建国以来对建立和健全社会主义法制长期没有重视,否定法律、轻视法律;以党代政、以言代法、有法不依,在很多同志身上已经成为习惯;认为法律可有可无,法律束手束脚,政策就是法律,有了政策可以不要法律等思想,在党员干部中相当流行。""各级党委要坚决改变过去那种以党代政、以言代法、不按法律规定办事,包揽司法行政事务的习惯和作法。"《指示》要求,各级党委要保证法律的切实实施,充分发挥司法机关的作用,切实保证人民检察院独立行使检察权,人民法院独立行使审判权,使之不受其他行政机关、团体和个人的干涉。这是改革开放初期,中国共产党着手清除法律虚无主义,纠正以党代政、以言代法、有法不依等错误习惯的重要文献,意志坚定、观点鲜明、意义重大,堪称前所未有,其语义和意义即使在今天仍然是十分鲜明、有的放矢的。

3. 世纪审判

在社会主义法制恢复重建初期,发生了中国现代历史上最重大的法律事件,即对林彪、江青反革命集团的审判。这次审判历时近 4 个月,对林彪、江青反革命集团制造国家和社会动乱的严重罪行进行了彻底清算。1980 年 11 月 22 日,《人民日报》发表题为《社会主义民主和法制的里程碑》的特约评论员文章。文章指出:"对林彪、江青反革命集团的审判,是我国民主和法制发展道路上的一个引人注目的里程碑,它充分体现了以法治国的精神,坚决维护了法律的权威,认真贯彻了社会主义民主和法制的各项原则。”这篇文章明确指出了对林彪、江青反革命集团这一历史性审判中蕴含的现代法律原则:司法独立[2]、司法民主、实事求是、人道主义和法律平等。这是“文化大革命”结束之后,党中央机关报对现代法律原则的第一次重要概括,充分体现了现代法治精神。

4. 全面修宪

中国共产党在领导人民推翻“三座大山”的革命历史中,就有过新民主主义的立宪实践。1931 年颁布了《中华苏维埃共和国宪法大纲》,1941 年颁布施行了《陕甘宁边区施政纲领》,1946 年颁布了《陕甘宁边区宪法原则》。中华人民共和国成立前夕,中国人民政治协商会议第一次全国委员会制定了具有临时宪法作用的《中国人民政治协商会议共同纲领》,为中央人民政府和地方各级政权机构的建立提供了临时宪法依据,为新中国宪法的诞生作出了重大的历史性贡献。

新中国成立之初,党中央和中央人民政府就启动了制定宪法的程序,毛泽东同志高度重视《中华人民共和国宪法》的制定工作,担任宪法起草委员会主席并亲自起草宪法文本。1954 年 9 月 20 日,第一届全国人民代表大会通过《中华人民共和国宪法》。这部《宪法》以“根本法”“总章程”的定位,以人民民主原则和社会主义原则为支点,构建了中国历史新纪元的宪法框架,构筑了中国社会主义制度的“四梁八柱”。但是,由于种种历史原因,从 20 世纪 50 年代后期开始,这部宪法的作用逐渐削弱,以致在“文化大革命”中被束之高阁、弃之不用。宪法权威的丧失导致了民主法制衰败。在“文化大革命”中制定的 1975 年《宪法》是在国家处于非常状态下制定的,是一部有严重错误和缺点的宪法。1978 年《宪法》虽然恢复和坚持了“五四宪法”的一些好的规定,删除了“七五宪法”中一些错误的规定,但由于政治上、理论上很多是非问题尚未澄清,致使其保留了“七五宪法”的一些错误提法和规定。虽然 1979 年和1980年全国人大两次修改宪法，但是修修补补未能从根本上解决"七八宪法"的问题、缺点和错误。所以，1980年，党中央决定全面修改"七八宪法"。经过29个月的艰苦努力，1982年12月4日，五届全国人大五次会议通过了全面修订后的《中华人民共和国宪法》。30多年来的发展历程充分证明，现行《宪法》及其修正案有力地坚持了中国共产党领导，有力地保障了人民当家作主，有力地促进了改革开放和社会主义现代化建设，有力地推动了社会主义法治国家建设进程，有力地维护了国家统一、民族团结、社会稳定。我国宪法确立的一系列制度、原则和规则，确定的一系列大政方针，具有显著优势、坚实基础、强大生命力。

5. 全民普法

由于旧社会缺乏法治传统，加上20世纪50年代后期"要人治不要法治"的法律虚无主义盛行，特别是受"文化大革命"的"无法无天"观念的影响，我国民众普遍缺乏法律常识和法治观念，所以在法制恢复重建之初，党和政府就启动了全民法制宣传教育活动。1985年11月22日，六届全国人大常委会十三次会议通过《全国人民代表大会常务委员会关于在公民中基本普及法律常识的决议》。至今，我国已经先后制定了7个"五年普法规划"。我国的法制宣传教育既注重普及法律常识、掌握法律知识、树立法律意识，又强调增强法治观念、树立法治理念、弘扬法治精神；既要求公民学法尊法守法用法，又要求国家公职人员特别是各级领导干部牢固树立法治观念，自觉依法办事，依照法定职权和法定程序行使国家权力并自觉接受党的监督、法律监督、舆论监督和人民群众的直接监督，逐步学会运用法治思维和法治方式处理改革、发展、稳定的问题，提高依法执政的能力和水平。中国的全民普法运动既是中国历史上，也是人类历史上规模空前和影响深远的法治启蒙运动，是一场先进的思想观念和文明的生活方式的宣传教育运动。在法律宣传教育过程中，法律所包含的权利义务观念、自由平等观念、民主法治观念、公平正义观念、诚实信用观念等先进的思想观念逐渐深入人心，法律所追求的那种理性地行使权利、履行义务、平等协商谈判、和平理性解决矛盾纠纷等文明的生活方式正在蔚然成风。

（二）依法治国新阶段（1997—2012 年）

在中国法治的历史上，1997 年是一个难忘的国家记忆。1997 年召开的党的十五大划时代地提出“依法治国，建设社会主义法治国家”，开启了依法治国新阶段，使中国法制建设发生了质的变革。在这个阶段，主要有以下历史节点和重大事件：

1. 确立依法治国基本方略

1997 年 9 月，党的十五大召开。江泽民同志在十五大报告中明确提出，要“进一步扩大社会主义民主，健全社会主义法制，依法治国，建设社会主义法治国家”。[3]同时精辟地指出：“依法治国，是党领导人民治理国家的基本方略，是发展社会主义市场经济的客观要求，是社会文明进步的重要标志，是国家长治久安的重要保证。”这是中国共产党首次将依法治国作为治国理政的基本方略，首次深刻阐述依法治国的本质特征和重大意义。1999 年 3 月 15 日，九届全国人大二次会议通过《中华人民共和国宪法修正案》（第 12—17 条），将“依法治国，建设社会主义法治国家”纳入宪法，使依法治国成为党领导人民治理国家的基本方略，建设社会主义法治国家成为国家建设和发展的重要目标之一。这标志着我国迈向了社会主义法治建设新阶段。此后，2002 年，党的十六大进一步把“依法治国，建设社会主义法治国家”上升到政治文明的范畴。2007 年，党的十七大号召“全面落实依法治国基本方略，加快建设社会主义法治国家”。2012 年，党的十八大强调“全面推进依法治国”。

依法治国的本质是人民在党的领导下，依照宪法法律管理国家事务和公共事务，依法治权。依法治国的重心是依法行政，建设法治政府。根据党的十五大的决策部署，1999 年，国务院颁布了《关于全面推进依法行政的决定》；2004 年，又发布了《全面推进依法行政实施纲要》，明确提出了此后十年全面推进依法行政的指导思想和具体目标、基本原则和要求、主要任务和措施，提出了建设法治政府的路线图和时间表。

实行依法治国，必然要推进司法改革。党的十五大首次提出"推进司法改革，从制度上保证司法机关独立公正地行使审判权和检察权。"根据十五大的决策部署，在党中央领导下，最高人民法院、最高人民检察院以维护司法公正、提高司法效率为目标，从人民最不满意的突出问题和关键环节入手，以加强权力制约和监督为重点，积极稳妥地进行了司法改革。2002 年，党的十六大进一步提出"司法体制改革"命题，要求"推进司法体制改革，按照公正司法和严格执法的要求，完善司法机关的机构设置、职权划分和管理制度"。2007 年，党的十七大进一步强调要"深化司法体制改革"。

2. 确立依法执政基本方式

如同出台依法治国基本方略一样，提出依法执政基本方式也是中国法治新阶段的标志性事件。形成"依法执政"理念，确立依法执政基本方式，是党的思想理论和执政理念的一次重大飞跃。它反映了党对国家和政权运行规律的深刻认识，对从专制到民主、从人治到法治发展规律的深刻认识；反映了党对现代政党制度、政党政治和执政党执政规律的深刻认识；反映了党对自己从领导人民为夺取国家政权而奋斗的党，到成为领导人民掌握全国政权并长期执政的党这一历史地位的根本性转变的深刻认识，是中国共产党执政意识的强化；反映了党对自己半个多世纪执政经验和教训的科学总结，对苏联、东欧社会主义国家共产党执政教训的科学分析，对美国、英国、法国等法治国家不大可能发生斯大林那样严重破坏法制的事件，而苏联、东欧等社会主义国家曾发生大面积破坏法制的政治现象的深刻分析和反思；反映了党对自己如何担当起执政党的使命、如何巩固党的执政地位、如何提高党的执政能力、如何执政兴国等根本性问题的深刻认识和理性自觉;反映了党对立党为公、执政为民根本宗旨与实现这一根本宗旨的方式和途径的深刻认识;反映了党对依法执政与依法治国关系的深刻认识,即依法执政是依法治国的必然要求,依法执政是依法治国的前提和关键;反映了党对依法执政是严格执法和公正司法的政治基础与根本保证的深刻认识。

在正式提出依法执政基本方式之前,中国共产党已经采取一系列举措实践着依法执政的理念。1982 年 9 月,党的十二大通过的《中国共产党章程》规定:"党必须在宪法和法律的范围内活动。"1986 年 7 月 10 日,党中央发布《关于全党必须坚决维护社会主义法制的通知》(以下简称《通知》)。《通知》要求各级党委正确认识和处理与国家权力机关、行政机关、司法机关的关系,支持国家机关依法行使职权;从中央到基层,所有党组织和党员的活动都不能同国家的宪法、法律相抵触,都只有模范地遵守宪法和法律的义务,而没有任何超越宪法和法律的特权。《通知》对于提高各级党委和全体党员的法治观念、依法规范领导机关和领导干部的行为、推进社会主义法制建设发挥了极其重要的作用,为形成依法治国基本方略和依法执政基本方式奠定了良好的理论基础、政治基础和工作基础。

进入 21 世纪之后,党的十六大报告首次正式提出"依法执政"概念。2004 年 9 月 19 日,党的十六届四中全会通过了《中共中央关于加强党的执政能力建设的决定》,把加强依法执政的能力作为加强党的执政能力建设的总体目标之一,并就依法执政的内涵作出了科学规定。2006 年 6 月 29 日,中央政治局举行了以科学执政、民主执政、依法执政为内容的集体学习会。在会上,胡锦涛同志强调指出:"依法执政是新的历史条件下马克思主义政党执政的基本方式。依法执政,就是坚持依法治国、建设社会主义法治国家，领导立法，带头守法，保证执法，不断推进国家经济、政治、文化、社会生活的法制化、规范化，以法治的理念、法治的体制、法治的程序保证党领导人民有效治理国家。要加强党对立法工作的领导，推进科学立法、民主立法，善于使党的主张通过法定程序成为国家意志，从制度上、法律上保证党的路线方针政策的贯彻实施。使这种制度和法律不因领导人的改变而改变，不因领导人看法和注意力的改变而改变。依法执政最根本的是依宪执政。要牢固树立法制的观念，各级党组织都要在宪法和法律范围内活动，全体党员都要模范遵守宪法和法律。要督促和支持国家机关依法行使职权，做到依法行政，依法推动各项工作的开展，切实维护公民的合法权益”。[4]至此，依法执政的科学内涵和基本要求非常清晰地展现出来，标志着依法执政基本方式的确立，意味着中国共产党开启了依法治国基本方略与依法执政基本方式有机结合的治国理政的新境界。

3. 形成中国特色社会主义法律体系

1997 年，党的十五大提出到 2010 年形成中国特色社会主义法律体系。2011 年 3 月 10 日，在十一届全国人大四次会议上，时任全国人大常委会委员长吴邦国在作全国人大常委会工作报告时庄严宣布：一个立足中国国情和实际、适应改革开放和社会主义现代化建设需要、集中体现党和人民意志的，以宪法为统帅，以宪法相关法、民商法等多个法律部门的法律为主干，由法律、行政法规、地方性法规等多个层次的法律规范构成的中国特色社会主义法律体系已经形成，包括 1 部宪法、236 部法律、690 多件行政法规、8500 多件地方性法规，国家经济建设、政治建设、文化建设、社会建设以及生态文明建设的各个方面均实现有法可依。我国用三十多年的时间，走完了西方发达国家三百多年的立法进程，堪称人类法治文明的奇迹。中国特色社会主义法律体系的形成，是我国依法治国、建设社会主义法治国家历史进程的重要里程碑，也是世界现代法制史上最具标志性的事件,其意义重大而深远,其影响广泛而深刻。

(三)全面依法治国新时代(2012 年至今)

以党的十八大为历史节点,中国特色社会主义进入新时代,中国法治也跨入新时代。党的十八大以来,以习近平同志为核心的党中央在全面推进依法治国、加快建设中国特色社会主义法治体系和社会主义法治国家的伟大实践中,创造性地发展了中国特色社会主义法治理论,创立了具有鲜明时代特征、理论风格和实践特色的新时代中国特色社会主义法治思想,为坚持和开拓中国特色社会主义法治道路奠定了思想基础,为推进法治中国建设提供了理论指引。

1. 明确定位"法治小康"

党的十八大提出全面建成小康社会,即实现全面小康。十八届三中全会、四中全会、五中全会、六中全会不断明晰和丰富全面建成小康社会的目标和各项要求,其中就包括"法治小康"的目标和任务。全面建成小康社会,在法治领域就是要达到依法治国基本方略全面落实,中国特色社会主义法律体系更加完善,法治政府基本建成,司法公信力明显提高,人权得到切实保障,产权得到有效保护,国家各项工作法治化。这是对我国法治建设目标的首次精准定位。

2. 提出法治新十六字方针

2012 年,由习近平同志主持起草的党的十八大报告提出:"加快建设社会主义法治国家,必须全面推进科学立法、严格执法、公正司法、全民守法进程。"法学界称之为"法治新十六字方针",以区别于"有法可依、有法必依、执法必严、违法必究"的"法制十六字方针"。"新十六字方针"体现依法治国新布局,为全面依法治国基本方略的形成奠定了理论和实践基础。在"新十六字方针"中,科学立法是全面推进依法治国的前提，严格执法是全面推进依法治国的关键，公正司法是全面推进依法治国的重点，全民守法是全面推进依法治国的基础。

3. 建设法治中国

"建设法治中国"是习近平总书记在十八大之后发出的伟大号召。2013 年，党的十八届三中全会通过的《中共中央关于全面深化改革若干重大问题的决定》提出要推进法治中国建设。2014 年，十八届四中全会进一步向全党和全国各族人民发出"向着建设法治中国不断前进""为建设法治中国而奋斗"的号召。"法治中国"概念是中国共产党在法治理论上的重大创新，也是对新时代中国法治建设的科学定位，具有深厚的历史文化底蕴、丰富的实践经验基础和强大的导向定位功能，构成我国新时代法治建设的时代主题。"法治中国"以其无可比拟的包容性、凝聚力、感召力而成为中国特色社会主义法治理论体系和话语体系的统领性概念。"建设法治中国"，其要义是依法治国、依法执政、依法行政共同推进，法治国家、法治政府、法治社会一体建设。

4. 全面依法治国

党的十八大之后，习近平总书记深入各地开展调研，探索新的历史时期和新的发展阶段中国特色社会主义的战略布局，在完善"五位一体"总体布局之后提出了"四个全面"的战略布局，并把依法治国放在总体战略布局之中统筹安排。他强调指出：全面建成小康社会是我们的战略目标，全面深化改革、全面依法治国、全面从严治党是三大战略举措，对实现全面建成小康社会战略目标一个都不能缺。"没有全面依法治国，我们就治不好国、理不好政，我们的战略布局就会落空。"所以，"要把全面依法治国放在'四个全面'的战略布局中来把握，深刻认识全面依法治国同其他三个'全面'的关系，努力做到'四个全面'相辅相成、相互促进、相得益彰"。[5]"党的十八大提出了全面建成小康社会的奋斗目标，党的十八届三中全会对全面深化改革作出了顶层设计，实现这个奋斗目标，落实这个顶层设计，需要从法治上提供可靠保障。”[6]全面依法治国是中国特色社会主义的本质要求和重要保障。“我们要实现经济发展、政治清明、文化昌盛、社会公正、生态良好，必须更好发挥法治引领和规范作用。”[7]根据习近平总书记的这一战略思想，2014年10月，党的十八届四中全会通过了《中共中央关于全面推进依法治国若干重大问题的决定》（以下简称《决定》），对新时代社会主义法治建设作出了战略部署。十八届四中全会以后，“全面依法治国”作为“四个全面”之一成为标准概念，标志着我国法治建设站在了新的历史起点上。

5. 建设中国特色社会主义法治体系

2014年10月召开的党的十八届四中全会是中国共产党执政历史上首次以法治为主题的中央全会，全会通过的《决定》是中国社会主义法治建设史上，也是世界社会主义历史上第一部就法治建设的根本性、全局性、长远性和前瞻性问题作出全面部署的纲领性文献。该《决定》的最大亮点是提出了全面依法治国的总目标，这就是建设中国特色社会主义法治体系，建设社会主义法治国家。其中，建设中国特色社会主义法治体系既是总目标，又是总抓手。

“中国特色社会主义法治体系”是习近平总书记提出的最具原创性和标志性的概念之一，明确提出“法治体系”概念和建设中国特色社会主义法治体系命题，具有重大的理论创新、制度创新和实践创新意义。全面依法治国，涉及立法、执法、司法、守法、法治监督、法治保障、法学教育、法学研究；涉及统筹推进依法治国、依法执政、依法行政、依法自治；涉及一体建设法治国家、法治政府、法治社会、法治经济、法治军队；涉及协调发展国家法治、地方法治、社会法治、行业法治，因而迫切需要一个符合法治规律、传承法治文明、思想含量丰富的统领性概念，“中国特色社会主义法治体系”就是这样一个统领性概念。习近平总书记指出：“提出这个总目标,既明确了全面推进依法治国的性质和方向,又突出了全面推进依法治国的工作重点和总抓手。”[8]其重大意义在于:第一,向国内外鲜明宣示我们将坚定不移走中国特色社会主义法治道路。第二,明确全面推进依法治国的总抓手。全面推进依法治国涉及很多方面,在实际工作中必须有一个总揽全局、牵引各方的总抓手,这个总抓手就是建设中国特色社会主义法治体系。依法治国各项工作都要围绕这个总抓手来谋划、推进。第三,建设中国特色社会主义法治体系、建设社会主义法治国家是实现国家治理体系和治理能力现代化的必然要求。

建设中国特色社会主义法治体系,是贯穿《决定》全篇的一条主线,也是深化全面依法治国的“牛鼻子”,对深化全面依法治国具有纲举目张的作用。在全面依法治国和建设法治中国的进程中,要继续以建设中国特色社会主义法治体系为主题、主线,“在中国共产党领导下,坚持中国特色社会主义制度,贯彻中国特色社会主义法治理论,形成完备的法律规范体系、高效的法治实施体系、严密的法治监督体系、有力的法治保障体系,形成完善的党内法规体系”。[9]

6. 开启全面依法治国新征程

中国共产党第十九次全国代表大会是中国特色社会主义进入新时代之后中国共产党召开的最为重要的会议。如果说十八大之后我们已经进入新时代,那么,以十九大为起点,我们踏上了新时代的新征程。十九大明确了从现在到 2020 年、从 2020 年到 2035 年、从 2035 年到 21 世纪中叶一个时段、两个阶段的法治建设目标,为依法治国和法治中国建设指明了前进方向、基本任务、实践路径。对于法治建设意义非常重大的理论创新和实践创新,就是十九大把坚持全面依法治国上升为新时代坚持和发展中国特色社会主义的基本方略。1997 年,党的十五大首次把依法治国确立为党领导人民治理国家的基本方略,十八大把法治明确为治国理政的基本方式,十九大进一步把坚持全面依法治国上升为新时代坚持和发展中国特色社会主义的基本方略,从国家治理的局部性方略到坚持和发展中国特色社会主义的全局性方略,凸显了法治在“五位一体”总体布局和“四个全面”战略布局中的地位,提升了法治在推进国家治理现代化和建设社会主义现代化强国中的基础性、支撑性、引领性作用。

二、中国法治四十年的轨迹

以党的十一届三中全会作出“加强社会主义法制”历史性决策为起点,在四十年发展历程中,中国法治留下了辉煌的历史轨迹,显现出中国特色社会主义法治发展的鲜明特征和规律。

(一)从“法制”到“法治”

“法制”,就是法律和制度。董必武同志曾经说过:“现在世界上对于法制的定义,还没有统一的确切的解释。我们望文思义,国家的法律和制度,就是法制。”[10]这一阐释简洁而明了,普遍而广泛。在许多情况下,人们对于“法制”的理解和运用都是在“法律制度”“法律和制度”的意义上进行的。

改革开放初期,面对法律几乎“荡然无存”的局面,法制建设的重心是加快立法,做到有法可依。党的十一届三中全会强调指出:“为了保障人民民主,必须加强社会主义法制,使民主制度化、法律化,使这种制度和法律具有稳定性、连续性和极大的权威。”之后,在法律体系基本形成的情况下,法治建设经历了从“法制”到“法治”的发展。主要体现为:

从“法制”概念到“法治”概念。20 世纪 70 年代,党的十一届三中全会之后,在法制领域和法学体系中,最流行的概念就是“法制”“法制建设”。党的十五大之后,最流行的概念演进为“法治”“依法治国”“全面依法治国”。虽然“法治”与“法制”这两个概念表面上只有一字之差，其内涵和意义却大不相同：第一，“法治”突出了实行法治、摒弃人治的坚强意志和决心，针对性、目标性更强。第二，“法治”“法治国家”意味着法律至上，依法而治、依法治权。第三，与“法制”比较，“法治”意味着不仅要有完备的法律体系和制度，而且要树立法律的权威，保证认真实施法律，切实依照法律治理国家和社会。第四，法制是静态的，法治则是动态的，法治包容了法制，涵盖面更广泛、更丰富。

从“方针”到“方略”。改革开放初期，党的十一届三中全会把社会主义法制建设作为党和国家坚定不移的基本方针。党的十五大在社会主义法制基本方针的基础上提出依法治国基本方略。从建设法制的方针到依法治国的方略，显现出中国法治理论和实践发生了深刻变化。方针，指一种方向、一种目标，是具有全局意义和长远目标的指导思想，但比较抽象，如党在社会主义建设时期的路线方针、对敌斗争方针等。方略，则是指具有统领性、战略性、高层性的方式方法和策略，如文献中常提到的“建国方略”“治国方略”“基本方略”等。如果说“方针”是远景规划和奋斗目标，“方略”则是实现规划和目标的重要举措和基本抓手。把方针具体化，使法制建设有了抓手，促进理想成为现实，抽象变为具体。

从“法制国家”到“法治国家”。1996 年 2 月 8 日中共中央第三次法制讲座上，江泽民同志在听取专家关于“依法治国，建设社会主义法制国家的理论与实践”的讲解之后，在总结讲话中明确提出要依法治国，建设社会主义“法制国家”，并对依法治国和建设法制国家的重大意义进行了阐述。一个月后，八届全国人大四次会议把“依法治国，建设社会主义法制国家”作为奋斗目标写入《国民经济和社会发展“九五”计划和 2010 年远景目标纲要》。此次会议的其他文件，例如政府工作报告、全国人大常委会工作报告等也都将“建设社会主义法制国家”作为主要内容。1997 年 9 月，党的十五大召开。根据法学界的建议和依法治国的实践逻辑，十五大报告把此前的提法修改为“依法治国,建设社会主义法治国家”。[11]用“法治国家”代替“法制国家”,这不仅是提法上的变化,而且是一次新的思想解放,标志着中央领导集体和全党认识上的飞跃。

从“健全社会主义法制”到“健全社会主义法治”。改革开放初期,面对无法可依、制度残缺的局面,党中央作出“健全社会主义法制”的决策,1982 年修宪时沿用了“健全社会主义法制”的提法。2018 年,现行《宪法》第五次修改将原序言中的“发扬社会主义民主,健全社会主义法制”修改为“发扬社会主义民主,健全社会主义法治”。这一字“千金”的修改,从宪法上完成了从“法制”到“法治”的根本转型,反映出我国社会主义法治建设历史性的跨越和进步。作出这样的修改,有利于推进全面依法治国,建设中国特色社会主义法治体系,加快实现国家治理体系和治理能力现代化,为党和国家事业发展提供根本性、全局性、稳定性、长期性的法治保障。

(二)从“依法治国”到“全面依法治国”

党的十五大将“依法治国”作为党领导人民治理国家的基本方略。十八大提出“全面推进依法治国”。十八届四中全会以“全面推进依法治国”为主题,对新时代的法治建设作出了全面、全新部署。十八届四中全会后,习近平总书记提出了内涵更为丰富、表述更为精致的“全面依法治国”概念。十九大报告进一步把“全面依法治国”作为新时代坚持和发展中国特色社会主义的基本方略之一。从“依法治国”到“全面推进依法治国”再到“全面依法治国”,命题的变化表明中国共产党依法治国的思路越来越清晰、越来越精准。

(三)从建设“法治国家”到建设“法治中国”

党的十八大以后,习近平总书记明确提出“法治中国”的科学命题和建设法治中国的重大历史任务。十八届三中全会把“推进法治中国建设”上升为党中央的正式决定。十八届四中全会《决定》要求“全党同志必须更加自觉地坚持依法治国、更加扎实地推进依法治国，努力实现国家各项工作法治化，向着建设法治中国不断前进”，[12]号召全党和全国各族人民“积极投身全面推进依法治国伟大实践，开拓进取，扎实工作，为建设法治中国而奋斗！”[13]

法治中国是“法制国家”“法治国家”概念的“升级版”。法治中国比法治国家的内涵更加丰富，思想更加深刻，形态更加生动，意义更具时代性。建设法治中国，不仅要建设法治国家，还要建设法治社会、法治政府；不仅要推进依法治国，还要推进依法执政、依法行政；不仅要推进法治硬实力建设，还要推进法治软实力建设，弘扬社会主义法治精神，建设社会主义法治文化，培育社会主义法治理念。从法治国家到法治中国的转型，意味着我国法治建设的拓展、深化和跨越。在“中国梦”这一雄壮的交响乐中加入法治中国乐章，具有极为重要的现实意义和深远的历史意义。

（四）从建设“法律体系”到建设“法治体系”

在党的十四大提出建设社会主义市场经济法律体系之后，党的十五大进一步提出到2010年形成中国特色社会主义法律体系。2011年3月10日，在第十一届全国人民代表大会第四次会议上，全国人大常委会工作报告庄严宣告中国特色社会主义法律体系已经形成。法律体系形成之后，法治建设如何推进？这是摆在全党和全国人民面前的重大课题。习近平同志经过调研和论证，提出建设中国特色社会主义法治体系。十八届四中全会正式将“建设中国特色社会主义法治体系，建设社会主义法治国家”作为全面推进依法治国的总目标、总抓手。从“法律体系”到“法治体系”的升级，体现了中国共产党对法治建设规律认识的重大突破。

(五)从“以经济建设为中心”到“以人民为中心”

党的十一届三中全会果断地、历史性地把党和国家的工作重心从以阶级斗争为纲转向以经济建设为中心,与此同步,中国的法制建设也转向了以经济建设为中心,服务经济社会发展大局,服务改革开放,服务商品经济、市场经济建设,为经济发展“保驾护航”成为法制的核心价值,在法的价值体系中效率自然就居于优先位阶。江泽民同志在党的十五大报告中指出:“全面建设小康社会,最根本的是坚持以经济建设为中心,不断解放和发展社会生产力。”[14]党的十七大之后,党的指导思想与时俱进,党中央明确提出要坚持以人为本,新的发展方式归根结底是“以人为本”,让人们生活得更幸福、更有尊严,绝不能以牺牲环境和浪费资源、扩大社会矛盾、增加历史欠账为代价求得快速发展。

党的十八大之后,党中央更加明确地提出“以人民为中心”的发展思想,统筹推进“五位一体”总体布局,协调推进“四个全面”战略布局,这是统揽全局、指导全面的思想。在法治领域,树立“以人民为中心”的发展思想,就是要倍加关注人民对民主法治、公平正义、人权保障、产权保护、安定有序、环境良好的美好向往,以满足人民对美好法治生活的向往为宗旨;就是要坚持法治为了人民、依靠人民、造福人民、保护人民,把实现好、维护好、发展好最广大人民根本利益作为法治建设的根本目的,把体现人民利益、反映人民意愿、维护人民权益、增进人民福祉、促进人的全面发展作为法治建设的出发点和落脚点,落实到依法治国全过程各方面。

(六)从“法律之治”到“良法善治”

从1978年至1997年,我国法制建设的基本方针是“有法可依、有法必依、执法必严、违法必究”,总体而言,这是一种形式法治意义的“法律之治”。十八大提出“科学立法、严格执法、公正司法、全民守法”,从理论和实践上都向形式法治与实质法治的结合前进一大步。十八大以来,中国共产党明确提出“法律是治国之重器,良法是善治之前提”。习近平总书记强调指出:“人民群众对立法的期盼,已经不是有没有,而是好不好、管用不管用、能不能解决实际问题;不是什么法都能治国,不是什么法都能治好国;越是强调法治,越是要提高立法质量。”[15]“要抓住提高立法质量这个关键,深入推进科学立法、民主立法,完善立法体制和程序,努力使每一项立法都符合宪法精神、反映人民意愿、得到人民拥护。”[16]这些论断揭示了社会主义法治的价值要义,明确倡导良法善治。党的十九大报告进一步提出“以良法促进发展、保障善治”。这是对新时代中国特色社会主义法治作为形式法治与实质法治相统一的法治模式的精辟定型。中国法治不仅应当是形式上的法律之治,更应当是实质上的良法之治。所谓良法,就是反映人民意志、尊重保障人权、维护公平正义、促进和谐稳定、保障改革发展、引领社会风尚的法律,就是体现民意民智、符合客观规律、便于遵守和执行的法律。良法善治的理论和实践超越了工具主义法治和形式主义法治的局限,是现代法治理论的重大创新,也是我国法治建设的质的飞跃。从“法律之治”到“良法善治”的一个突出表现,就是从法律体系到法治体系、从义务本位到权利本位的飞跃。

(七)从“法制建设”到“法治改革”

从1978年到21世纪第一个十年,在法治领域,总的提法是法制建设,而且总体上也是按照“建设”来规划部署的。党的十八大以来,习近平总书记多次指出,“全面推进依法治国是一个系统工程,是国家治理领域一场广泛而深刻的革命”。[17]“全面推进依法治国是一项长期而重大的历史任务”,[18]也必然是一场深刻的社会变革和历史变迁。十九大报告又一次强调指出:“全面依法治国是国家治理的一场深刻革命。”[19]这场革命的目标,就是要彻底实现从专制政治到民主政治、从人治到法治的革命,完成新民主主义革命和社会主义革命应当完成而没有彻底完成的历史任务。

既然全面依法治国是一场广泛而深刻的革命,就必须以革命的勇气和革命的思维,大刀阔斧地推进法治领域的改革,坚决破除一切妨碍依法执政、依法治国、依法行政、依法治军、依法办事的体制机制弊端和思想观念。十八大以来,以习近平同志为核心的党中央始终把全面依法治国作为全面深化改革的重要方面和重大任务,作为国家治理领域广泛而深刻的革命强力推进。党中央直面法治建设领域的突出问题,回应人民群众期待,坚持改革方向,提出对依法治国具有重要意义的一系列改革举措,“对依法治国具有重要意义的改革举措,纳入改革任务总台账,一体部署、一体落实、一体督办”,[20]要求坚定不移地推进法治领域的改革。十八届三中全会出台了 20 多项重大法治改革举措,十八届四中全会出台了 190 项重大法治改革举措,其中许多法治改革举措是涉及利益关系调整和权力格局变动的“硬骨头”,是躲不开、绕不过的“深水区”,是多年来想都不敢想、想了也不敢做、做了也未做成的老难题。党中央以改革思维和改革方式推进法治建设,大力解决立法不良、有法不依、执法不严、司法不公、监督疲软、权力腐败、人权保障不力等突出问题;要求各级党政机关和领导干部必须从党和国家事业发展全局出发,全面理解和正确对待中央提出的重大法治改革举措,深刻领会法治改革的重大现实意义和深远历史意义,自觉支持改革、拥护改革、积极参与改革,做法治改革的促进派。实践充分证明,法治改革是加快推进法治中国建设的强大动力和必由之路。

(八)从“常规建设”到“加快推进”

改革开放以来,我国法制建设有序推进,取得了很大成就。但是,常规的、按部就班的法制建设难以适应全面深化改革、全面依法治国、全面从严治党的迫切要求,难以适应人民群众日益增长的多样化、高质量法治需要，难以跟进国家治理现代化的前进步伐。为此，党中央以时不我待、只争朝夕的姿态加快推进法治改革和法治建设，提出一系列“加快”措施。例如：“加快建设社会主义法治国家”，“加快完善体现权利公平、机会公平、规则公平的法律制度，保障公民人身权、财产权、基本政治权利等各项权利不受侵犯，保障公民经济、文化、社会等各方面权利得到落实，实现公民权利保障法治化。增强全社会尊重和保障人权意识，健全公民权利救济渠道和方式”。“加快推进反腐败国家立法，完善惩治和预防腐败体系，形成不敢腐、不能腐、不想腐的有效机制，坚决遏制和预防腐败现象。”“加快保障和改善民生、推进社会治理体制创新法律制度建设。依法加强和规范公共服务，完善教育、就业、收入分配、社会保障、医疗卫生、食品安全、扶贫、慈善、社会救助和妇女儿童、老年人、残疾人合法权益保护等方面的法律法规。加强社会组织立法，规范和引导各类社会组织健康发展。”“贯彻落实总体国家安全观，加快国家安全法治建设，抓紧出台反恐怖法等一批急需法律，推进公共安全法治化，构建国家安全法律制度体系。”“用严格的法律制度保护生态环境，加快建立有效约束开发行为和促进绿色发展、循环发展、低碳发展的生态文明法律制度，强化生产者环境保护的法律责任，大幅度提高违法成本。”“加快建设职能科学、权责法定、执法严明、公开公正、廉洁高效、守法诚信的法治政府。”“加快建立失信被执行人信用监督、威慑和惩戒法律制度。依法保障胜诉当事人及时实现权益。”“加快建立符合职业特点的法治工作人员管理制度，完善职业保障体系，建立法官、检察官、人民警察专业职务序列及工资制度。”“加快完善和发展中国特色社会主义军事制度。”“加快建设中国特色社会主义法治体系，建设社会主义法治国家，推进科学立法、严格执法、公正司法、全民守法”，“加快建设法治经济和法治社会，把经济社会发展纳入法治轨道”。“加快重点领域立法，坚持立改废释并举，深入推进科学立法、民主立法，加快形成完备的法律规范体系”,“加快形成引领经济发展新常态的体制机制和发展方式”,“加快形成有利于创新发展的市场环境、产权制度、投融资体制、分配制度、人才培养引进使用机制”。“加快形成统一开放、竞争有序的市场体系,建立公平竞争保障机制,打破地域分割和行业垄断”,等等。

(九)法学教育从“恢复重建”到“繁荣发展”

法学教育是实施人才强法战略的基础,高校是法治人才培养的第一阵地,高校教师是构建和发展中国特色社会主义法治理论体系和法学理论体系、为依法治国提供学理支撑的主力军,因此,法学教育是中国特色社会主义法治体系的重要组成部分。

中国的法学教育历史悠久,源远流长。早在上古时代的“造律”和“治狱”活动中就产生了法律教育萌芽,经历了从兴起走向鼎盛,又从守成转而衰微的漫长演变过程。20 世纪 50 年代开始,我国的法学教育全面衰败,“文化大革命”期间,仅剩下北京大学法律系和吉林大学法律系,年招生规模在百人左右。改革开放四十年来,伴随中国法治和中国高等教育前进的步伐,我国法学教育历经恢复重建、快速发展、改革创新,已经形成了具有一定规模、结构比较合理、整体质量稳步提高的教育体系。根据教育部的数据,截至 2017 年,我国开设法学本科专业的高校有 627 所。据 2018 年 3 月的数据,全国法学一级学科硕士点 195 个,23 个单位设有 27 个法学二级学科硕士点,法学硕士单位共计 218 个;法学一级学科博士点 49 个,二级学科博士点 1 个;法律硕士点 242 个。在校法学本科生 31 万余人,法学硕士生 1 万人左右,法律硕士生 1 万余人,法学博士生约 1100 人。无论是法学院校的规模,还是法学专业学生人数,均已位居世界首位。

在规模发展的同时,法学教育的质量稳步提高。经过 40 年的探索与实践以及对域外法学教育经验的借鉴,法学教育的“中国特色”已经形成,集中表现为:以法学本科教育为起点和基础,实行多元化研究生教育的高等法学教育体系;法学的素质教育、基本教育、特色教育、拓展教育有机结合的人才培养模式;普通高校的法学专业教育与专门学校的法律职业教育相衔接;统一法律职业资格(原统一司法考试)与法学专业良性互动。中国的法学教育已经跻身世界法学教育之林,法学教育的中国模式与法学教育的美国模式、欧洲模式呈三足鼎立态势。一个基本适应我国法治人才需要和法治中国建设需要、具有中国特色的法学教育体系初步形成。

(十)从“人治”到“法治”

40 年的中国法治轨迹,总括而言,就是从人治到法治。法治与人治是两种互相对立的治国方略。这种对立在古代和近代,其内容和表现形式不尽相同。在古代中国,法治论强调把社会关系纳入法律的轨道,用带有权威性、强制性的法律规范或严刑峻法治理社会;而人治论则强调“为政在人”[21](《论语·为政》),“法者,治之端也;君子者,法之原也”[22](《荀子·君道》)。在古希腊,法治论强调法律的理性及其一般指引作用,人治论则强调圣贤的智慧及其对解决具体问题的个别指引作用。在现代社会,法治与人治的对立主要表现为民主与专制、主权在民与主权在君、法律与当权者个人独断意志的对立。20 世纪中国各界关于法治与人治的历次讨论,已在理论上明确了法治与人治这两种治国方略的界限不在于是否承认法律运行中人的因素,而在于从主体上,法治是众人之治(民主政治),人治是一人(或几人)之治(君主专制或贵族政治);法治依据的是反映人民大众意志的法律,人治则依据统治者个人或少数人的意志。法治与人治的分界线是:当法律与当权者的个人意志发生冲突时,是法律高于个人意志,还是个人意志凌驾于法律之上,是“人依法”,还是“法依人”。

在这个问题上,我们有极其惨痛的教训。新中国成立初期,中国共产党是高度重视法制的。然而，从20世纪50年代后期开始，领导人的看法和注意力改变了，不再那么重视宪法和法律了，把法律作为办事的参考，甚至直截了当地提出“要人治不要法治”。在这种错误思想影响下，我国宪法法律在全党全国全民中得不到应有的重视，社会主义法制建设跌入低谷，宪法被虚置，成为一纸空文，法制的衰败最终导致了“文化大革命”那样的悲剧。

改革开放初期，邓小平同志就强调指出：“要通过改革，处理好法治和人治的关系”。[23]后来，他又指出：要保持党和国家长治久安，避免“文化大革命”那样的历史悲剧重演，必须从制度上解决问题，搞人治危险得很，“还是要靠法制，搞法制靠得住些”。[24]从领导岗位上退下来以后，邓小平同志仍然关切地告诫全党“还是要靠法律制度”。在从人治到法治的革命进程中，江泽民同志十分鲜明地强调：“我们绝不能以党代政，也绝不能以党代法。这也是新闻界讲的究竟是人治还是法治的问题。我想我们一定要遵循法治的方针”。[25]

党的十八大以来，习近平总书记深刻地阐述了厉行法治、摒弃人治的历史规律和深远意义。他指出：“法治和人治问题是人类政治文明史上的一个基本问题，也是各国在实现现代化过程中必须面对和解决的一个重大问题。综观世界近现代史，凡是顺利实现现代化的国家，没有一个不是较好解决了法治和人治问题的。相反，一些国家虽然也一度实现快速发展，但并没有顺利迈进现代化的门槛，而是陷入这样或那样的‘陷阱’，出现经济社会发展停滞甚至倒退的局面。后一种情况很大程度上与法治不彰有关。”[26]他还指出：“历史是最好的老师。经验和教训使我们党深刻认识到，法治是治国理政不可或缺的重要手段。法治兴则国家兴，法治衰则国家乱。什么时候重视法治、法治昌明，什么时候就国泰民安；什么时候忽视法治、法治松弛，什么时候就国乱民怨。”[27]“人类社会发展的事实证明，依法治理是最可靠、最稳定的治理。”[28]基于对人治教训的深刻分析和对治国理政规律的深刻把握，以习近平同志为核心的党中央采取一系列重大举措，推动党、国家和社会告别人治传统而步入法治的光明大道。

三、中国法治四十年的基本经验

40 年的法治建设不仅取得了历史性成就，为实现法治现代化、建设社会主义法治强国打下了坚实基础，而且积累了一系列宝贵经验，形成了一整套科学理论。

（一）坚持和拓展中国特色社会主义法治道路

中国特色社会主义法治道路是中国特色社会主义道路在法治领域的具体体现。习近平总书记指出："中国特色社会主义法治道路，是社会主义法治建设成就和经验的集中体现，是建设社会主义法治国家的唯一正确道路。"[29]"中国特色社会主义法治道路是一个管总的东西。具体讲我国法治建设的成就，大大小小可以列举出十几条、几十条，但归结起来就是开辟了中国特色社会主义法治道路这一条。"[30]"在坚持和拓展中国特色社会主义法治道路这个根本问题上，我们要树立自信、保持定力。"[31]

改革开放 40 年来，我国的法治建设、法治改革和全面依法治国之所以能够取得历史性成就，根本原因在于我们坚定不移地走中国特色社会主义法治道路。中国法治 40 年，始终贯穿一条红线，这就是坚持和拓展中国特色社会主义法治道路。

坚持中国特色社会主义法治道路，"核心要义"是坚持党的领导，把党的领导贯彻到依法治国各方面和全过程，坚持中国特色社会主义制度，贯彻中国特色社会主义法治理论。这三个核心要义，集中反映了党的领导、人民当家作主、依法治国有机统一的本质特征和制度优势，明示了中国特色社会主义法治道路的基本内涵和基本内容,确定了中国特色社会主义法治道路的根本性质和根本要求,描绘了这条道路的鲜明特征和鲜明标识。在中国特色社会主义法治道路的三个核心要义中,党的领导是根本,中国特色社会主义制度是基础,中国特色社会主义法治理论是指导思想和学理支撑。

在坚持中国特色社会主义法治道路的同时,还要与时俱进,不断推进理论创新、制度创新、实践创新,不断丰富三个核心要义的具体内容,不断拓展中国特色社会主义法治道路。党的十八大以来,以习近平同志为核心的党中央全面推进依法治国、加快法治中国建设,以新的理论和实践全面拓展了中国特色社会主义法治道路,使中国法治发生历史性变革,呈现出一系列新特征新局面。

(二)坚持依法治国与以德治国相结合

法治与德治的关系问题,历来是治国理政的基本问题,是法学和政治学的基本论题。党的十五大以来,党中央总结古今中外治国理政的成功经验,明确提出了坚持依法治国与以德治国相结合的思想。2001 年,在全国宣传部长会议上,江泽民同志深刻指出:“我们在建设有中国特色社会主义、发展社会主义市场经济的过程中,要坚持不懈地加强社会主义法制建设,依法治国;同时也要坚持不懈地加强社会主义道德建设,以德治国……我们要把法制建设与道德建设紧密结合起来,把依法治国与以德治国紧密结合起来”。[32]党的十六大报告将依法治国与以德治国相结合确定为党领导人民建设中国特色社会主义必须坚持的基本经验之一,并把依法治国纳入政治文明的范畴,把以德治国纳入精神文明的范畴,表明依法治国属于政治建设和政治文明的范畴,以德治国属于思想建设和精神文明的范畴。党中央关于依法治国与以德治国相结合的深刻论述,突破了法治、德治水火不容的僵化思维定式,阐明了一种现代法治和新型德治相结合的治国理政新思路。按照这种新思路,依法治国与以德治国不是彼此对立、矛盾的,而是相互补充、促进的。

十八届四中全会《决定》和习近平总书记在十八届四中全会上的讲话进一步明确提出依法治国与以德治国相结合是中国特色社会主义法治的基本原则,强调"必须坚持一手抓法治、一手抓德治";同时,更加深入地阐述了依法治国与以德治国的关系,指出:国家和社会治理需要法律和道德共同发挥作用,既重视发挥法律的规范作用,又重视发挥道德的教化作用,实现法律和道德相辅相成、法治和德治相得益彰。习近平总书记深刻指出:"发挥好法律的规范作用,必须以法治体现道德理念、强化法律对道德建设的促进作用。一方面,道德是法律的基础,只有那些合乎道德、具有深厚道德基础的法律才能为更多人所自觉遵行。另一方面,法律是道德的保障,可以通过强制性规范人们行为、惩罚违法行为来引领道德风尚。要注意把一些基本道德规范转化为法律规范,使法律法规更多体现道德理念和人文关怀,通过法律的强制力来强化道德作用、确保道德底线,推动全社会道德素质提升。"同时,"发挥好道德的教化作用,必须以道德滋养法治精神、强化道德对法治文化的支撑作用。再多再好的法律,必须转化为人们内心自觉才能真正为人们所遵行。'不知耻者,无所不为。'没有道德滋养,法治文化就缺乏源头活水,法律实施就缺乏坚实社会基础。在推进依法治国过程中,必须大力弘扬社会主义核心价值观,弘扬中华传统美德,培育社会公德、职业道德、家庭美德、个人品德,提高全民族思想道德水平,为依法治国创造良好人文环境。"[33]正是遵循了依法治国与以德治国相结合的思想路线和决策部署,我国的法治建设和道德建设才能呈现出相得益彰的良好局面。

(三)坚持依法治国与依规治党有机统一

坚持依法治国与依规治党有机统一,是以习近平同志为核心的党中央在治国理政新实践中探索出来的新经验、概括出来的新理论。依法治国与依规治党有着内在联系,治党与治国相辅相成,依法执政与依规执政高度契合,缺一不可。中国共产党既是国家、社会和人民的领导党,又是执政兴国的执政党,坚持依规治党,从严治党,切实解决党自身存在的突出问题,才能使党始终成为中国特色社会主义事业的坚强领导核心,才能为治国安邦奠定根本政治前提。这是对党的执政规律、治国理政规律的新认识。坚持依法治国与依规治党有机统一,使中国共产党领导的法治中国从根本上区别于"法治美国""法治英国"等西方法治模式和法治发展路径。

基于对依法治国与依规治党有机统一关系的深刻认识,中国共产党采取了一系列措施统筹推进依法治国和依规治党。一是把党内法规制度体系纳入中国特色社会主义法治体系之中,以"宪法为上",以"党章为本",加快形成完善的党内法规制度体系。二是注重党内法规同国家法律的衔接和协调,共同发挥在治党治国中相辅相成的作用。三是提出思想建党和制度治党紧密结合、同向发力,以包括党内法规和宪法法律在内的制度来管党治党,保证从严治党,将制度建设贯穿全面从严治党的始终和党的各项建设之中。四是同步推进国家治理体系现代化和中国共产党治理体系现代化,提高党科学执政、民主执政和依法执政的本领。五是以实行党的纪委与国家监察委合署办公这一国家监察体制改革为牵引,探索职能相近的党政机关合并设立或合署办公,推进党和国家治理体制改革,推进国家治理体系和治理能力现代化。

(四)坚持法治与自治良性互动

在一个现代化国家,公民和社会自治始终是国家法治的根基所在,因为普遍的法律秩序只有在市民社会排除政府的任意性干预的前提下,才成为可能和必要。对社会进行高度行政化的控制曾经是国家与社会之间关系的主要特征,国家通过公共权力对社会实行直接管控,社会事务基本都由国家来实施,政府包办一切。这种单一的治理模式造成社会活力不足、创造力缺乏、生产效率低下、公共服务短缺等问题,甚至蜕变为赤裸裸的专制。依法自治为公民、社会组织等各类社会主体通过自我协商、平等对话、参与社会治理、依法解决社会问题留出了广阔空间。自治是指个人或团体管理自身事务并对其行为负责的一种治理形态,它既是社会治理的一种高级形式,也是社会生活的一个价值目标。党的十八届三中全会通过的《中共中央关于全面深化改革若干重大问题的决定》提出,正确处理政府和社会关系,加快实施政社分开,推进社会组织明确权责、依法自治、发挥作用,并要求放宽社会组织准入门槛,实现依法自治管理。十八届四中全会《决定》提出,建立健全社会组织参与社会事务、维护公共利益、救助困难群众、帮教特殊人群、预防违法犯罪的机制和制度化渠道;支持行业协会、商会类社会组织发挥行业自律和专业服务功能,发挥社会组织对其成员的行为导引、规则约束、权益维护作用;深入开展多层次、多形式法治创建活动,深化基层组织和部门、行业依法治理,支持各类社会主体自我约束、自我管理。两个《决定》开辟了社会依法自治的崭新局面。根据民政部 2017 年 3 月 17 日登记数据,全国共有社会组织 80.7 万个,其中社会团体约 37.4 万个,基金会 6397 个,民办非企业单位约 42.8 万个。一个上下分权、自我管理、互动良好、运转有序的社会自治格局正在快速形成。社会组织的整体实力不断提升,已成为政府职能转移的主要承接者、社会政策的重要执行者和社会服务的重要提供者,成为我国社会主义现代化建设不可或缺的重要力量。

在支持社会组织自治的同时,大力推进社会组织依法自治。一是加快社会组织立法,为社会组织的成立和运行提供明确的法律依据。二是建立联合执法机制,加大对社会组织违法违规行为的查处力度。三是推进社会规范(社会软法)建设,完善各种“民间法”、行业协会规范、市民公约、乡规民约、团体章程等“软法”性质的社会规范,形成具有多层位阶和效力的软法体系。党的十八届三中全会和四中全会都提出要发挥市民公约、乡规民约、行业规章、团体章程等社会规范在社会治理中不可替代的作用,发挥各种社会规范在法治社会建设中的积极作用。在总结包括“枫桥经验”在内的社会治理经验的基础上,党的十九大报告进一步明确了新时代社会治理的思想和方略,提出“打造共建共治共享的社会治理格局”。加强社会治理制度建设,完善党委领导、政府负责、社会协同、公众参与、法治保障的社会治理体制,提高社会治理社会化、法治化、智能化、专业化水平。加强社会心理服务体系建设,培育自尊自信、理性平和、积极向上的社会心态。加强社区治理体系建设,推动社会治理重心向基层下移,发挥社会组织作用,实现政府治理和社会调节、居民自治良性互动。加强农村基层基础工作,健全自治、法治、德治相结合的乡村治理体系。这些思想和方略,必将使法治、德治、自治更为有效衔接,把社会治理水平提升到新的高度,推动国家治理和社会治理、国家法治与社会自治良性互动。

(五)坚持以依宪执政和依宪治国统领依法治国和法治中国建设

宪法是国家的根本法,具有最高的法律地位、法律权威、法律效力,具有根本性、全局性、稳定性、长期性。我国宪法以国家根本法的形式,确认了中国共产党领导中国人民进行革命、建设、改革的伟大斗争和根本成就,确立了工人阶级领导的、以工农联盟为基础的人民民主专政的社会主义国家的国体和人民代表大会制度的政体,确定了国家的根本任务、领导核心、指导思想、发展道路、奋斗目标,规定了中国共产党领导的多党合作和政治协商制度、民族区域自治制度以及基层群众自治制度,规定了社会主义法治原则、民主集中制原则、尊重和保障人权原则等，反映了我国各族人民共同意志和根本利益，科学地界定了根本法的内涵。宪法是“治国理政的总依据”“全面依法治国的总依据”“国家各种制度和法律法规的总依据”。正因为宪法是总章程、根本法、总依据，所以，坚持依法治国首先要坚持依宪治国，坚持依法执政首先要坚持依宪执政。

1982 年《宪法》即现行《宪法》公布施行后，根据我国改革开放和社会主义现代化建设的实践和发展，在党中央领导下，全国人大于 1988 年、1993 年、1999 年、2004 年先后四次对其个别条款和部分内容作出了必要的也是十分重要的修正，共通过了 31 条宪法修正案，主要内容涉及国家的指导思想，国家的发展目标，多党合作、政治协商、统一战线，依法治国、建设社会主义法治国家，经济体制改革、土地制度改革、实行社会主义市场经济，完善社会保障制度，国家尊重和保障人权，私有财产保护等。四次宪法修改体现了党领导人民进行改革开放和社会主义现代化建设的成功经验，体现了中国特色社会主义道路、理论、制度、文化的发展成果，有力推动和加强了我国社会主义民主法治建设。

2018 年，在中国特色社会主义进入新时代的历史方位和时代背景下，在党中央的坚强领导下，十三届全国人大一次会议对现行《宪法》进行了第五次修改，通过了 21 条修正案。新宪法修正案确立了科学发展观、习近平新时代中国特色社会主义思想在国家政治和社会生活中的指导地位，实现了国家指导思想的又一次与时俱进；明确规定中国共产党的领导是中国特色社会主义最本质的属性，丰富了国体内涵；对国家主席任期作出新的规定，从制度上完善了被实践证明科学有效的中共中央总书记、国家主席、军委主席三位一体的领导体制；提出“推动物质文明、政治文明、精神文明、社会文明、生态文明协调发展”，“把我国建设成为富强民主文明和谐美丽的社会主义现代化强国”，这一修改使“五大建设”对应“五大文明”并对应富强、民主、文明、和谐、美丽中国，使中国特色社会主义事业总体布局更加完善,为实现“两个一百年”奋斗目标提供了可靠的宪法保障;充实完善了政治协商、统一战线、民族关系的内容,把“致力于中华民族伟大复兴的爱国者”纳入统一战线,把“和谐”作为民族关系元素,使统一战线和民族关系更具新时代特征;把“坚持和平发展道路,坚持互利共赢开放战略”,“构建人类命运共同体”写入《宪法》,顺应了和平、发展、合作、共赢的时代潮流;增加倡导社会主义核心价值观的内容,以法治体现道德理念、强化宪法对道德建设和文化建设的促进作用,有利于巩固全党全国各族人民团结奋斗的共同思想道德基础;对监察委员会的性质、功能、职权、机构设置等作出规定,为成立监察委员会和制定《监察法》,构建党统一指挥、全面覆盖、权威高效的监督体系,提供了坚实的宪法依据;把“健全社会主义法制”修改为“健全社会主义法治”,反映出从建设法律体系到建设法治体系的历史性跨越和进步,有力推进全面依法治国总目标的实现;把全国人大法律委员会更名为全国人大“宪法和法律委员会”,使全国人大履行宪法监督职权职责有了更为明确的制度保证和组织保障。

现行《宪法》及其历次修改为法的立改废释提供了宪法依据,为跟进宪法修改,我国一系列法律、法规进行了相应的修改完善,同时,依据《宪法》新制定了一系列法律、法规,既加快形成了中国特色社会主义法律体系,又推进了社会主义法治现代化。我国《宪法》以其科学理论、制度优势和强大权威,统领和引领着全面依法治国和法治中国建设的航程。

(六)坚持法治与改革双轮驱动

1978 年以来,中国特色社会主义事业有两大主题,一是改革开放,二是法治建设,这是当年邓小平同志确立的工作方针,他反复强调:一手抓改革,一手抓法制。两大主题有着内在的、相辅相成的必然联系:一方面,改革开放的伟大实践产生了对法律的需要,推动了法治的建设和发展;另一方面,法治适应了改革开放的需要,为改革开放保驾护航引航。正如习近平总书记指出的,改革与法治如“车之双轮、鸟之两翼”,共同推动小康社会建设,是小康社会必不可少的动力支持与保障力量。要坚持在法治下推进改革,在改革中完善法治,使改革因法治而得到有效推进,使法治因改革而得到不断完善;坚持改革决策和立法决策相统一、相衔接,把改革决策同立法决策结合起来,将改革和法治同步推进。

特别是党的十八大以来,我们一方面运用法治思维和法治方式深化改革,发挥法治对改革的引领和推动作用,确保重大改革于法有据,做到在法治的轨道上推进改革,以法治凝聚改革共识、以法治引领改革方向、以法治规范改革进程、以法治化解改革风险、以法治巩固和发展改革成果;另一方面,把法治改革纳入全面深化改革的总体部署,立法主动适应改革的要求,加强重点领域立法,修改和废止不适应改革要求的法律,完善中国特色社会主义法治体系,同步推进立法体制、执法体制和司法体制改革。我们把科学立法作为处理改革和法治关系的关键环节,坚持立法决策和改革决策相统一,实现立法和改革相衔接。在全面深化改革总体框架内全面推进依法治国各项工作;坚定不移地推进法治领域各项改革(共计230多项重大改革举措);以改革思维和改革方式推进依法治国和法治中国建设,坚决破除束缚全面推进依法治国的体制机制障碍,彻底解决立法不良、有法不依、执法不严、司法不公、监督疲软、权力腐败、人权保障不力等法治领域的突出问题。

(七)坚持统筹推进国内法治与国际法治

统筹国内国际两个大局是中国共产党治国理政的基本理念和基本经验。习近平总书记指出:“我国已经进入了实现中华民族伟大复兴的关键阶段。中国与世界的关系在发生深刻变化,我国同国际社会的互联互动也已变得空前紧密,我国对世界的依靠、对国际事务的参与在不断加深,世界对我国的依靠、对我国的影响也在不断加深。我们观察和规划改革发展,必须统筹考虑和综合运用国际国内两个市场、国际国内两种资源、国际国内两类规则。”[34]党的十八届五中全会通过的《中共中央关于制定国民经济和社会发展第十三个五年规划的建议》和2016年十二届全国人大第四次会议通过并发布的《中华人民共和国国民经济和社会发展第十三个五年规划纲要》提出,全面建成小康社会必须遵循的六大原则之一就是“坚持统筹国内国际两个大局”。改革开放以来我国法治建设的成功经验之一,就是坚持统筹国内法治和国际法治两个大局。20世纪90年代开始的中国加入世界贸易组织的谈判,为我国法律与世界规则衔接、融入法律全球化提供了前所未有的契机。世贸规则倒逼国内法制改革,我国立法机关和行政机关开展大规模修法和法规规章清理工作,涉及3000多部法律、法规和部门规章,19万件地方性法规、规章和规范性文件,推进法律透明化、国际化,统筹运用国内和国际两个规则体系有效维护和发展了我国的合法利益,为中国的改革开放和繁荣富强营造出良好的外部法治环境。

十八大以来,以习近平同志为核心的党中央审时度势,统筹推进“两个法治”,使国内法治和国际法治、全球治理相得益彰。我国以构建人类命运共同体为目标,以推动全球治理体系和治理规则变革为动力,秉持共商共建共享的全球治理观,建设国际法治,推进国际关系法治化。“推动各方在国际关系中遵守国际法和公认的国际关系基本原则,用统一适用的规则来明是非、促和平、谋发展。”[35]维护国际法和国际秩序的权威性和严肃性,反对歪曲国际法,反对以“法治”之名行侵害他国正当权益、破坏和平稳定之实。积极参与并尽可能主导国际立法,参与和支持国际执法、国际司法、国际仲裁,参与国际法律服务,积极开展法律外交,国内法治与国际法治的契合达到前所未有的程度。

（八）坚持全面推进与重点突破相协调

党的十八大提出“全面推进依法治国”，坚持“全面推进科学立法、严格执法、公正司法、全民守法”。十八届四中全会作出“全面推进依法治国”的重大决定。全面推进依法治国是一个系统工程。在全面推进依法治国过程中，党中央注重统筹推进、协调发展，例如：坚持国家、地方、社会三个层面的法治建设一起抓；统筹推进国内法治、国际法治、全球法治；“依法治国、依法执政、依法行政共同推进”，“法治国家、法治政府、法治社会一体建设”；统筹立法体制改革、执法体制改革、司法体制改革、监察体制改革；在坚持党对依法治国全面领导的同时，发挥人民的主体地位，调动人大、政府、政协、司法机关的积极性，法治建设呈现“党政与人民共同推进”“自上而下与自下而上互动”的良好局面。

在全面推进依法治国的过程中，党中央善于牵住“牛鼻子”形成“纲举目张”的态势。正如习近平总书记所指出的，在推进“四个全面”的过程中，“我们既要注重总体谋划，又要注重牵住‘牛鼻子’……既对全面推进依法治国作出系统部署，又强调以中国特色社会主义法治体系为总目标和总抓手”。[36]提出这个总抓手，“对全面推进依法治国具有纲举目张的意义”。[37]在大力度全面推进依法治国的过程中，始终把“关键少数”作为依法治国的重中之重，要求各级领导干部做尊法学法守法用法的模范，提高运用法治思维和法治方式的能力，努力以法治凝聚改革共识、规范发展行为、促进矛盾化解、保障社会和谐；牢固树立宪法法律至上、法律面前人人平等、权由法定、权依法使等基本法治观念，彻底摒弃人治思想和长官意志，做到在法治之下而不是法治之外，更不是法治之上想问题、作决策、办事情，绝不搞以言代法、以权压法；努力营造办事依法、遇事找法、解决问题用法、化解矛盾靠法的法治环境。

在大力度全面推进依法治国的过程中，注重重点突破瓶颈问题。例如,制约司法公正、司法公信和司法能力的体制机制问题,始终是我国依法治国的薄弱环节,是法治国家建设的瓶颈。党的十八大以来,以习近平同志为核心的党中央倾力推进司法体制改革,中央全面深化改革领导小组先后42次审议司法改革方案,出台涉及司法体制改革的文件多达53件。在司法体制改革中,以建设公正高效权威的社会主义司法制度为总目标,以人民对司法的满意度为评价标尺,着力完善对人权和产权的司法保障、对权力的司法监督;健全司法权力分工负责、互相配合、互相制约机制,完善审级制度、司法组织体系和案件管辖制度;探索设立跨行政区划的人民法院和人民检察院;强化司法人员职业保障,完善确保依法独立公正行使审判权和检察权的制度;全面推进审判公开、检务公开、警务公开、狱务公开;加强对司法活动的全方位监督,健全司法机关内部监督制约机制;建立司法机关办案责任制,落实谁办案谁负责;加强监狱、强制戒毒、社区矫正、安置帮教、司法鉴定等设施建设,等等。

(九)坚持顶层设计、科学布局与试点探索、先行先试相结合

改革开放初期,无论是经济改革,还是法制建设,几乎都是“摸着石头过河”。但是,随着改革进入深水区,看不到“石头”,摸不到“石头”,此时要防止改革乱象,避免改革风险,降低改革成本,就必须遵循规律,遵守规则,加强顶层设计。在法治改革领域,党的十八大以来,以习近平同志为核心的党中央加强了对法治改革和法治建设的统一领导和顶层设计,提出全面推进依法治国的总目标,法治中国建设的总路径。把依法治国纳入“四个全面”战略布局,并与“两个一百年”的奋斗目标对接,把中国特色社会主义法治体系建设与国家治理体系和治理能力现代化紧密连接,为法治建设注入强大动力,彰显出顶层设计的政治引领、理论导航、行动指南

作用。法治改革方案全部由党中央及中央全面深化改革领导小组统一审议决策，重大改革由中央政治局决定，确保党中央对法治改革、依法治国的统一领导。

在加强统一领导和顶层设计的同时，激励和支持地方、行业先行先试。由于我国经济社会发展不平衡，我国各地“法治区情”千差万别，不同领域法治水平参差不齐，所以，不能搞“一刀切”“齐步走”；也由于一些重大改革关乎全局，必须在积累试验经验的基础上作出决定，所以，在推进法治改革中，注重调动地方、部门改革积极性，鼓励各地各部门从实际出发进行探索、先行先试，例如，成立上海、广州、天津等自由贸易试验区，设立最高人民法院巡回法庭，全国检察系统推进公益诉讼，在北京、浙江、山西先行设立监察委员会，设立互联网法院等。各地在先行先试中创造并积累了可复制、可推广的经验。这些经验又为党中央顶层设计提供了实践基础和科学依据。

（十）坚持遵循法治规律与秉持中国法理相一致

改革开放四十年来，中国法治建设和法治改革的一个十分鲜明的特点就是既重视规律又重视法理，遵循法治规律，秉持法理精神。

党的十八大以来，在全面推进依法治国的整个过程中，习近平总书记反复强调要坚持辩证唯物主义和历史唯物主义，遵循客观规律。在法治问题上，认识和遵循客观规律，就是要解放思想，实事求是，不断深化对法治规律的认识，按照依法治国、依法执政、依法行政、依法自治的客观规律办事，充分发挥法治在治国理政中的基本方式作用。习近平总书记总是从规律性上论述厉行法治的必然性，揭示法治的规律性，凝练出重大法治理论命题和学理判断。例如：“法治和人治问题是人类政治文明史上的一个基本问题，也是各国在实现现代化过程中必须面对和解决的一个重大问题。”[38]

法律是治国之重器、良法是善治之前提；法治兴则国家兴，法治衰则国家乱；依法治国是“解放和增强社会活力、促进社会公平正义、维护社会和谐稳定、确保国家长治久安的根本要求”。[39]“依法治国是坚持和发展中国特色社会主义的本质要求和重要保障，是实现国家治理体系和治理能力现代化的必然要求。”[40]“建设中国特色社会主义法治体系、建设社会主义法治国家是实现国家治理体系和治理能力现代化的必然要求，也是全面深化改革的必然要求。”[41]提出：“科学立法的核心在于尊重和体现客观规律，民主立法的核心在于为了人民、依靠人民。”[42]“宪法的生命在于实施，宪法的权威也在于实施。”[43]“社会主义市场经济本质上是法治经济……法治经济的本质要求就是把握规律、尊重规律。各级领导干部要提高透过现象看本质的本领，深入把握经济规律、社会规律、自然规律，使对经济工作的领导更加自觉、更加有效。”[44]“完善司法制度、深化司法体制改革，要遵循司法活动的客观规律，体现权责统一、权力制约、公开公正、尊重程序的要求。”[45]完善人民法院司法责任制，“要坚持问题导向，遵循司法权运行规律”。[46]正是由于历届中央领导核心，特别是习近平总书记注重探索法治规律、总结法治经验、凝练法治理论，保证了中国特色社会主义法治始终沿着法治规律科学发展，从胜利走向胜利。

在尊重和遵循规律的同时，也秉持了法理精神。“法理”作为既在法律（实在法）之中、又在法律（实在法）之外的精神要素，渗透于法律制度、法律生活、法治实践、法学理论各个方面，是它们激活了法律的生命之原，也是它们点燃了法治的理性之光。我们说的法理，既包括人类社会共同认可的普遍法理，也包括中华传统法律文化中的法理基因，更应当包括中国革命、建设、改革历史征程中形成的现代法理，特别是中国特色社会主义新时代法理。新时代的中国法理，集中体现在习近平新时代中国特色社会主义思想中。党的十八大以来，习近平总书记不仅反复强调要学会运用法治思维和法治方式治国理政，而且善于运用法理思维和法理话语提升中国特色社会主义法治理论的解释力、感召力，夯实全面依法治国重大部署和改革方案的法理基础。在他关于法治的讲话和论著中，可以说各篇都有法理金句，通卷闪耀法理珠玑。如法治兴则国泰民安，法治衰则国乱民怨；公正是法治的生命线；法安天下，德润民心；以公开促公正，以透明保廉洁；法治以人民为主体，法治建设为了人民、依靠人民；人民权益要靠法律保障，法律权威要靠人民维护；法律的权威源自人民的内心拥护和真诚信仰；法律红线不可逾越、法律底线不可碰触；权力是一把“双刃剑”；法定职权必须为，法无授权不可为；自由是秩序的目的，秩序是自由的保障；发展是安全的基础，安全是发展的条件；以透明的法治环境给经济主体以合理预期；在法治下推进改革，在改革中完善法治；小智治事，中智治人，大智立法；司法公正对社会公正具有重要引领作用，司法不公对社会公正具有致命破坏作用；法院独立行使审判权，只服从法律，只服从事实；构建开放、动态、透明、便民的阳光司法机制；党的政策是国家法律的先导和指引；权由法定，权依法使；依法设定权力、规范权力、制约权力、监督权力，把权力关进制度的笼子；执法者必先守纪，律人者必先律己；事实认定符合客观真相、办案结果符合实体公正、办案过程符合程序公正；一个错案的负面影响足以摧毁九十九个公正裁判所积累起来的良好形象；肩扛公正天平、手持正义之剑；文明因交流而多彩，文明因互鉴而丰富；和平、发展、公平、正义、民主、自由，是全人类的共同价值；以对话解争端、以协商化分歧；在国际关系中用统一适用的规则来明是非、促和平、谋发展；等等。在全面依法治国、建设法治中国的新征程中，是习近平总书记一系列法理命题为法律体系和法治体系注入了强大生命力，对全党和全国人民保持法治定力、拓展法治道路、深化法治改革、建设社会主义现代化法治强国产生了强大的感染力和推动力。

结 语

改革开放以来,特别是党的十八大以来,在中国特色社会主义法治理论的指导下,我国民主法治建设迈出重大步伐。科学立法保证良法善治,严格执法维护法律权威,公正司法确保公平正义,全民守法提振社会文明,法治国家、法治政府、法治军队、法治社会、法治经济建设相互促进,中国特色社会主义法治体系日益完善,国家治理体系和治理能力现代化迈出新步伐。但是,行百里者半九十,在一个封建专制和人治传统根深蒂固、法治虚无主义"左"的思潮不时沉渣泛起、西方法治中心主义不时冲击的社会,要全面厉行法治,促进法治文明,绝不是轻轻松松、敲锣打鼓就能实现的,而必须持续不断地深入推进。党的十九大作出"社会矛盾和问题交织叠加,全面依法治国任务依然繁重,国家治理体系和治理能力有待加强"的正确判断,[47]并就深化依法治国实践作出了新的顶层设计和近中期安排。新设计、新安排既与十一届三中全会以来持续加强社会主义法制建设、全面推进依法治国的战略部署有机衔接,又提出了新时代全面依法治国的新要求、新抓手。

全面推进依法治国是一个系统工程,是国家治理领域一场广泛而深刻的革命;建设法治中国和法治强国是一项长期而重大的历史任务,也必然是一场深刻的社会变革和历史变迁。已有的成就只是新时代法治的新起点,实现法治强国的伟大梦想依然任重道远,法治伟业永远在路上。

注 释

1 《邓小平文选》(第2卷),人民出版社1994年版,第146–147页。

2 这是当时《人民日报》的社论。

3 江泽民:《高举邓小平理论伟大旗帜,把建设有中国特色社会主义事业全面推向二十一世纪》(1997 年 9 月 12 日),载《江泽民文选》(第 2 卷),人民出版社 2006 年版,第 1 页。

4 《胡锦涛文选》(第 2 卷),人民出版社 2016 年版,第 463 页。

5 习近平:《在省部级主要领导干部学习贯彻党的十八届四中全会精神全面推进依法治国专题研讨班上的讲话》(2015 年 2 月 2 日),载中共中央文献研究室编:《习近平关于全面依法治国论述摘编》,中央文献出版社 2015 年版,第 15 页。

6 习近平:《关于〈中共中央关于全面推进依法治国若干重大问题的决定〉的说明》,载《中国共产党第十八届中央委员会第四次全体会议文件汇编》,人民出版社 2014 年版,第 67 - 68 页。

7 习近平:《在中共十八届四中全会第一次全体会议上关于中央政治局工作的报告》(2014 年 10 月 20 日),载中共中央文献研究室编:《习近平关于全面依法治国论述摘编》,中央文献出版社 2015 年版,第 4 - 5 页。

8 习近平:《关于〈中共中央关于全面推进依法治国若干重大问题的决定〉的说明》,载《中国共产党第十八届中央委员会第四次全体会议文件汇编》,人民出版社 2014 年版,第 80 页。

9 习近平:《关于〈中共中央关于全面推进依法治国若干重大问题的决定〉的说明》,载《中国共产党第十八届中央委员会第四次全体会议文件汇编》,人民出版社 2014 年版,第 80 页。

10 董必武:《董必武选集》,人民出版社 1985 年版,第 450 页。

11 江泽民:《高举邓小平理论伟大旗帜,把建设有中国特色社会主义事业全面推向二十一世纪》(1997 年 9 月 12 日),载《江泽民文选》(第 2 卷),人民出版社 2006 年版,第 1 页。

12 《中共中央关于全面推进依法治国若干重大问题的决定》,载《十八大以来重要文献选编》(中),中央文献出版社 2016 年版,第 160 页。

13 《中共中央关于全面推进依法治国若干重大问题的决定》,载《十八大以来重要文献选编》(中册),中央文献出版社 2016 年版,第 181 页。

14 江泽民:《全面建设小康社会　开创中国特色社会主义事业新局面——在中国共产党第十六次全国代表大会上的报告》(2002 年 11 月 8 日),人民出版社 2002 年版,第 21 页。

15 习近平:《在十八届中央政治局第四次集体学习时的讲话》2013 年 2 月 23 日,载中共中央文献研究室编:《习近平关于全面依法治国论述摘编》,中央文献出版社 2015 年版,第 43 页。

16 习近平:《在庆祝全国人民代表大会成立六十周年大会上的讲话》2014 年 9 月 5 日,载中共中央文献研究室编:《习近平关于全面依法治国论述摘编》,中央文献出版社 2015 年版,第 47 页。

17 习近平:《关于〈中共中央关于全面推进依法治国若干重大问题的决定〉的说明》,载《中国共产党第十八届中央委员会第四次全体会议文件汇编》,人民出版社 2014 年版,第 94 页。

18 王晔、李学仁:《立德树人德法兼修抓好法治人才培养　励志勤学刻苦磨炼促进青年成长进步》,载《人民日报》2017 年 5 月 4 日,第 1 版。

19 习近平:《决胜全面建成小康社会　夺取新时代中国特色社会主义伟大胜利——在中国共产党第十九次全国代表大会上的报告》,人民出版社 2017 年版,第 38 页。

20 《学习贯彻党的十八届四中全会精神　运用法治思维和法治方式推进改革》,载《人民日报》2014 年 10 月 28 日,第 1 版。

21 《论语 · 为政》。

22 《荀子 · 君道》。

23 《邓小平文选》(第 3 卷),人民出版社 1993 年版,第 177 页。

24 《邓小平文选》(第 3 卷),人民出版社 1993 年版,第 379 页。

25 《就我国内政外交问题　江泽民等答中外记者问》,载《人民日报》1989 年 9 月 27 日,第 1 版。

26 习近平:《在中共十八届四中全会第二次全体会议上的讲话》(2014 年 10 月 23 日),载中共中央文献研究室编:《习近平关于全面依法治国论述摘编》,中央文献出版社 2015 年版,第 12 页。

27 习近平:《在中共十八届四中全会第二次全体会议上的讲话》(2014 年 10 月 23 日),载中共中央文献研究室编:《习近平关于全面依法治国论述摘编》,中央文献出版社 2015 年版,第 8 页。

28 习近平:《在庆祝澳门回归祖国 15 周年大会暨澳门特别行政区第四届政府就职典礼上的讲话》,载《人民日报》2014 年 12 月 21 日,第 2 版。

29 习近平:《关于〈中共中央关于全面推进依法治国若干重大问题的决定〉的说明》,载《中国共产党第十八届中央委员会第四次全体会议文件汇编》,人民出版社 2014 年版,第 81 页。

30 习近平:《加快建设社会主义法治国家》,载《求是》2015 年 1 期。

31 习近平:《加快建设社会主义法治国家》,载《求是》2015 年1 期。

32 江泽民:《江泽民文选》(第 3 卷),人民出版社 2006 年版,第 200 页。

33 习近平:《加快建设社会主义法治国家》(2014 年 10 月 23 日),载《十八大以来重要文献选编》(中册),中央文献出版社 2016 年版,第 185 – 186 页。

34 《中央外事工作会议在京举行》,载《人民日报》2014 年 11 月 30 日,第 1 版。

35 习近平:《弘扬和平共处五项原则 建设合作共赢美好世界——在和平共处五项原则发表 60 周年纪念大会上的讲话》(2014 年 6 月 28 日),载《人民日报》2014 年 6 月 29 日,第 2 版。

36 习近平:《在十八届中央政治局第二十次集体学习时的讲话》(2015 年 1 月 23 日),载《习近平关于协调推进“四个全面”战略布局论述摘编》,中央文献出版社 2015 年版,第 160 页。

37 习近平:《加快建设社会主义法治国家》(2014 年 10 月 23 日),载《十八大以来重要文献选编》(中册),中央文献出版社 2016 年版,第 187 页。

38 习近平:《在中共十八届四中全会第二次全体会议上的讲话》(2014 年 10 月 23 日),载中共中央文献研究室编:《习近平关于全面依法治国论述摘编》,中央文献出版社 2015 年版,第 12 页。

39 《征求对中共中央关于全面推进依法治国若干重大问题的决定的意见 中共中央召开党外人士座谈会 习近平主持并发表重要讲话》,载《人民日报》2014 年 10 月 25 日,第 1 版。

40 习近平:《在中共十八届四中全会第一次全体会议上关于中央政治局工作的报告》(2014 年 10 月 20 日),载中共中央文献研究室编:《习近平关于全面依法治国论述摘编》,中央文献出版社 2015 年版,第 4 页。

41 习近平:《关于〈中共中央关于全面深化改革若干重大问题的决定〉的说明》(2014 年 10 月 20 日),载中共中央文献研究室编:《习近平关于全面依法治国论述摘编》,中央文献出版社 2015 年版,第 25 页。

42 习近平:《关于〈中共中央关于全面推进依法治国若干重大问题的决定〉的说明》,载《中国共产党第十八届中央委员会第四次全体会议文件汇编》,人民出版社 2014 年版,第 84 页。

43 习近平:《在首都各界纪念现行宪法公布施行三十周年大会上的讲话》(2012 年 12 月 4 日),载《十八大以来重要文献选编》(上),中央文献出版社 2014 年版,第 88 页。

44　习近平:《在中央经济工作会议上的讲话》(2014 年 12 月 9 日),载中共中央文献研究室编:《习近平关于全面依法治国论述摘编》,中央文献出版社 2015 年版,第 115 页。

45　《中央外事工作会议在京举行》,载《人民日报》2014 年 11 月 30 日,第 1 版。

46　《增强改革定力保持改革韧劲　扎扎实实把改革举措落到实处》,载《人民日报》2015 年 8 月 19 日,第 1 版。

47　习近平:《决胜全面建成小康社会　夺取新时代中国特色社会主义伟大胜利——在中国共产党第十九次全国代表大会上的报告》,人民出版社 2017 年版,第 9 页。

新时代的中国法治*

今天的讲座，从标题看有两个关键词，即“新时代”和“中国法治”。下面，就围绕这两个关键词来讲。

一、“新时代”的科学内涵

党的十九大宣布：“经过长期努力，中国特色社会主义进入了新时代，这是我国发展新的历史方位。”如何理解党的十九大提出的这个“新时代”？我认为，以党的十八届一中全会选举习近平为中共中央总书记和以习近平同志为核心的党中央为起点，中国特色社会主义已经进入新时代；今后直到21世纪中叶，也都属于新时代。

新时代新特征：每个时代，都有其鲜明特征。没有鲜明的时代特征，不能随便贴上“新时代”的标签。党的十九大报告用五个“是”、三个“意味着”勾画了中国特色社会主义新时代的特征：

这个新时代，是承前启后、继往开来、在新的历史条件下继续夺取中国特色社会主义伟大胜利的时代，是决胜全面建成小康社会进而全面建设社会主义现代化强国的时代，是全国各族人民团

---

* 本文系作者2018年5月8日在深圳大学所作的学术演讲。

结奋斗、不断创造美好生活、逐步实现全体人民共同富裕的时代，是全体中华儿女勠力同心、奋力实现中华民族伟大复兴的中国梦的时代，是我国日益走近世界舞台中央、不断为人类作出更大贡献的时代。

中国特色社会主义进入新时代，意味着近代以来久经磨难的中华民族迎来了从站起来、富起来到强起来的伟大飞跃，迎来了实现中华民族伟大复兴的光明前景；意味着科学社会主义在21世纪的中国焕发出强大生机活力，在世界上高高举起了中国特色社会主义伟大旗帜；意味着中国特色社会主义道路、理论、制度、文化不断发展，拓展了发展中国家走向现代化的途径，给世界上那些既希望加快发展又希望保持自身独立性的国家和民族提供了全新选择，为解决人类问题贡献了中国智慧和中国方案。

新时代的主要依据：就社会范畴而言，时代划分的主要依据是社会基本矛盾运动所引发的社会主要矛盾深刻变化。中国特色社会主义进入新时代的主要标志和依据是，我国社会主要矛盾已经转化为人民日益增长的美好生活需要和不平衡不充分的发展之间的矛盾。社会主要矛盾的变化是关系全局的历史性变化，引起中国特色社会主义建设总目标、总任务、总体布局、战略布局和发展方向、发展方式、发展动力、战略步骤、外部条件等的重新定位和规划，对党和国家工作提出了许多新要求。

新时代新思想：新时代必然产生新思想，新思想的形成也是时代划分的重要依据。习近平新时代中国特色社会主义思想就是新时代的标志性思想。习近平总书记在党的十九大报告中用“八个明确”“十四个坚持”精辟概括和深刻阐述了新时代中国特色社会主义思想的精神实质和丰富内涵。当年，邓小平同志反思什么是社会主义、如何建设社会主义，提出了“中国特色社会主义”，开辟了中国特色社会主义道路。党的十八大以来，面对国内外形势变化和我国各项事业发展给我们提出的重大时代课题，习近平总书记反思我们坚持和发展什么样的中国特色社会主义、怎样坚持和发展中国特色社会主义，从而提出了新时代坚持和发展中国特色社会主义的思想和方略。建党以来，我们党正是在不断的反思和探索中，实现了革命理论、建设理论、改革理论、强国理论的一次又一次的伟大创新，引领党和人民不断从胜利走向胜利。

新时代新纲领新主题：新时代必然会有新纲领、新主题。新时代的纲领和主题是：高举中国特色社会主义伟大旗帜，决胜全面建成小康社会，夺取新时代中国特色社会主义伟大胜利，实现中华民族伟大复兴的中国梦。当然，我们所说的新纲领新主题仍然是在“中国特色社会主义”这个社会主义初级阶段的总纲领总主题范围下的新纲领新主题。自党的十三大开始，“中国特色社会主义”这八个字作为核心命题，没有离开过党的全国代表大会报告主题。1987 年，党的十三大报告标题是《沿着有中国特色的社会主义道路前进》；1992 年，党的十四大报告标题是《加快改革开放和现代化建设步伐，夺取有中国特色社会主义事业的更大胜利》；1997 年，党的十五大报告标题是《高举邓小平理论伟大旗帜，把建设有中国特色社会主义事业全面推向二十一世纪》；2002 年，党的十六大报告标题是《全面建设小康社会，开创中国特色社会主义事业新局面》；2007 年，党的十七大报告标题是《高举中国特色社会主义伟大旗帜，为夺取全面建设小康社会新胜利而奋斗》；2012 年，党的十八大报告标题是《坚定不移沿着中国特色社会主义道路前进，为全面建成小康社会而奋斗》；2017 年，党的十九大报告标题是《决胜全面建成小康社会　夺取新时代中国特色社会主义伟大胜利》。30 年七次党的全国代表大会、四任总书记代表中央委员会所作的大会报告，对“中国特色社会主义”这个核心命题一以贯之，这充分体现了大国大党的战略定力，表明我们党在政治上、思想上、理论上的成熟和自信。党的十九大主题既与改革开放以来历次党的全国代表大会衔接，又具有十分鲜明的新时代内涵和特征：推进经济建设和物质文明、政治建设和政治文明、文化建设和精神文明、社会建设和社会文明、生态建设和生态文明协调发展,建设富强民主文明和谐美丽的社会主义现代化强国,实现中华民族伟大复兴。

新时代新思维新概念新话语:时代的变化必然引起思维革命和话语转换。党的十八大以来,随着中国特色社会主义进入新时代,我们的思维方式、概念和话语体系已经发生了很大变化。从党的十九大开始,我们更要有新思维,而不能停留在以前的思维方式上。由于思维是借助于概念进行的,所以新思维也就是新概念,新概念构成新的话语体系。

举几个例子:党的十六大以来,我们党在组织体系上使用了一个新概念,即"以胡锦涛为总书记的党中央""以习近平为总书记的党中央"。党的十八届六中全会上修改了这一提法,改为"以习近平同志为核心的党中央"。这可不是简单的话语改变:"以习近平为总书记的党中央"这句话是句描述性、叙事性的语言,说的是一个事实;而"以习近平同志为核心的党中央"是句规范性语言,表达的是一个政治原则、政治信念,强调了核心意识、看齐意识。

在政法工作领域,过去我们所说的"综治"是指"社会治安综合治理"。现在就要树立新思维,使用新概念(党的十九大提法):"打造共建共治共享的社会治理格局";"完善党委领导、政府负责、社会协同、公众参与、法治保障的社会治理体制,提高社会治理社会化、法治化、智能化、专业化水平";"加强预防和化解社会矛盾机制建设,正确处理人民内部矛盾";"加快社会治安防控体系建设,依法打击和惩治黄赌毒黑拐骗等违法犯罪活动(六大类违法犯罪活动),保护人民人身权、财产权、人格权"(党的代表大会报告首次提及"人格权",过去理论上把人格权归结于人身权,现在党的文件把它独立出来,意义重大,经历过"文化大革命"的人都知道人格权的重要性,经历过被网民违法"人肉搜索"的干部群众,也是深深体验了人格权多么重要);"加强社会心理服务体系建设,培育自尊自信、理性平和、积极向上的社会心态”;“加强社区治理体系建设,推动社会治理重心向基层下移,发挥社会组织作用,实现政府治理和社会调节、居民自治良性互动”;“加强农村基层基础工作,健全自治、法治、德治相结合的乡村治理体系”。

新时代社会主要矛盾转化在法治领域的折射:新时代社会主要矛盾转化,是建立在科学把握我国社会发展规律,精准预测未来发展趋势,并经过全党科学论证而作出的重大政治论断。我国社会主要矛盾的变化是关系全局的历史性变化,对党和国家工作提出了许多新要求。这个论断对我国新时代法治建设也具有根本性、决定性意义。

我国社会主要矛盾的变化折射到法治领域,就是人民日益增长的高质量多样化法治需求与法治发展不充分不平衡之间的矛盾,也可以说是法治供需矛盾。一方面,民主法治、公平正义、安定有序、人权保障、全面发展、环境良好等成为人民美好生活需要中最大的增量部分,人民更加渴望党和国家厉行法治、依法执政、依法治国、依法行政,并对法治的内涵和标准提出了更高的要求:不仅要求有法可依,而且要求良法善治;不仅要求严格执法,而且要求规范文明执法;不仅要求公正司法,而且要求公开透明高效司法;不仅要求全民守法,而且要求良好、泛在、高效的法律服务;等等。另一方面,法律优质产品供给不足、立法不优、执法不严、司法不公、监督不力、权力制约失衡、权利保护缺位等问题仍很突出。在这种情况下,要加大法治改革力度和法治发展进度,推动法治“供给侧改革”,坚持科学立法、民主立法、依法立法,提高立法质量,产出更多良法,修订或废止依然存在的“劣法”“闲法”“恶法”,增强法律权威,强化法律实施,不断提升法治的现代化水平,提高法治满足人民需要的能力。

值得我们深刻把握的是,党的十九大报告关于社会主要矛盾转化的论述是两句话。第一句是:“新时代我国社会主要矛盾是人民日益增长的美好生活需要和不平衡不充分的发展之间的矛盾。”紧接着的第二句话是：“必须坚持以人民为中心的发展思想，不断促进人的全面发展、全体人民共同富裕。”第二句话说明，我们党之所以要作出社会主要矛盾转化的判断，根本目的是为树立“以人民为中心的发展思想”提供科学依据。

面对法治领域的供需矛盾和人民对民主法治的美好向往，法治建设必须更加强调“以人民为中心”“以人民为主体”，以满足人民对美好生活的向往为宗旨。这是中国特色社会主义法治的根本价值所在，也是中国特色社会主义法治发展的强大力量所在。把“以人民为中心”作为依法治国、建设法治中国的根本价值原则和最高价值标准。

在法治建设中，“以人民为中心”“以人民为主体”，坚持法治的人民中心地位和人民主体价值，就必须坚持法治为了人民、依靠人民、造福人民、保护人民，把实现好、维护好、发展好最广大人民根本利益作为法治建设的根本目的，把体现人民利益、反映人民意愿、维护人民权益、增进人民福祉、促进人的全面发展作为法治建设的出发点和落脚点，落实到依法治国全过程。

坚持法治的人民中心地位和人民主体价值，就要弘扬人民权益靠法律保障、法律权威靠人民维护的社会主义法治精神，使法律为人民所掌握、所遵守、所运用，不断增强全社会尊法学法守法用法护法的自觉意识和行动。

新时代新思维在法治和法学领域体现为法律思维、法治思维、法理思维有机统一，法理思维日益彰显。

在法治领域，法学思维有法律思维、法治思维和法理思维三种基本形态，它们有所区别，又互相联系、有机统一，依次递进。概括而言，法律思维是规则模式的思维，法治思维是依法而治的思维，法理思维是良法善治的思维。合格的、高素质的法律人必须学会这三种思维方式，娴熟地运用法律思维、法治思维和法理思维分析和解决各种法律和法治问题。

二、新时代的中国法治

新时代中国法治可以分为两个阶段:第一阶段是已经走过来的轨迹,可概括为六个特征。第二阶段是今后一个时期的发展趋势和重大任务,可概括为四点。

党的十八大以来,我国的民主法治建设迈出重大步伐,社会主义宪制事业健康发展,有关社会主义民主政治的法律制度、尊重和保障人权的法律制度、引导和规范市场经济秩序的法律制度、保障民生和促进社会和谐的法律制度、保护环境资源和促进生态文明的法律制度不断完善;依法行政、严格执法,法治政府建设取得显著成效;公正司法、为民司法、和谐司法,司法公信力显著提高;全民尊法学法守法用法护法,法治社会建设取得历史性成就;执政党依法执政、带头守法,坚定地维护法制的统一、尊严和权威。

(一)新时代中国法治的发展轨迹:特征、规律

第一,从依法治国拓展到全面依法治国。党的十五大将“依法治国”作为党领导人民治理国家的基本方略。十八大提出“全面推进依法治国进程”。十八届四中全会以“全面推进依法治国”为主题,对新时代、新阶段的法治建设作出了全面、全新部署,确定了全面推进依法治国的指导思想、总目标和重大任务,推出了190项对依法治国具有重要意义的改革举措,并形成了内涵更为精致的“全面依法治国”的概念。党的十九大报告进一步把“坚持全面依法治国”作为新时代坚持和发展中国特色社会主义的十四条基本方略之一。从“依法治国”到“全面推进依法治国”再到“全面依法治国”,提法的变化表明,依法治国的思路越来越清晰、越来越精准。

第二,从建设法治国家到建设法治中国。党的十八大以后,习

近平总书记明确提出“法治中国”的科学命题和建设法治中国的重大任务。十八届三中全会把“推进法治中国建设”上升为党中央的正式决定。十八届四中全会通过的《中共中央关于全面推进依法治国若干重大问题的决定》要求“全党同志必须更加自觉地坚持依法治国、更加扎实地推进依法治国，努力实现国家各项工作法治化，向着建设法治中国不断前进”，[1]号召全党和全国各族人民“积极投身全面推进依法治国伟大实践，开拓进取，扎实工作，为建设法治中国而奋斗”！[2]

“建设法治中国”是对今后一个时期法治建设的科学定位和总体部署。法治中国的内涵比法治国家更加丰富、更加深刻，更具时代特征：建设法治中国，不仅要建设法治国家，还要建设法治社会、法治政府；不仅要推进依法治国，还要推进依法执政、依法行政；不仅要推进法治硬实力建设，还要推进法治软实力建设，弘扬社会主义法治精神，建设社会主义法治文化，培育社会主义法治理念。从法治国家到法治中国的转型，意味着我国法治建设的拓展、深化和跨越。

第三，从建设法律体系到建设法治体系。2011 年 3 月 10 日，在第十一届全国人民代表大会第四次会议上，全国人大常委会工作报告庄严宣告中国特色社会主义法律体系已经形成。由此，我国法治建设的总抓手开始由建设中国特色社会主义法律体系转向建设中国特色社会主义法治体系。十八届四中全会将“建设中国特色社会主义法治体系，建设社会主义法治国家”作为全面推进依法治国的总目标。从“法律体系”到“法治体系”的升级，体现了我们党对法治建设规律认识的不断深化。

第四，从形式法治的“法律之治”到形式法治与实质法治深度融合的“良法善治”。党的十八大以来，我们党提出，“法律是治国之重器，良法是善治之前提”。党的十九大报告进一步提出，“以良法促进发展、保障善治”。这是对中国特色社会主义法治作为形式法治与实质法治相统一的法治模式的精辟定型。中国法治不仅应当是形式上的法律之治,更应当是实质上的良法之治。所谓良法,就是反映人民意志、尊重保障人权、维护公平正义、促进和谐稳定、保障改革发展、引领社会风尚的法律,就是体现民意民智、符合客观规律、便于遵守和执行的法律。良法善治的理论和实践超越了工具主义法治和形式主义法治的局限,是现代法治理论的重大创新,也是我国法治建设的质的飞跃。

第五,从推进依法治国到统筹推进依法治国和依规治党。依法治国与依规治党有着内在联系,治党与治国相辅相成,依法执政与依规执政高度契合,缺一不可。坚持依规治党,从严治党,切实解决党自身存在的突出问题,才能使我们党始终成为中国特色社会主义事业的坚强领导核心,才能为治国安邦奠定根本政治前提。这是对党的执政规律、治国理政规律的新认识。依法治国与依规治党有机统一使中国共产党领导的法治中国从根本上区别于"法治美国""法治英国"等西方法治模式和发展路径。

基于对依法治国与依规治党二者关系的深刻认识,党的十八大以来,我们党采取了一系列措施统筹推进依法治国和依规治党。一是把党内法规制度体系纳入中国特色社会主义法治体系之中,以宪法为上,以党章为本,加快党内法规制度建设。二是注重党内法规同国家法律的衔接和协调,共同发挥在治党治国中相辅相成的作用。三是提出思想建党和制度治党紧密结合、同向发力,以包括党内法规和宪法法律在内的制度来管党治党,保证从严治党,将制度建设贯穿全面从严治党的始终和党的各项建设之中。四是同步推进国家治理体系现代化和中国共产党治理体系现代化,提高党科学执政、民主执政和依法执政的本领。五是以实行党的纪委与国家监察委合署办公这一国家监察体制改革为牵引,探索对省市县职能相近的党政机关合并设立或合署办公,推进党和国家治理体制改革。

第六,从国内法治向国际法治和全球治理拓展,统筹推进国内法治和国际法治。以构建人类命运共同体为目标,以推动全球治理体系和治理规则变革为动力,秉持共商共建共享的全球治理观,积极参与国际法治建设,推进国际关系法治化。

(二)法治新征程新任务

伴随中国特色社会主义进入新时代的前进步伐,我国社会主义法治也进入新时代,踏上新征程。站在新的历史方位,我们应深刻把握法治新时代的实践依据、理论依据和基本特征,深刻把握法治新时代的主题、目标和任务,坚定不移地坚持和拓展中国特色社会主义法治道路,与时俱进地深化全面依法治国伟大实践,加快建设中国特色社会主义法治体系和法治国家,加快推进社会主义现代化法治强国建设。

1.“保障人权”“发展文明”,提升中国法治的内在质量和外在形象

(1)新时代法治高度重视人权保障,要以加强人权法治保障、推进人权保障法治化为导向,提升全面依法治国方略。法律的真谛在于对人权和公民权利的确认和保障,社会主义法治的根本宗旨在于尊重和保障人权和公民权利。尊重和保障人权和公民权利是现代法治国家的基本特征,也是建设法治中国的强大动力。

党的十八大以来,我国人权法治保障有了历史性进步。十八届三中全会通过的《中共中央关于全面深化改革若干重大问题的决定》、十八届四中全会通过的《中共中央关于全面推进依法治国若干重大问题的决定》、十八届五中全会通过的《中共中央关于制定国民经济和社会发展第十三个五年规划的建议》都把完善人权保障制度、切实尊重和保障人权、增进人民福祉、促进人的全面发展作为深化改革、推动发展、全面建成小康社会的出发点和落脚点,出台了数十项保障人权和公民权利的举措。

党的十九大把人权保障和公民权利保护提到新的历史高度，把“人民平等参与、平等发展权利得到充分保障”作为基本实现现代化的重要指标。党的十九大报告对一般人权保障，对政治权利、社会权利、文化权利、诉讼权利等权利保护与保障，均作出了郑重的承诺，并提出了切实可行的措施和要求。

在人权和一般权利保障方面，提出“加强人权法治保障，保证人民依法享有广泛权利和自由”。[3]“保护人民人身权、财产权、人格权。”[4]

在政治权利保护方面，提出“发展社会主义民主政治就是要体现人民意志、保障人民权益、激发人民创造活力，用制度体系保证人民当家作主”。[5]“巩固基层政权，完善基层民主制度，保障人民知情权、参与权、表达权、监督权。”[6]“加强协商民主制度建设，形成完整的制度程序和参与实践，保证人民在日常政治生活中有广泛持续深入参与的权利。”[7]

在经济社会权利保障方面，提出“完善产权制度”；“深化农村集体产权制度改革，保障农民财产权益”；[8]提出加强社会保障体系建设，按照兜底线、织密网、建机制的要求，全面建成覆盖全民、城乡统筹、权责清晰、保障适度、可持续的多层次社会保障体系；对公民经济社会权利的保障与发展作出了体系化的制度安排；提出完善社会弱势群体的权利保障体系。

在文化和知识产权保护方面，提出“倡导创新文化，强化知识产权创造、保护、运用”。[9]“完善公共文化服务体系，深入实施文化惠民工程，丰富群众性文化活动。”[10]

(2)新时代法治要推进文明中国建设。要以建设全面文明的国家文明体系为目标，提升全面依法治国方略。党的十九大报告在描绘21世纪中叶全面建成的社会主义现代化强国时指出：“到那时，我国物质文明、政治文明、精神文明、社会文明、生态文明将全面提升，实现国家治理体系和治理能力现代化，成为综合国力和国际影响力领先的国家。"[11]

在这段论述中,习近平总书记是把"政治文明"作为民主、法治、法理文明统领概念使用。一般而言,政治文明的核心要素包括民主、法治、国家治理三个方面,政治现代化包括民主现代化、法治现代化、国家治理现代化。在当代中国,社会主义政治文明的本质特征是党的领导、人民当家作主、依法治国的有机统一。党的十八大报告指出:"必须坚持党的领导、人民当家作主、依法治国有机统一,以保证人民当家作主为根本,以增强党和国家活力、调动人民积极性为目标,扩大社会主义民主,加快建设社会主义法治国家,发展社会主义政治文明。"[12]

2. 深化全面依法治国实践

党的十八大以来,在习近平新时代中国特色社会主义思想的引领下,我国民主法治建设迈出重大步伐。但是,在一个封建专制和人治传统根深蒂固、法治虚无主义"左"的思潮不时沉渣泛起的国度,要全面厉行法治,实现法治文明,绝不是轻轻松松、敲锣打鼓就能实现的,而必须持续不断地深入推进。党的十九大作出"社会矛盾和问题交织叠加、全面依法治国任务依然繁重、国家治理体系和治理能力有待加强"[13]的正确判断,并就深化依法治国实践作出了新的顶层设计和近中期安排。新设计、新安排既与党的十八大、十八届三中全会、十八届四中全会全面推进依法治国的战略部署有机衔接,又提出了新时代全面依法治国的新要求、新抓手。

(1)深化法律体系建设实践。经过不懈努力,中国特色社会主义法律体系已经形成。但是,法律体系形成并不意味着法律规范体系已经完备,更不意味着法律体系已经完善,而是要不断发展完善。党的十九大还提出了一系列重点领域立法(如保障和发展公民权利立法、市场经济立法、民主政治立法、文化事业立法、民生与社会立法、生态环境立法),加强互联网领域立法,加快反腐败国家立法,加快国家安全法治建设,等等。

(2)深化法治体系建设实践。建设中国特色社会主义法治体系,就是在中国共产党的领导下,坚持中国特色社会主义制度,贯彻中国特色社会主义法治理论,形成完备的法律规范体系、高效的法治实施体系、严密的法治监督体系、有力的法治保障体系,形成完善的党内法规体系。经过近几年的努力,中国特色社会主义法治体系日益完善。但是,与"法治体系是全面依法治国总目标""法治体系是国家治理体系的重要依托""在法治轨道上推进国家治理体系和治理能力现代化"等定性、定位和目标要求相比,建设完善的中国特色社会主义法治体系的任务仍然繁重。党的十九大把建设中国特色社会主义法治体系作为新时代坚持和发展中国特色社会主义的重要思想和基本方略,这为深化法治体系建设实践、加快建设完善的中国特色社会主义法治体系提出了更高的目标,形成了更强大的推力。

(3)深化宪法实施监督实践。"法治权威能不能树立起来,首先要看宪法有没有权威。必须把宣传和树立宪法权威作为全面推进依法治国的重大事项抓紧抓好,切实在宪法实施和监督上下功夫。"[14]

为保证宪法实施,十八届三中全会提出,要进一步健全宪法实施监督机制和程序,把全面贯彻实施宪法提高到一个新水平。十八届四中全会提出,完善全国人大及其常委会宪法监督制度,健全宪法解释程序机制;加强备案审查制度和能力建设,依法撤销和纠正违宪违法的规范性文件;将每年12月4日定为国家宪法日;建立宪法宣誓制度;在全社会普遍开展宪法教育,弘扬宪法精神。党的十九大进一步把加强宪法实施和监督作为深化依法治国实践的首要任务,把"推进合宪性审查工作"作为维护宪法权威、加强宪法实施和监督的重要抓手。十三届全国人大一次会议根据中共中央建议,通过了新《宪法修正案》(第32—52条),规定设立"宪法和法律委员会"、实行宪法宣誓制度,把宪法的实施与监督提到新的高度。

(4)深化法治政府建设实践。建设法治政府是全面依法治国的关键。党的十八大提出,到2020年基本建成法治政府。十八届四中全会进一步明确了法治政府的标准,提出建成职能科学、权责法定、执法严明、公开公正、廉洁高效、守法诚信的法治政府。习近平总书记在十八届四中全会上提出加快建设法治政府,"从依法全面履行政府职能、健全依法决策机制、深化行政执法体制改革、坚持严格规范公正文明执法、强化对行政权力的制约和监督、全面推进政务公开六个方面展开"。[15]

党的十八大以来,在全面依法治国的总体框架内,法治政府建设取得了显著成效,然而,以法治政府的六条标准和六个路径衡量,仍有较大差距。针对这种情况,党的十九大要求"建设法治政府,推进依法行政,严格规范公正文明执法"[16]"深化机构和行政体制改革""转变政府职能,深化简政放权,创新监管方式,增强政府公信力和执行力,建设人民满意的服务型政府",[17]并提出在2020年至2035年基本建成法治政府。

(5)深化司法体制改革实践。推进司法体制改革是全面依法治国、建设法治中国的重中之重。党的十八大以来,以习近平同志为核心的党中央着力推进司法体制改革,解决了许多长期想解决而没有解决的难题,办成了许多过去想办而没有办成的大事,推进司法体制改革的力度前所未有,建设公正高效权威的社会主义司法制度、建设更高水平的社会主义司法文明的成效也前所未有。

然而,由于各种原因,司法体制改革仍在一定程度上存在不配套、不协调、进展不平衡、实效不充分等问题。为此,党的十九大继续加大司法体制改革的力度,提出"深化司法体制综合配套改革,全面落实司法责任制,努力让人民群众在每一个司法案件中感受到公平正义"。[18]

(6)深化法治社会建设实践。党的十八大闭幕不久,习近平总书记就提出"法治国家、法治政府、法治社会一体建设"。十八届四中全会就法治社会建设进行专门部署。与法治国家和法治政府建设相比，法治社会建设难度更大，任务更繁重。所以，党的十九大把法治社会建设作为法治中国建设的重心，特别强调打造共建共治共享的社会治理格局，完善党委领导、政府负责、社会协同、公众参与、法治保障的社会治理体制，提高社会治理社会化、法治化、智能化、专业化水平；重视乡村治理，努力健全自治、法治、德治相结合的乡村治理体系；推进社会主义法治文化建设，加大全民普法力度，在全社会增强法治观念，树立宪法法律至上、法律面前人人平等的法治理念，使尊法学法守法用法成为全体人民尤其是各级党组织和全体党员的共同追求和自觉行动；推进平安中国建设，为人民群众创造安居乐业的法治环境。

此外，深化依法治国实践还有很多面向、很多任务。诸如：深化法治经济建设实践，以完善产权制度和要素市场化配置为重点推进经济体制改革，以保护产权、维护契约、统一市场、平等交换、公平竞争、有效监管为基本导向，完善社会主义市场经济法律制度，营造公平竞争、规范有序的经济法治环境。深化生态法治建设实践，为生态文明建设和美丽中国建设提供法治保障和引领。深化法治军队建设实践，提高国防和军队建设法治化水平。深化监察体制改革实践，将监察体制改革试点工作在全国推开，组建国家、省、市、县监察委员会。深化“一国两制”法治实践，全面准确贯彻宪法和“一国两制”方针，完善与基本法实施相关的制度和机制。

3. 统筹法治改革

党的十八大以来，习近平总书记多次指出，“全面推进依法治国是一个系统工程，是国家治理领域一场广泛而深刻的革命”。[19]“全面推进依法治国是一项长期而重大的历史任务”，也必然是一场深刻的社会变革和历史变迁。[20]党的十九大报告又一次强调指出：“全面依法治国是国家治理的一场深刻革命。”[21]

把全面依法治国的性质和意义提到如此高度，在党的历史上前所未有。为什么说全面依法治国是一场深刻革命？因为全面依法治国，就是要彻底实现从专制政治到民主政治、从人治到法治的革命，完成新民主主义革命和社会主义革命应当完成而没有完成的历史任务。

既然全面依法治国是一场任重道远的政治革命和思想革命，那么就必须以革命的勇气和革命的思维，大刀阔斧地推进法治领域的改革、推动“变法”，坚决破除一切妨碍依法执政、依法治国、依法行政、依法治军、依法办事的体制机制弊端和思想观念。

党的十八大以来，以习近平同志为核心的党中央始终把全面依法治国、建设法治中国作为全面深化改革的重要方面和重大任务，作为国家治理领域广泛而深刻的革命强力推进。要求各级党政机关和领导干部必须从党和国家事业发展全局出发，全面理解和正确对待中央提出的重大法治改革举措，深刻领会法治改革的重大现实意义和深远历史意义，自觉支持改革、拥护改革、积极参与改革，做法治改革的促进派。

根据党的十九大报告指明的方向，在新时代新征程中深入推进法治改革，应突出改革的统筹性、配套性。

一是统筹法治改革与其他领域的改革。例如，统筹推进法治改革与经济体制改革，政治体制改革，文化建设、社会建设、生态文明建设各领域的重大改革，使法治改革与各领域的改革相辅相成，既互相促进又互相支援，谱写新时代全面深化改革的交响乐。

二是统筹法治领域的各项改革。例如，统筹立法体制改革、执法体制改革、司法体制改革；统筹依法治国和以德治国、依法治国和依规治党；统筹推进法治国家、法治社会、法治政府建设；统筹推进国家法治、地方法治、区域法治、行业法治发展；等等。

三是统筹推进各项法治改革的综合性配套改革。例如，司法体制改革当中的人权司法保障制度改革与完善，就需要认真落实以审判为中心的诉讼制度改革,创新刑事证据规则和制度,改革涉案财产管理和处置的体制机制,等等。

四是统筹安排全面建设社会主义现代化强国总目标、总任务之内各领域、各方面的改革发展目标,解决不同领域之间改革发展不充分、不平衡、不协调的突出矛盾和问题,例如民主建设与法治建设的不平衡、国家治理与社会治理的不平衡、国家法治与党内法治的不平衡等。

4. 建设法治强国

在人类社会数千年历尽沧桑、兴衰交替的历史上,我们的祖先最早注意到法治与强国的关系,提出了奉法强国的伟大思想。先秦法家的杰出代表韩非子深刻论道:“国无常强,无常弱。奉法者强则国强,奉法者弱则国弱。”[22]在法家思想的直接影响下,春秋战国时期,秦国于群雄列强之间崛起,创造了以法治国、奉法强国的范例。先秦思想家的“以法治国”思想经过数百年的实践和演进,深刻地影响了后世的国家治理,汉唐盛世谱写了奉法强国的壮丽历史篇章。随着《唐律疏议》的集成和传播,中国奉法强国的理念和中华法治文明对东亚乃至周边诸国和地区的法制文化和国家治理产生了广泛而深远的影响。习近平总书记多次引用“奉法者强则国强,奉法者弱则国弱”的法家经典,以此教育党和人民,法治梦与强国梦是相通的,要坚定不移走奉法强国之路,更好发挥法治对经济发展、政治清明、文化昌盛、社会公正、生态良好、国泰民安的引领和保障作用。

一个现代化的国家必然是法治国家,一个现代化的强国必然是法治强国。建设法治强国是全面建成社会主义现代化强国的必然要求。为了全面建成社会主义现代化强国,党的十九大提出了近期、中期、远期三个阶段性目标,每一个阶段都包括有法治现代化目标。到21世纪中叶,建成现代化法治强国。法治强国的基本规格和标志是:

第一,法治成为国家与社会的核心价值,全社会尊重法治、信仰法治、坚守法治,法律知识广泛普及,遵纪守法成为公民习惯、社会常态,法治文明达到更高水平,法治社会基本形成。

第二,实现良法善治,法治成为国家治理和社会治理的核心资源、党和政府治国理政的根本方式,成为支撑国家兴旺发达的强大力量。

第三,宪法具有极大权威,法律具有普遍的实效。

第四,法治国家和法治政府全面建成,人权和公民权利得到切实尊重和保障,国家公共权力受到有效约束和监督。国家权力依法设定、依法行使,并接受人民和法律的制约和监督,同时宪法法律保障国家权力有效运行和国家有效治理。

第五,国家治理体系和治理能力实现现代化,法治体系成为国家治理体系和治理能力的重要依托,为国家治理提供制度资源。

第六,在国际关系和全球治理中,拥有强大话语权、决策权和规则制定权。

注 释

1 《中共中央关于全面推进依法治国若干重大问题的决定》,载中共中央文献研究室编:《十八大以来重要文献选编》(中),中央文献出版社 2016 年版,第 160 页。

2 《中共中央关于全面推进依法治国若干重大问题的决定》,载中共中央文献研究室编:《十八大以来重要文献选编》(中),中央文献出版社 2016 年版,第 181 页。

3 习近平:《决胜全面建成小康社会　夺取新时代中国特色社会主义伟大胜利——在中国共产党第十九次全国代表大会上的报告》(2017 年 10 月 18 日),人民出版社 2017 年版,第 37 页。

4 习近平:《决胜全面建成小康社会　夺取新时代中国特色社会主义伟大胜利——在中国共产党第十九次全国代表大会上的报告》(2017 年 10 月 18 日),人民出版社 2017 年版,第 49 页。

5 习近平:《决胜全面建成小康社会　夺取新时代中国特色社会主义伟大胜利——在中国共产党第十九次全国代表大会上的报告》(2017 年 10 月 18 日),人民出版社 2017 年版,第 36 页。

6 习近平:《决胜全面建成小康社会 夺取新时代中国特色社会主义伟大胜利——在中国共产党第十九次全国代表大会上的报告》(2017 年 10 月 18 日),人民出版社 2017 年版,第 37 页。

7 习近平:《决胜全面建成小康社会 夺取新时代中国特色社会主义伟大胜利——在中国共产党第十九次全国代表大会上的报告》(2017 年 10 月 18 日),人民出版社 2017 年版,第 38 页。

8 习近平:《决胜全面建成小康社会 夺取新时代中国特色社会主义伟大胜利——在中国共产党第十九次全国代表大会上的报告》(2017 年 10 月 18 日),人民出版社 2017 年版,第 32 页。

9 习近平:《决胜全面建成小康社会 夺取新时代中国特色社会主义伟大胜利——在中国共产党第十九次全国代表大会上的报告》(2017 年 10 月 18 日),人民出版社 2017 年版,第 39 页。

10 习近平:《决胜全面建成小康社会 夺取新时代中国特色社会主义伟大胜利——在中国共产党第十九次全国代表大会上的报告》(2017 年 10 月 18 日),人民出版社 2017 年版,第 44 页。

11 习近平:《决胜全面建成小康社会 夺取新时代中国特色社会主义伟大胜利——在中国共产党第十九次全国代表大会上的报告》(2017 年 10 月 18 日),人民出版社 2017 年版,第 29 页。

12 胡锦涛:《坚定不移沿着中国特色社会主义道路前进,为全面建成小康社会而奋斗》(2012 年 11 月 8 日),载中共中央文献研究室编:《十八大以来重要文献选编》(上),中央文献出版社 2014 年版,第 20 页。

13 习近平:《决胜全面建成小康社会 夺取新时代中国特色社会主义伟大胜利——在中国共产党第十九次全国代表大会上的报告》(2017 年 10 月 18 日),人民出版社 2017 年版,第 9 页。

14 习近平:《关于〈中共中央关于全面推进依法治国若干重大问题的决定〉的说明》,载《〈中共中央关于全面推进依法治国若干重大问题的决定〉辅导读本》,人民出版社 2014 年版,第 52 页。

15 习近平:《关于〈中共中央关于全面推进依法治国若干重大问题的决定〉的说明》,载中共中央文献研究室编:《十八大以来重要文献选编》(中),中央文献出版社 2016 年版,第 145 页。

16 习近平:《决胜全面建成小康社会 夺取新时代中国特色社会主义伟大胜利——

在中国共产党第十九次全国代表大会上的报告》(2017 年 10 月 18 日),人民出版社 2017 年版,第 39 页。

17　习近平:《决胜全面建成小康社会　夺取新时代中国特色社会主义伟大胜利——在中国共产党第十九次全国代表大会上的报告》(2017 年 10 月 18 日),人民出版社 2017 年版,第 39 页。

18　习近平:《决胜全面建成小康社会　夺取新时代中国特色社会主义伟大胜利——在中国共产党第十九次全国代表大会上的报告》(2017 年 10 月 18 日),人民出版社 2017 年版,第 39 页。

19　习近平:《关于〈中共中央关于全面推进依法治国若干重大问题的决定〉的说明》,载中共中央文献研究室编:《十八大以来重要文献选编》(中),中央文献出版社 2016 年版,第 154 页。

20　《立德树人德法兼修抓好法治人才培养　励志勤学刻苦磨炼促进青年成长进步》,载《人民日报》2017 年 5 月 4 日,第 1 版。

21　习近平:《决胜全面建成小康社会　夺取新时代中国特色社会主义伟大胜利——在中国共产党第十九次全国代表大会上的报告》(2017 年 10 月 18 日),人民出版社 2017 年版,第 38 页。

22　《韩非子·有度》。

更好发挥法治引领和规范作用*

习近平总书记在党的十九大报告中用八个“明确”精辟概括和深刻阐述了新时代中国特色社会主义思想的丰富内涵，其中之一就是，“明确全面推进依法治国总目标是建设中国特色社会主义法治体系、建设社会主义法治国家”。这个“明确”重申了十八届四中全会决定的精神，为深化依法治国实践强化了理论引领。全面依法治国是中国特色社会主义的本质要求和重要保障。要实现经济发展、政治清明、文化昌盛、社会公正、生态良好，必须更好地发挥法治引领和规范作用。

全面推进依法治国，必须有一个总目标、总抓手，这就是建设中国特色社会主义法治体系

“中国特色社会主义法治体系”概念，是习近平总书记在党的十八大以来提出的最具原创性和标志性的概念之一。明确提出“法治体系”概念和建设中国特色社会主义法治体系命题，具有重大理论创新、制度创新和实践创新意义。全面推进依法治国，涉及立法、执法、司法、守法、法治监督、法治保障、法学教育、法学研究，

---

* 本文发表于《北京日报》2018 年 1 月 18 日。

涉及统筹推进依法治国、依法执政、依法行政、依法自治，涉及一体建设法治国家、法治政府、法治社会、法治经济、法治军队，涉及协调发展国家法治、地方法治、社会法治、行业法治，因而迫切需要一个符合法治规律、传承法治文明、思想含量丰富的统领性概念。

“中国特色社会主义法治体系”就是这样一个统领性概念。习近平总书记指出：“提出这个总目标，既明确了全面推进依法治国的性质和方向，又突出了全面推进依法治国的工作重点和总抓手。”其重大意义体现在：一是向国内外鲜明宣示我们将坚定不移走中国特色社会主义法治道路。二是明确全面推进依法治国的总抓手。全面推进依法治国涉及很多方面，在实际工作中必须有一个总揽全局、牵引各方的总抓手，这个总抓手就是建设中国特色社会主义法治体系。依法治国各项工作都要围绕这个总抓手来谋划、来推进。三是建设中国特色社会主义法治体系是实现国家治理体系和治理能力现代化的必然要求，也是全面深化改革的必然要求，有利于在法治轨道上推进国家治理体系和治理能力现代化，有利于在全面深化改革总体框架内全面推进依法治国各项工作，有利于在法治轨道上不断深化改革。

建设中国特色社会主义法治体系，是深化全面依法治国的“牛鼻子”

建设中国特色社会主义法治体系，是贯穿《中共中央关于全面推进依法治国若干重大问题的决定》全篇的一条主线，也是新征程中深化全面依法治国的“牛鼻子”，对深化全面依法治国具有纲举目张的作用。在依法治国和法治建设的新征程中，要继续以建设中国特色社会主义法治体系为主题、主线，在中国共产党领导下，坚持中国特色社会主义制度，贯彻中国特色社会主义法治理论，形成完备的法律规范体系、高效的法治实施体系、严密的法治监督体系、有力的法治保障体系,形成完善的党内法规体系。

完备的法律规范体系是法治国家、法治社会的制度基础。要坚持立法先行,发挥立法在改革开放和经济社会发展中的引领和推动作用。坚持上下有序、内外协调、科学规范、运行有效的原则,完善和发展法律规范体系。坚持科学立法、民主立法、依法立法的基本原则,拓展科学立法、民主立法、依法立法的途径,不断提高立法质量和效率,以良法促进发展、保障善治。更加注重立法优先、立改废释并举,实现从粗放立法向精细立法转变。加强重点领域立法,实现立法和改革决策相衔接,做到重大改革于法有据、立法主动适应改革和经济社会发展需要。

法律的生命在于实施,法律的权威在于实施,法律的伟力也在于实施。完善法治实施体系,首先要健全宪法实施制度,把宣传和树立宪法权威、完善宪法制度作为全面推进依法治国的重大事项抓紧抓好。各级政府必须坚持在党的领导下、在法治轨道上开展工作,依法行政,严格规范文明执法,建立权责统一、权威高效的依法行政体制,加快建设法治政府。坚定不移推进司法体制改革,完善司法体制改革的配套制度和措施,全面落实司法责任制,深化司法管理体制和司法权力运行机制改革,优化司法职权配置,完善确保依法独立公正行使审判权和检察权的制度和体制。扩大司法民主途径,保障人民群众广泛、真实地参与司法,加强人权司法保障,努力让人民群众在每一个司法案件中都感受到公平正义。

法治监督是对法律实施和法治运行情况的监督,是法律实施和法治运行不可缺少的保障机制。习近平总书记提出,要建立由党内监督、人大监督、民主监督、行政监督、司法监督、审计监督、社会监督、舆论监督构成的更加严密的监督体系,形成强大的监督合力;着力推进监督工作规范化、程序化、制度化,形成对法治运行全过程全方位的监督体系,督促实现科学立法、严格执法、公正司法、全民守法。十八届四中全会以来,建立严密的法治监督体系的最大亮点首推国家监察体制改革。党的十九大决定深入推进国家监察体制改革，在国家监察体制改革试点取得实效的基础上，将试点工作在全国推开，组建国家、省、市、县监察委员会，同党的纪律检查机关合署办公，实现对所有行使公权力的公职人员监察全覆盖；制定国家监察法，依法赋予监察委员会职责权限和调查手段。国家监察体制改革，对于落实党的十九大提出的“构建党统一指挥、全面覆盖、权威高效的监督体系，把党内监督同国家机关监督、民主监督、司法监督、群众监督、舆论监督贯通起来，增强监督合力”，具有关键意义。

建设有力的法治保障体系对于法律的制定和实施十分必要。法治保障包括政治保障、制度保障、思想保障、组织保障、运行保障、人才保障等内容。在依法治国和法治建设新征程中，要切实加强和改进党对全面依法治国的领导，提高依法执政能力和水平，为全面依法治国提供强有力的政治和组织保障；加强高素质法治专门队伍和法律服务队伍建设，加强法治机构建设和经费保障，为全面依法治国提供坚实的人才和物质保障；改革不符合法治运行规律、不利于依法治国的体制机制，为全面依法治国提供完备的制度保障；完善守法诚信褒奖机制和违法行为惩戒机制，努力形成办事依法、遇事找法、解决问题用法、化解矛盾靠法的社会氛围，使尊法学法守法用法成为全体人民的共同追求和自觉行动。

党内法规体系是中国特色社会主义法治体系的重要组成部分。党内法规既是管党治党的重要依据，也是建设社会主义法治国家的有力保障。在依法治国和法治建设的新征程中，要更加注重统筹推进依法治国、依规治党和制度治党。要树立党章权威，确保全党一体严格遵行。完善党内法规制定体制和程序，加大党内法规备案审查和解释力度，形成配套完备的党内法规制度体系。更加注重党内法规同国家法律的衔接和协调，促进党员、干部既认真执行党内法规又带头遵守国家法律法规。提高党内法规执行力，运用党内法规把党要管党、从严治党落到实处。根据全面推进依法治国和依规管党治党的总体部署，按照党的十九大提出的“加快形成覆盖党的领导和党的建设各方面的党内法规制度体系”的要求，坚持宪法为上、党章为本的基本原则，全面建成内容科学、程序严密、配套完备、运行有效的党内法规制度体系。

为建设社会主义法治国家确定了更高标准

除了上述五个方面，中国特色社会主义法治体系还包括形式多样、内容丰富的社会规范体系，诸如社会习惯、市民公约、乡规民约、行业规章、团体规章等，它们也是依法治国的重要遵循。在一定意义上，社会规范体系是以公共道德和公序良俗为核心的规范体系。要按照依法治国与以德治国相结合的基本原则，根据党的十九大的最新部署，大力加强社会规范体系建设，开辟法治、德治、自治有机融合的社会治理新局面。

与建设中国特色社会主义法治体系并行的是建设社会主义法治国家。党的十五大提出依法治国、建设社会主义法治国家，此后，建设社会主义法治国家的目标先后写入党章和宪法，成为党和国家的行动纲领。二十年来，社会主义法治国家的内涵越来越丰富、越来越清晰。法治国家属于政治文明范畴，以人民主权、依法而治、宪法至上、制约权力、保障人权、公平正义、正当程序为核心标志。党的十九大进一步把建设社会主义法治国家纳入全面建设社会主义现代化国家的总目标、总任务之中，为法治国家确定了更高标准，为建设社会主义法治国家、促进社会主义政治文明提出了新的目标定位和基本遵循。

新时代新征程新贡献*

在党的十九大即将召开之际，中国法学会法学期刊研究会2017年年会在广州隆重举行，我代表中国法学会向年会的召开表示热烈祝贺，向各位理事和与会代表表示亲切慰问。

法学期刊研究会换届以来，在会长张新宝同志和常务理事会的带领下，研究会坚持正确的思想政治导向，弘扬社会主义核心价值观，推进学术规范建设，在繁荣法学研究、培养学术新人、推进全面依法治国、提升中国法治话语权等方面，发挥了积极作用，作出了重大理论和学术贡献。随着党的十九大胜利召开，中国特色社会主义事业必将进入新时代、迈向新征程。面临新时代新形势新任务，法学期刊要发挥更大作用、作出新的贡献。这里，我讲四点意见，供同志们参考。

第一，法学期刊要为坚持和拓展中国特色社会主义法治道路、深化全面依法治国发挥更大作用。

十九大之后的五年在我们党和国家的历史上是一个十分特殊的历史时期。2019年是中华人民共和国成立70周年，2020年是全面建成小康社会之年，2021年是中国共产党成立一百周年。这些重大的时间节点和重要的社会变迁，表明中国社会主义现代化进

* 本文系作者在中国法学会法学期刊研究会2017年年会上的讲话摘要。

入新时代,中国特色社会主义事业踏上新征程,以习近平同志为核心的党中央治国理政的理念、思想和战略必将有新发展。我们要深刻把握新时代的新特征,尤其是要深刻把握新时代法治建设新目标新任务。可以肯定地说,在新时代新征程,我们党将坚定不移地走奉法强国之路,将继续拓展中国特色社会主义法治道路,将不断深化全面依法治国伟大实践,加快建设中国特色社会主义法治体系和法治国家,加快推进社会主义现代化强国建设。作为法学期刊的主编,尤其是核心期刊的主编,要认真学习、研究十九大精神,提高我们的理论水平,找准对接十九大精神、引领法学研究、服务法治建设的论题,组织一批高水平、可持续的研究成果。

第二,法学期刊要为加快构建中国特色法学体系发挥更大作用。

党的十八大以来,习近平总书记在哲学社会科学工作座谈会的讲话、在全国高校思想政治工作会议上的讲话、在全国党校工作会议上的讲话中,多次强调加快构建中国特色哲学社会科学体系。哲学社会科学体系是由一系列分支学科体系构成的,法学体系就是其中一个重要的组成部分。2017 年 5 月 3 日,习近平总书记在中国政法大学同中国政法大学师生和首都法学专家、法治工作者代表、高校负责同志座谈时就构建中国特色法学体系作出了明确指示。总书记就一个学科的体系建设提出明确而具体的意见和要求,法学是唯一的。可见,习近平总书记对法学学科体系建设和法学发展格外重视和关心。

当前,我国法学体系存在许多突出问题,主要是基础学科薄弱,传统学科相对滞后,新兴学科开设不足,交叉学科发展不力,致使现存法学体系不能适应建设中国特色社会主义法治体系的需要。现有法学体系是以现行法律体系为逻辑脉络构成的,宪法学、行政法学、民法学、经济法学、社会法学、刑法学、诉讼法学等学科划分基本上是根据中国特色法律体系的主要法律部门而划分的,无法与十八届四中全会提出的构建中国特色社会主义法治体系的目标和实践相适应。必须站在构建中国特色社会主义法治体系的角度来反思法学体系建设存在的问题。现有法学体系缺乏对国内法治和国际法治的统筹思考。实现中华民族伟大复兴,不仅要全面推进依法治国,而且要加快推进全球治理规则、治理体系乃至治理体制的变革,推进国际关系的民主化、法治化和公正化,构建人类命运共同体。而我们现有法学知识和理论锁定在国内法律思维上,不能适应国内法治和国际法治相统筹的新形势,难以适应中国作为一个已经站在世界舞台中心的负责任大国的使命和担当。现有法学体系缺乏对国家治理体系和治理能力现代化的智力支持和理论支撑。中国不仅推进国家治理体系的现代化,而且推进国家治理能力的现代化。国家治理体系和治理能力现代化标志着我国政治文明和法治文明进入新形态。现有法学体系,特别是法学理论体系还不能够回答由此引发的新问题、新挑战,不能给国家治理体系改革提供有效、管用的学理支撑,例如,面对基因工程、人工智能、大数据、云计算等法治与科技的新兴领域,面对国家总体安全、公共政策、网络治理、转型正义、全球正义等法学与其他学科交叉融合的领域,还没有形成科学的、有解释力、有穿透力、有说服力的理论体系和方法论体系。面对这些问题和挑战,各位主编、各位理事要反复学习、深刻理解习近平总书记关于哲学社会科学体系建设和中国特色法学体系建设的一系列重要讲话,学习中共中央今年发布的《关于加快构建中国特色哲学社会科学的意见》,引领法学界开展研讨、集中刊发一批坚持问题导向、回应总书记要求、推进法学体系建设的好文章,充分发挥法学期刊在中国特色法学体系建设这一重大历史任务中的积极作用。

第三,法学期刊要为建设中国法治话语体系发挥更大作用。

一个国家的话语体系是由诸多的观念、理论、价值、信念和实践所组成的思想体系,这些思想体系以民族语言的形式系统地表达了一个民族在一个时代对他们所言说的世界的理解与未来想象。与此相应,中国特色法治话语体系就是由反映中国法治实践及经验的理论和信念组成的思想体系和价值信仰体系,它集中表达了中华民族在建设中国特色社会主义事业中关于法治的自我理解与融通性理解,担负着探寻法治真理的使命,并力求在国际法治领域发出自己的声音,形成有分量的法治话语权。

当前,我们建构中国法治话语体系、掌握话语权的能力仍显不足,具体表现为,我国法学界设置议题的能力不足,提出标识性概念的能力不足,参与和主导规则制定的能力不足。总之,在法治和法学领域,"西强我弱"的局面还没有根本改变,在很多方面甚至处于"无语"或"失语"状态。造成这一局面的原因是多方面的,有语言和国际传播能力方面的问题,有西方受众心理方面的问题,但更重要的原因在于,我们的理论体系和话语体系还没有真正建立起来,中国特色社会主义法治建设的成就和经验还没有转化为话语优势,我们还没有发展出一种能与西方自由主义法治话语体系相竞争的中国特色社会主义法治话语体系。针对这种情况,习近平总书记强调,争取国际话语权是我们必须解决好的一个重大问题。争取国际话语权,前提是构建理论体系和话语体系。没有自己的理论体系和话语体系,不能有效论证或证成自己的主张和行为,也就谈不上对国际事务的话语权和支配力。话语权的获得取决于我们能否创造出具有自己思想内涵、符合人类社会发展规律和全球化趋势,同时又具有感召力和普遍示范效应的话语体系,即我们能否创造出让世界接受的思想体系。从唯物史观上,我们不同意亨廷顿的"文明冲突论"、福山的"历史终结论",但我们并没有提出同样有世界影响力的理论。2014 年 3 月 27 日,习近平主席在巴黎联合国教科文组织总部发表演讲时曾引用拿破仑的一句名言:"世上有两种力量:利剑和思想;从长而论,利剑总是败在思想手下。"这正说明,产生思想和形成思想体系进而形成话语体系具有重大意义。为此,我国法学要善于提炼标识性概念,打造易于为国际社会所理解和接受的新概念、新范畴、新表述,引导国际学术界展开研究和讨论。法学期刊要致力于推进法学理论和法治理论创新,致力于中国特色社会主义法学理论体系和法治理论体系的构建和发展,致力于传播中国特色社会主义法治建设的实践故事和理论成果,为形成中国法治话语体系和话语权,发挥主导作用。

第四,法学期刊要为科学、公正、正向的法学评价体系发挥更大作用。

法学研究和法学教育的健康发展和可持续进步离不开科学、公正、正向的评价,离不开学术评价的激励和纠偏作用。在建构中国特色哲学社会科学体系过程中,中央提出要建立科学的评价机制和评价标准,包括学术成果的评价标准、学术人才的评价标准、学术机构的评价标准、学术平台的评价标准等。教育部社会科学委员会法学学部、国务院学位委员会法学评议组正在就这四个方面的标准进行调研和征求意见,并形成了初步的、供讨论的文件草稿。在法学学术评价方面,法学期刊的作用是不可替代的。法学是一门政治(或意识形态)性、实践性、学术性很强的学科。所以,对法学的研究成果、学术人物、学术机构、学术平台的评价,首先,要坚持正确的政治方向、价值导向和意识形态导向,即坚持党的领导,坚持以人民为中心,坚持为社会主义服务、为人民服务的方针,褒奖服务党和国家工作大局、给党和人民的事业帮忙而不是添乱、补台而不是拆台的优秀作品和优秀学者。其次,要坚持问题意识和实践导向,褒奖立足国情、贴近实际、深接地气、求真务实的研究成果。最后,要坚持科学的学术导向,促进法学学术活动和学术成果的规范化,褒奖具有创新意义的研究范式或研究方法、具有原创性或再创性的理论成果,以及资料翔实、数据精准、引证规范、具有学术资源价值的研究成果。

同志们,我注意到,本届年会的主题是"法学期刊引领和服务